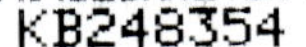

첨단제조, 휴먼노이드, 피지컬 AI, 바이오, 핀테크의
혁신창업 클러스터를 딥시크Deepseek 하다

AI 혁신의 심장 중국 5대 도시군

저자 글로벌혁신센터(KIC중국) 김종문

다빈치books

AI 혁신의 심장 중국 5대 도시군

첨단제조, 휴먼노이드, 피지컬 AI, 바이오, 핀테크의 혁신창업 클러스터를 딥시크Deepseek 하다

| 초판 1쇄 인쇄 | 2026년 1월 2일
| 초판 1쇄 발행 | 2026년 1월 9일

ISBN 979-11-92775-88-3 93300

| 공 동 저 자 | 글로벌혁신센터(KIC중국) 김종문 외 6인
| 책 임 편 집 | 변문경, 문보람
| 디 자 인 | 디자인 글로 오지윤
| 인 쇄 | 영신사
| 종 이 | 세종페이퍼
| 제 작 | 박종훈
| 유 통 | 다빈치books
| 출판등록일 | 2011년 10월 6일
| 주 소 | 서울특별시 마포구 월드컵북로 375
| 팩 스 | 0504-393-5042
| 콘텐츠 및 강연 관련 문의 | kim@kicchina.org

목차

대표 저자의 말

21세기 중국 경제의 가장 중요한 흐름 중 하나는 단연 '도시권(城市群)의 부상'일 것입니다. 이제 국경을 넘어선 거대한 경제 생태계가 단일 도시가 아닌, 수많은 도시가 네트워크로 연결된 '군집' 속에서 탄생하고 있습니다. 이 책은 바로 이러한 변화의 중심에 있는 중국의 '5대 도시권', 즉 장강삼각주(长三角), 웨강아오 대만구(珠三角/粤港澳大湾区), 징진지(京津冀), 청위(成渝), 그리고 장강중류(长江中游) 도시군에 주목합니다.

중국은 개혁과 개방 이후 '성(省)'을 단위로 한 행정 구역 체계로 운영되고 경제 발전과 과학기술 혁신체계가 구축됐습니다. 그러나 오늘날 중국 경제의 실질적인 동력은 성의 경계를 넘어 서로 연결된 도시 간의 유기적인 협력 구조 속에서 발생하고 있습니다. 이는 단순한 경제 성장 모델의 전환을 의미하는 것뿐만 아니라, 인구 분포, 산업구조, 기술 혁신, 나아가 국제무대에서의 과학기술 경쟁 양상까지도 근본적으로 재편하고 있습니다. 중국 정부가 내세운 '쌍순환(双循环)' 전략의 핵심 또한 도시군 간의 긴밀한 협력과 통합에 있습니다.

이 책은 이러한 거시적 흐름을 바탕으로, 다섯 개의 주요도시군을 심층 분석했습니다. 5대 도시군은 상이한 역사적 배경과 경제적 환경을 가지고 있기에 도시군을 나눠 설명드리는 것이 중국을 조금 더 체계적으로 이해하는데 도움이 된다고 생각합니다.

먼저, 중국소비를 이끄는 '중심축'이라 할 수 있는 장강삼각주(长三角)

는 상하이를 필두로 항저우, 난징, 허페이 등이 어우러져 세계적 수준의 제조업 및 금융 허브로 자리매김하고 있습니다. 이어 웨강아오도시군, 즉 粤港澳大湾区(광둥-홍콩-마카오)는 '일국양제'라는 독특한 제도적 이점을 바탕으로 세계와 중국을 연결하는 '개방의 창'이자, 첨단제조를 넘어 최첨단 과학기술 혁신의 메카로 부상하고 있습니다. 그리고 정치·문화 중심지인 징진지(京津冀)는 베이징의 비수도 기능을 정비하고, 퉁저우(통주)와 츠슝안(슝안신구)을 새로운 성장 동력으로 삼아 '고품질 발전'의 모델로 인공지능과 항공우주산업의 방향을 제시하고 있습니다.

반면, 중국 내륙의 잠재력을 대변하는 것이 바로 청위 (成渝)도시군과 장강중유(长江中游) 도시군입니다. 충칭과 청두를 핵심으로 하는 청위도시군은 서부 대개발의 중요한 의미를 지니며 내륙 개방과 선진 제조업의 거점이 되고 있습니다. 또한 우한, 창사, 난창을 중심으로 하는 장강중류 도시군은 중국의 심장부로서 '동서를 잇고 남북을 관통하는' 전략적 교두보로 세계적 광학산업단지와 반도체 클러스터를 육성하며 중국 경제의 새로운 중심지로 주목받고 있습니다.

이 책은 이들 다섯 개의 도시군이 어떻게 발전했는지, 현재 어떤 산업 구조와 정책 환경을 가지고 있는지, 그리고 미래에 어떤 투자 기회와 도전에 직면해 있는지를 살펴봅니다. 중국 경제의 향후 10년, 20년을 전망하는 데 있어 이 책에서 소개하는 5대 도시군은 중요한 열쇠가 될 것입니다. 이 책이 독자 여러분께 중국의 거시적 흐름을 이해하는 데 있어 길잡이가 되기를 바랍니다.

2025년 12월 31일 징진지 도시군의 중관촌에서

대표 저자 김종문

들어가며

중국 혁신 창업 총론

21세기 글로벌 기술 경쟁이 치열해지는 가운데, 중국은 《대중 창업·만민 혁신》(大众创业·万众创新) 정책을 기반으로 혁신 주도형 성장 모델로의 전환을 가속화해 왔다. 2014년 본격 시행된 이 전략은 단순한 경제 정책을 넘어 '혁신형 국가 건설'이라는 장기 비전의 초석으로 작용하며, 제13·14차 5개년 규획(2021-2025)에서 R&D 투자 확대, 인재 풀 확충, 제도 개혁 등을 체계적으로 추진하는 토대가 되었다.

특히 2023년 《신질생산력》(新质生产力) 개념이 제시된 이후, 인공지능·양자기술·바이오테크·초전도 등 첨단기술을 통한 산업 고도화에 집중하고 있으며, 2024년에는 이를 실천하기 위한 《첨단기술 혁신 특별 행동》을 발표하여 분야별 목표와 투자 계획을 구체화했다.

지역적으로는 베이징(중관촌[1])·상하이·선전·항저우 등 기존 혁신 허브의 지위가 더욱 강화되고 있다. 베이징은 2025년 상반기 '글로벌 과학기술 혁신 중심'으로서의 기능을 확장, 반도체 설계와 양자컴퓨팅 분야의 국제 공동 연구소를 8개 추가 설립하며, 해외 기술 인재 유치 비용을 전년 대비 30% 증가시켰다. 선전은 전기차 배터리와 자율주행 기술 클러스터를 중심으로, 2025년 상반기 글로벌 투자 유치액이 120억 달러를 기록하며, 특히 유럽과 중동의 기업과 기술 협력 계약을 23건 체결했다. 항저우는 디지털 경제혁신 시범구역으로서, AI 기반 공급망 관리 플랫폼과 블록체인 기술 응용을 확대하여, 2025년 상반기 관련 기업 매출이 45% 성장하는 등 산업 고도화를 이끌고 있다.

동시에 쓰촨성 청두(成都)·산시성 시안西安)·장쑤성 창저우(常州) 등 내륙 도시에서 새로운 혁신 클러스터가 급성장하며 지역 집중 현상이 다소 완화되고 있다. 청두는 반도체 설계와 생물의약 분야를 중심으로, 2024년 혁신기업 수가 62% 증가했고, 2025년에는 '서부 과학기술 혁신 거점'으로 지정받아 50억 위안의 특별 개발 펀드를 투입받았다. 성도는 스마트 제조와 신재생 에너지 분야에서 활발한 혁신을 이어가며, 2025년 상반기 로봇 산업 클러스터의 매출이 58% 증가하여, 글로벌 제조업체와의 협력 프로젝트를 15개 시작했다.

1) 중관촌(中关村): 베이징에 있는 IT 기업단지로 '중국의 실리콘밸리'라고도 불리는 곳. 중국의 명문대학인 북경대, 칭화대, 인민대 등이 위치한 하이뎬구 일대에 있다.

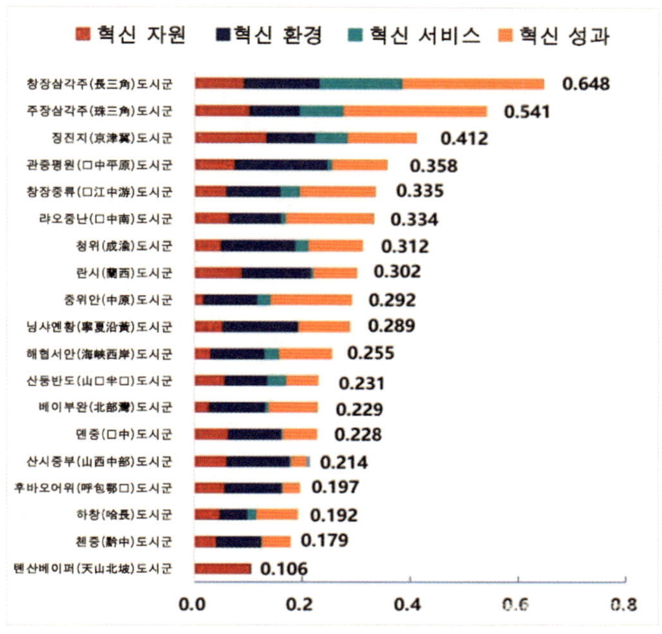

[그림 1] 중국의 각 도시군별 발전 잠재력

(출처: 수도과기발전전략연구소)

중국 도시군[2)](城市群)은 경제 고품질 발전을 이끄는 핵심 플랫폼으로, 그 위상과 역할이 날로 강화되고 있다. 2006년 중앙 문서에 처음으로 개념이 등장한 이후, 2013년에는 국가 신형 도시화 추진의 주체로 확정되며 정부의 강력한 지원을 받아왔다. 이러한 배경 아래 도시군은 경제적 중심성과 인구 집중 효과를 통해 중국 발전의 중추적인 역할을 수행하고 있다.

2) 도시군(城市群): 도시군은 도시가 성숙 단계까지 발전한 최고 공간조직의 형태로, 특정 지역 범위 내에서 일반적으로 1개 이상의 거대 도시를 중심으로, 3개 이상의 대도시를 구성단위로 하여 교통통신 등 네트워크에 의해 밀첩한 공간조직, 긴밀한 경제적 연계가 형성되면서 높은 도시화와 고도 일체화를 실현하는 도시집단을 말한다. 도시군은 지역적으로 집중 분포된 여러 대도시와 대도시가 모여 형성된 거대하고 다방면 다층적인 도시 집단으로 대도시권의 연합체이다.

2025년 상반기 데이터에 따르면, 전국의 19개 도시군은 전체 GDP의 82%를 창출하며, 산업이 집적된 효과와 지역 간 긴밀한 협력을 통해 높은 생산성을 유지하고 있다. 인구 분포 측면에서는 전체 토지의 25%에 불과한 면적에 79%의 인구가 집중되어 있으며, 그중 도시 인구 비중은 81%에 달해 인구 유입의 주요 목적지이자 도시화가 이루어지는 핵심 공간으로 자리 잡고 있다.

결국 도시군의 발전은 단순한 경제 성장을 넘어, 도시화의 질적 향상과 지역 간 균형 발전을 주도하는 등 다방면에서 중대한 의미를 지니고 있으며, 앞으로도 중국 경제의 핵심 동력으로 지속적인 성장세를 이어갈 것으로 예상된다.

(1) 중국 과학기술 혁신의 기반, 5대 도시군(城市群)

중국의 5대 도시군 분포 현황은 다음 [그림2]와 같으며, 이들 도시군을 중심으로 중국은 새로운 발전 패러다임을 형성해 나갈 것으로 전망된다. 첫 번째는 장강삼각주(长三角) 도시군인데, 이곳은 몇 년 전부터 글로벌 제6대 도시군으로 주목받고 있음과 동시에 중국에서도 종합 능력이 가장 강한 도시군으로 주목받고 있다. 중국 연해 중부에 위치하고 있는 장강삼각주 도시군은 3성1시, 즉 상하이(上海), 장쑤(江苏), 저장(浙江), 안후이(安徽)의 26개 도시를 포함하며 국토 면적이 21.17만 ㎢이고 총 인구는 2.35억 명, GDP 총량은 전국의 4분의 1에 달한다.

웨강아오 대만구(粤港澳大湾区)(Greater Bay Area)[3]는 광둥(广东)성 최고 지역이며 중국에서 현재 가장 혁신적인 지역이다. 웨강아오 대만구는 홍콩(香港), 마카오(澳门), 광저우(广州), 선전(深圳), 포산(佛山), 둥관(东莞) 등 총 11개 도시로 구성되며 총 면적은 5.6만 ㎢, 총 인구는 8732만 명에 달하는 것으로 알려졌다.

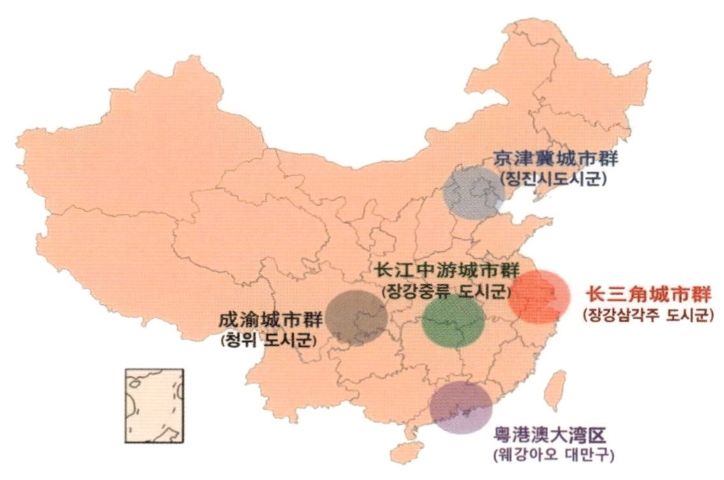

[그림 2] 중국 지도 속의 각 도시군 위치

(출처: 바이두)

징진지(京津冀) 도시군은 중국 지역 경제에서 세 번째로 중요한 지역이다. 징진지 도시군은 수도 경제권의 업그레이드 버전으로, 발전 수준이 장강(长江)삼각주와 웨강아오에 버금간다. 징진지 도시군에는 베이징(北京)

3) 그레이터 베이 에이리어: 광둥, 홍콩, 마카오 베이 에이리어의 줄임말.

과 톈진(天津)[4] 2개의 직할시와 허베이(河北)의 스자좡(石家庄), 바오딩(保定), 탕산(唐山) 등이 포함된다. 징진지 도시군은 정책과 고등교육 방면에서 우위를 선점하고 있으며, 또한 중국의 전통적인 공업 기지로서 그 향후 잠재력이 매우 크다.

청위(成渝) 도시군은 충칭(重庆), 청두(成都)를 중심으로 쓰촨(四川)의 루저우(泸州), 더양(德阳), 몐양(绵阳), 이빈(宜宾) 등 15개 도시를 포함하고 있다. 총 면적은 18.5만 ㎢이며, 인구는 9800만 명을 초과한다. 청위 도시군은 전략적 의의가 두드러지는 중국 경제 발전의 든든한 버팀목이며, 서부지역 대개발의 중요한 플랫폼이기도 하고, 또 장강(长江) 경제벨트의 핵심지역이기도 하다.

장강중류(长江中游) 도시군은 우한(武汉), 창사(长沙), 난창(南昌)을 핵심으로 후베이(湖北), 후난(湖南), 장시(江西) 3개 성을 아우르는 초대형 도시군으로 동서를 연결하고 남북을 잇는 장강 경제벨트의 핵심 축이며, 2015년 국무원이 승인한 《장강중류 도시군 발전 계획》을 통해 중국 경제의 신성장 동력 및 중서부 지역 신형 도시화 선도지구로 지정되었고, 2022년 국가발전개혁위원회는 '14차 5개년' 시 방안을 발표하며 더 높은 수준의 협력 발전을 추진하고 있다. 5대 구역 즉 장강삼각주, 징진지, 웨강아오 대만구 및 청위 도시군은 이미 중국의 5대 도시군으로 확고히 자리 잡고 있다. 위치상으로도 각각 중국의 동서남북에 분포되어 있어 발전의 안정적인 국면을 열어나갔다.

4) 톈진(天津): 중국의 전통 문화와 서양의 근대 건물이 어우러진 항구 도시이자 중국 4대 직할시 중 하나. 수도 베이징시와 인접해 있으며 면적 11,000㎢로 베이징의 외항(外港) 역할을 하는 도시이며, 인천광역시와 포지션이 비슷하다.

〈표 1〉 중국 5대 주요 도시군의 발전 상황 비교

도시군 (城市群)	징진지 (京津冀)	장강삼각주 (长三角)	웨강아오 (粤港澳)	청위 (成渝)	장강중류 (长江中游)
토지 면적 (만 ㎢)	21.8	35.8	5.6	18.5	32.6
상주 인구 (만 명)	11,300	23,500	8,630	9,800	12,500
GDP (조 위안)	11.5	33.2	14.8	8.7	14.7

(2) 증가하는 중국 혁신 지위

《2024 중국 혁신 창업 생태 발전 청서》(2024中国创新创业生态发展蓝皮书)에서는 중국의 혁신 지수가 11위로 일본(13위)과의 격차를 확대했다고 밝혔다. 보고에 따르면 2024년에 새롭게 증가한 혁신 관련 정책이 최소 68건이다. 비록 2021년에 비해 33% 감소했지만, 혁신 산업에 대한 실질적인 지원 강도는 오히려 증가하고 있다. 세계지적재산권조직이 발표한 《2024년 글로벌 혁신 지수 보고Global Innovation Index 2024》(2024年全球创新指数报告)에 따르면 중국은 제11위로 2023년보다 1단계 상승하여 중간소득 경제체에서 제1위를 차지하며 [그림 3]과 같이 중국은 글로벌 혁신 지수 순위가 꾸준히 상승하면서 강력한 상승세를 보인다.

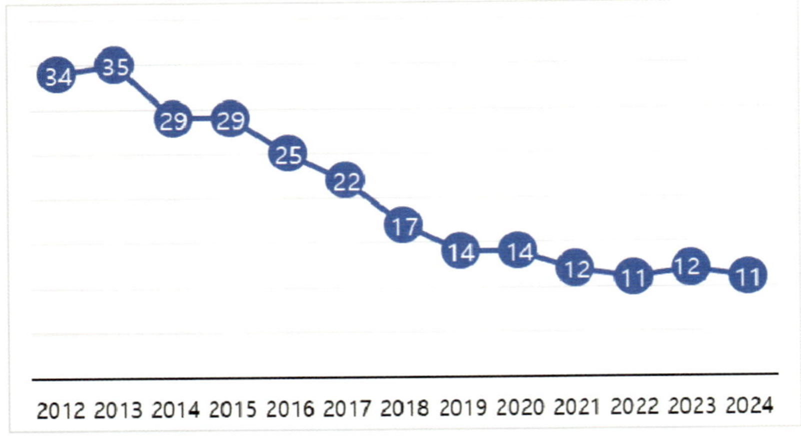

[그림 3] 지난날 중국의 혁신 지수 순위 변화

(출처: WIPO)

(3) 혁신 산업의 자본 시장

'2022년 글로벌 혁신 지수 보고'에서 제시된 혁신 산업의 세 가지 특징은 2023년 이후의 최신 동향에서도 동일한 특징을 확인할 수 있으며, 더욱 뚜렷한 성장 패턴을 보이고 있다.

첫째, 혁신기업 수량과 투자 규모는 전환점을 넘어 지속적으로 확장되고 있다. 2021년 상반기에 5,217건의 투자 거래와 1조 2,850억 위안의 거래액을 기록하며 감소세를 반전시킨 트렌드는 2024년까지 가속화되었는데, 해당 연 투자 거래 수는 9,350건, 거래액은 2조 4,800억 위안으로 2021년 대비 각각 80%와 93% 증가했다. 2025년 상반기에는 생성형 AI와 전기차 핵심 부품 분야가 주도하여 거래 수는 전년 동기 대비 45%, 거래액은 62% 급증했으며, 유니콘 기업 수도 2021년 118개에서 2024년 391개로 3배 이상 늘어나 글로벌 경쟁력이 크게 강화되었다.

둘째, 도시 집중 효과는 지속되면서 새로운 혁신 허브가 등장하고 있다. 베이징·상하이·선전·항저우 등 기존 혁신 중심지는 지위를 더욱 공고히 했는데, 베이징 중관촌은 2024년 '글로벌 과학기술 혁신 중심'으로 지정받아 연구 인프라를 확충했고, 선전은 2025년 상반기 전기차와 배터리 산업 클러스터를 중심으로 글로벌 투자 150억 달러를 유치했다. 동시에 청두·성도 등 내륙 도시에서도 혁신 클러스터가 성장하여 2024년 해당 지역 혁신기업 수는 전년 대비 58% 증가하며 지역 집중 현상을 다소 완화하고 있다.

셋째, 혁신 분야는 세분화와 고도화를 거치며 새로운 성장 동력이 나타나고 있다. 기업 서비스·의료 건강 등 기존 분야 외에, 2023년 이후 생성형 AI·수소 에너지·바이오메디컬·스마트 제조 등 분야에서 혁신기업들이 대거 성장해 2024년 전체 투자 거래액의 65%를 차지했으며, 해외 시장 진출과 글로벌 협력이 활발해지면서 중국 혁신 산업의 국제적 위상도 크게 높아졌다.

(4) 창업혁신 금융 지수 순위

2024중국 창업혁신 금융 지수(CIEFI)에서는 2024년도 창업혁신 금융 발전 종합 10대 도시를 순위에 따라 각각 베이징, 상하이, 선전, 항저우, 청두, 쑤저우(苏州), 광저우, 우한, 난징(南京)과 충칭이라고 발표했다. 베이징, 상하이, 선전, 청두, 쑤저우, 광저우는 창업혁신 금융 생태의 항목별 4대 금융 분야, 즉 창업혁신 금융기관, 창업혁신 금융 서비스, 창업혁신 금융 실적과 창업혁신 금융 생태 분야에서 모두 전국 10위 안에 들었으며, 모든 분야에서 연속으로 선두를 달리는 6개의 도시이다. 이러한 6대 도시가 창업혁신 금융 발전에서의 전반적인 우위를 반영한다고 할 수 있다.

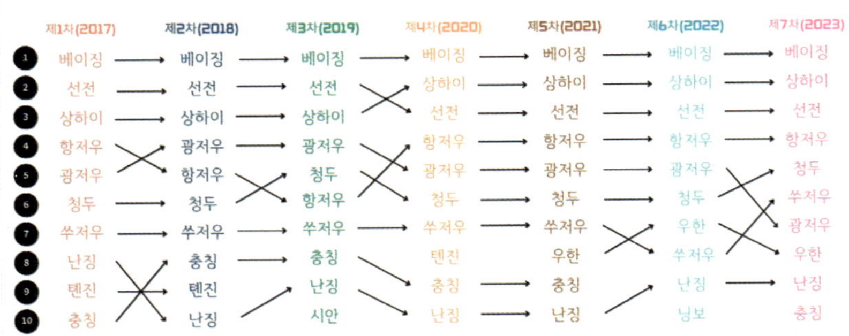

[그림 4] 창업혁신 금융 종합 순위 톱 10위

(출처: 2024중국 창업혁신 금융 지수(CIEFI))

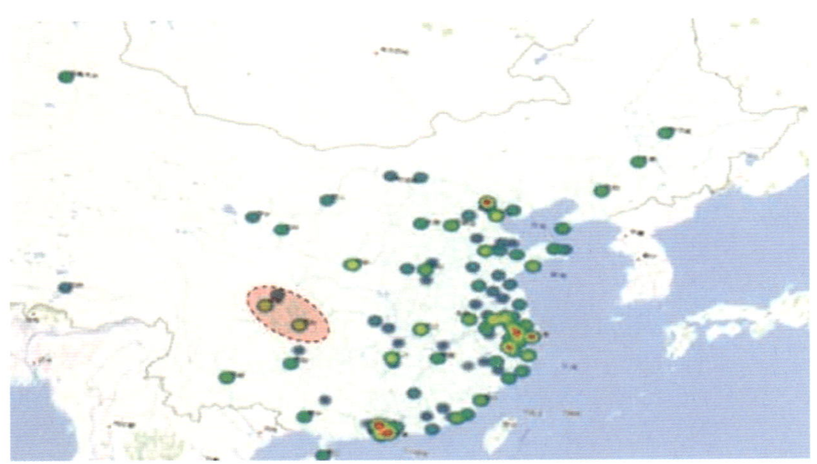

[그림 5] 창업혁신 금융 100대 구역 분포

(출처: 역대 창업혁신 금융 지수 보고서)

중국에서 창업혁신 금융 발전 수준이 앞선 도시는 주로 중국 연해 지역에 집중적으로 분포되어 있다. [그림 5]에서와 같이 종합 지수 100대 도시 중에서 3분의 2는 중국의 연해 지역에 있으며, 3분의 1 정도만이 내륙 지

역에 자리 잡고 있다. 100대 도시 분포를 보면, 그중 절반 정도가 징진지, 장강삼각주, 웨강아오 대만구, 청위, 장강중류 등 5개 도시군에 속한다. 그중 장강삼각주 도시군에서 랭킹에 오른 도시가 26개, 장강중류 도시군에서 랭킹에 오른 도시가 9개, 주장삼각주 도시군에서 랭킹에 오른 도시가 8개, 징진지 도시군에서 랭킹에 오른 도시가 6개, 청위 도시군에서 랭킹에 오른 도시가 4개이다.

I

징진지 지역의 과학기술 혁신 발전 보고

1 징진지 지역 역사적 배경

(1) 중원 문화의 발상지

징진지 지역에는 이미 오래전부터 인류가 거주했으며, 주요 유적지로는 허베이성 사허시(沙河市)에서 발견된 신석기 시대 유적이 있다. 이 유적을 통해 당시 사람들이 이미 간단한 석기 제작 기술과 사냥 채집 생활 방식을 익히고 있었다는 것을 알 수 있다.

하(夏)·상(商)·주(周) 시대에는 이 지역이 중앙 왕조의 통치 범위에 포함되었다. 특히 주나라 시기에는 연(燕)과 조(赵) 등의 국가가 이곳에 위치해, '연조대지(燕赵大地)'라는 별칭으로 불리게 되었다. 이때부터 경제와 문화가 점차 발전하기 시작하였다.

(2) 베이징의 수도 발전사

[그림 Ⅰ-1] 베이징 고궁

(출처: 新华社)

진나라가 중국을 통일한 후, 이 지역에 행정 구역을 설정하여 통치하였다. 한나라 시기에는 북방 민족과의 교류가 활발해지면서, 중요한 교역 거점으로 발전하였다.

수나라와 당나라 모두 이 지역을 중요한 방위 지대로 삼았다. 당나라의 수도인 장안(长安)과의 연결을 통해, 이 지역은 문화와 경제 교류의 중심지로 등장하였다. 특히 대운하(大运河)가 개통된 이후, 톈진은 수상 교통의 중요한 허브로 떠올랐다.

송나라 시기에는 북방 민족과의 충돌이 잦았지만, 경제와 문화는 여전히 발달하였다. 원나라가 중국을 통일한 후, 베이징은 대도(大都)로 지정되어 중국의 정치 중심으로 부상하였으며, 이로 인해 징진지 지역의 중요성이 더욱 높아졌다.

명나라(1368-1644)와 청나라(1636-1912) 모두 베이징을 수도로 정하였으며, 이로 인해 징진지 지역은 중국의 정치·문화 중심으로서의 위치를 확고히 하였다. 베이징에는 궁전(예:고궁), 사원(예: 태화전), 교육기관(예: 곡성궁) 등이 건설되어, 중국 전통 문화의 정수를 담는 공간으로 발전하였고, 전국 각 지역의 문인·예술가들이 모여 문화 활동이 활발하였다.

톈진(天津)은 1840년의 아편전쟁 이후, 1860년 중영북경조약(中英北京条约)에 따라 개항된 항구 중 하나로 지정되었다. 이로 인해 톈진은 서양 국가들이 거점을 세우는 곳이 되었고, 서양의 제철·기계·제조 기술 등이 유입되는 중요한 창구로 역할을 하였다. 특히 19세기 후반, 톈진에는 서양식 건물, 교회, 학교 등이 건설되면서 동서양 문화가 교차하는 독특한 지역 분위기가 형성되었다.

[그림 Ⅰ-2] 톈진항

(출처: 바이두)

허베이성(河北省)은 수도 베이징을 보호하는 북방 방위선으로서의 역할을 강화하였다. 명나라 시기에는 장성(长城)을 통해 북방 민족의 침입을 막고, 청나라 시기에는 승덕(承德) 등을 통하여 북방 민족과의 관계를 조정하는 중심지로 사용함으로써, 수도의 안전을 확고히 하였다.

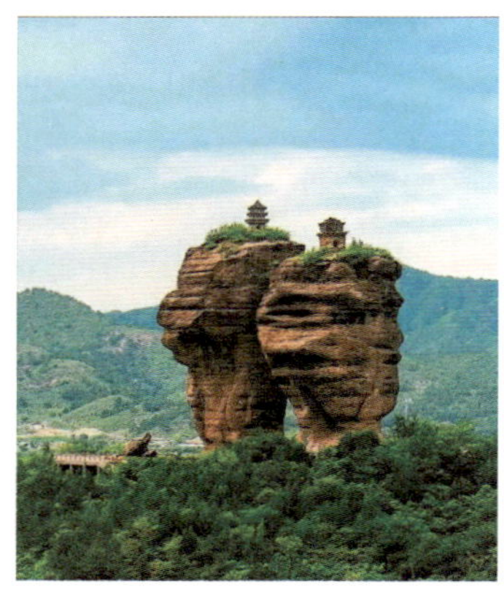

[그림 Ⅰ-3] 베이징의 만리장성과 쌍탑산

(출처: 바이두)

20세기 초, 중국이 서양 열강의 침략과 일본의 군사 확장에 직면하면서 반제(반열강)와 항일 투쟁이 격화되었고, 징진지 지역은 이러한 역사적 사건들이 집중적으로 발생한 장소였다.

1) 의화단 운동: 1900년, 허베이성 줘저우(涿州) 일대에서 시작된 의화단 운동은 서양 열강과 그들의 문화, 종교를 반대하는 민중 운동으로, 베이징과 톈진 일대까지 확산되었다. 의화단 운동은 중국인들의 민족의식을 높이는 계기가 되었지만, 서양 열강의 연합군 침입을 초래하는 등 복잡한 결과를 낳았다.

2) 항일 근거지 형성: 1931년 '만주사변'과 1937년 '노구교 사건(卢沟桥)' 이후, 중국은 전면적인 항일 전쟁에 돌입하였다. 징진지 지역은 팔로군 등 항일민족 연합군이 활동하는 주요 근거지로, 진찰계(晋察冀) 항일 근거지 등을 통해 민간인과 함께 지속적인 항일 전투를 펼쳤다. 징진지 지역은 항일 전쟁의 중요한 전선으로 작용하며 중국 민족의 저항 정신을 상징하는 장소로 남게 되었다.

(3) 지역 협력과 통합 발전

1) 계획경제 시기(1950~1970년대)

베이징은 정치와 문화를 중심으로, 정부기관, 대학, 연구소가 집중되었고, 톈진은 중국 북부의 산업 중심으로 '대약진(大跃进)', '문화대혁명(文化大革命)' 등의 정책을 받으면서 산업구조를 중공업으로 편중시켰다. 허베이성은 농업과 광물 자원(석탄, 철광)을 공급하여 베이징과 톈진을 지원하였다.

2) 개혁 개방 후(1978년~)

1978년 개혁 개방 정책이 실시된 이후, 톈진은 특별경제구역으로 지정되어 외국 투자를 적극적으로 유치하였으며 항구 인프라와 산업 발전을 가속화하였다. 이를 통해 톈진은 중국 북부의 경제 중심지로 성장하면서, 국제 교역과 기술 협력의 중요한 플랫폼으로 자리 잡았다.

한편 베이징은 2008년 하계 올림픽과 2022년 동계 올림픽을 개최함으로써, 세계적으로 인정받는 국제도시로서의 이미지를 크게 높였다. 이 과정에서 도시 건설이 급속도로 진행되어, 현대적인 건축물과 교통 네트워크가 확충되었을 뿐만 아니라, 문화, 체육, 과학기술 분야에서도 혁신적인 발전을 이루었다. 이를 통해 베이징은 전통과 현대가 조화를 이루는 세계적 수도로 변모하였다.

징진지 지역은 오랜 역사 동안, 정치적 중심(수도), 군사적 요충지, 경제 교역 거점, 문화 융합 공간 등으로 다양한 역할을 수행해 왔다. 특히 베이징의 수도 지위, 톈진의 항구와 현대 산업, 허베이의 자원과 농업이 상호 보완하며, 이 지역은 중국 역사의 변천을 가장 생생하게 보여주는 축소판이기도 하다. 오늘날에도 징진지 협동 발전 전략을 통해 새로운 역사적 장을 열어가고 있다.

2 징진지 지역 기초 배경

(1) 베이징 중심의 대형 경제벨트

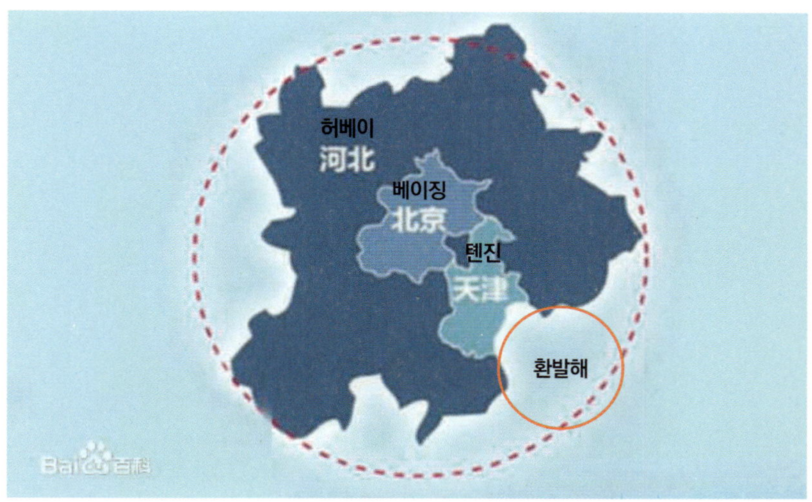

[그림 Ⅰ-4] 징진지 지역

(출처: 바이두 바이커)

징진지[5]는 동북아시아 중국 지역 환발해(环渤海)[6]의 심장부에 위치하고 있는 지역으로, 중국 북방에서 경제 규모가 가장 크고 활력 있다. 눈부신 발전으로 중국 내부는 물론, 해외의 관심도 끊이지 않는 지역이다. 2024년 징진지가 실현한 지역 생산 총액은 11.5조 위안이다. 그중 베이

5) 징진지(京津冀): 중국의 베이징(北京), 톈진(天津), 허베이(河北) 경제권 의미. 중국의 수도인 베이징과 톈진의 성장 동력을 인근 지역(허베이성)으로 확산시켜 그 성의 도시화를 가속화해 경제 수준을 끌어올리는 지역 균형 발전 전략이다. 세 지역을 합치면 면적이 21만 6000㎢에 달한다.

6) 환발해(环渤海): 환발해 또는 '환발해 경제권'은 징진지를 핵심으로 산동, 산시, 내몽골자치구 중부 등을 포함한 도시들로 구성된 복합적인 경제구역이다.

징, 톈진, 허베이가 각각 4.98조 위안, 1.8조 위안과 4.74조 위안이고, 2023년 연간 성장률 대비 모든 지역의 회복이 두드러졌으며, 전략 시행 11년 만에 2배 이상 확대되었다. 특히 슝안 신구 투자 증가와 베이징-허베이 기술이전 규모 확대가 지역 발전을 견인했다.

[그림 Ⅰ-5] 베이징 수도권과 슝안신구

(출처: 뉴스핌)

(2) 협동 발전 정책 및 주요 성과

중국 정부는 2014년에 징진지 지역의 통합 발전을 국가 차원의 전략으로 추진하기 시작하였으며 주요 전략 내용은 다음과 같다.

① 베이징의 비수도 기능 이전

베이징의 비수도 기능 이전은 징진지 협동 발전 전략의 핵심 과제 중 하나로, 베이징이 수도로서 가져야 할 핵심 기능(정치 중심, 국제 교류 창구, 문화 중심, 과학기술 혁신고지 등)과는 직접적으로 관련되지 않은 기능을 주변 지역으로 이전함으로써, 수도의 기능을 명확히 하고 과중한 부담을 줄이는 것을 목표로 한다.

예를 들어, 일부 교육기관, 의료기관, 기업, 상업시설 등을 허베이성이나 톈진으로 이전해 베이징의 인구 밀집, 교통 혼잡, 환경 부담 등 문제를 완화하도록 하는 데 중점을 두고 있다.

② 슝안신구(雄安新区)[7] 개발

2017년에 허베이성 중남부에 신설된 슝안신구는 '차세대 스마트 도시'와 '생태 친화 도시'를 핵심 모델로 삼아 첨단기술과 환경보호를 동시에 추구하며 건설되고 있다. 슝안신구는 징진지 협동 발전 전략의 핵심 사업으로, 베이징으로부터 이전되는 비수도 기능을 집중적으로 수용하는 역할을 맡고 있다.

7) 슝안신구(雄安新區): 2017년, 허베이성 바오딩시(保定市) 동부에 위치한 국가급 신구(区) 설립, 바오딩시의 슝현(雄县), 룽청현(容城县), 안신현(安新县) 3현 및 주변 일부 지역을 포함하고 있다. 당시 슝안신구는 선전(深圳)경제특구, 상하이(上海)푸둥신구에 이은 3번째 국가 주도형 특수지구로, 징진지 균형 발전에 중요한 계획이다. 베이징-슝안신구 철도 건설뿐만 아니라, 바이두, 알리바바, 텐센트 등 첨단기업 유치를 통해 중국의 실리콘밸리로 빠르게 변신했다.

현재까지 다양한 기관과 시설이 슝안신구로 이전 또는 새로 설립되고 있으며, 주요 대상에는 과학기술연구소, 고등교육기관, 국가기관의 분점 등이 포함된다. 예를 들어, 중국과학원과 중국공학원 등 일부 연구소는 슝안신구에 연구소를 신규 설립하여 첨단기술 개발 등 연구사업을 주도할 계획이다.

③ 교통망 통합

고속철도와 고속도로를 중심으로 세 지역을 연결하는 교통 인프라를 확충·연계하여 '1시간 생활권'을 구축하고 있다. 베이징과 톈진을 연결하는 고속철도는 두 도시 간 이동 시간을 기존 2시간에서 30분 이내로 단축했으며, 베이징과 슝안신구를 잇는 고속철도로는 50분 이내에 이동이 가능해졌다. 그 때문에 지역 간 인적·물적 이동의 효율성이 크게 향상되었다.

④ 환경보호 협력

징진지 지역은 대기오염(미세먼지) 저감을 위해서 공동 대응 체계를 구축하고 있다. 고오염 산업을 통합 정리하고, 재생 에너지 사용 확대, 산림·녹지 조성 등을 통해 지역 전체의 생태 환경 개선을 추진하고 있다.

이러한 내용을 통해 징진지 전략은 본질적으로 지역 간 발전 격차를 해소하고, 경제·사회·생태 시스템의 조화를 이루는 지속 가능한 성장을 추구하며, 궁극적으로는 북방지역 경제권의 종합적인 경쟁력을 한 단계 높이는 것을 최종 목표로 하고 있다.

3 징진지 지역 경제 발전 상황

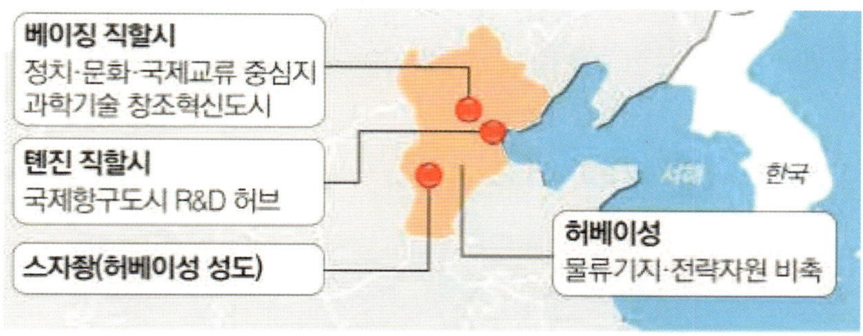

[그림 Ⅰ-6] 징진지 개발 프로젝트

(출처: 매일경제)

(1) 경제 성장 추세

베이징시 통계국 웹사이트 정보에 따르면 2024년 한 해, 징진지에서 지속적인 방역 관리와 경제 사회 발전을 총괄함과 동시에 서로 협동력을 발휘하여 전반적인 경제가 안정적으로 회복되었고 고품질 발전의 성장 동력이 증가하였다고 한다.

이 중 신산업이 꾸준히 증가하고 있으며 첨단 산업의 발전 추세가 눈에 뜨인다. 베이징 첨단 산업과 전략적 신흥 산업 모두 전년도 동기 대비 7.1% 상승했으며 2년간 평균 6.4%와 6.75%가 증가했다. 톈진 첨단기술 제조업, 전략적 신흥 산업의 증가치가 평균 규모 이상인 공업에서 차지하는 비중이 각각 15.6%, 26.3%로 모두 전년도 동기보다 높다. 허베이의 평균 규모 이상의 공업 중 첨단기술 산업과 전략적 신흥 산업의 증가치는 전년도 동기 대비 각각 11.2%, 10.6% 증가하여 성장률이 공업 평균 수준보다 빠르다. 3분기 말을 기준으로, 허베이의 첨단기술 제조업 법인 수는 8.2만 개소로 전년 동기 대비 9.6% 증가했으며, 첨단기술 서비스업 법인 수는 26.2만 개소로 전년 동기 대비 16.8% 증가하였다. 이들 첨단기술 관련 법인의 합계는 전성(全省) 법인 수의 20%를 초과하는 수준이다.

(2) 베이징과 톈진의 수요 시장

[그림 Ⅰ-7] 베이징 둥청구에 있는 왕푸징(王府井) 번화가

(출처: 바이두 바이커)

베이징은 실질적 조치를 통해 소비 확대의 질적 향상을 추진하고 있다. 왕푸징(王府井) 등 15개의 전통적 상권과 창안상가(长安商場) 등 12개의

'일점일책(一店一策)'[8] 전략이 거의 완성되었으며 첫 매장(首店)[9] 경제가 활발히 발전하여 2025년 1분기까지 총 832개에 달하는 첫 매장이 베이징에 개점했다. 또한 2024년 한 해 동안 입점한 첫 매장 수량은 587개를 초과했으며, 외식업 첫 매장 수량이 과반수를 달성했다. 중국 최대 온라인 여행사 씨트립 조사 결과에 따르면 유니버설 리조트와 디지털 체험 관광의 영향으로 베이징은 2025년 상반기 국내 관광 인기 도시 1위를 유지한 것으로 나타났다.

[그림 Ⅰ-8] 톈진(天津) 하이허

(출처: 바이두)

8) 일점일책(一店一策): 한 매장 자체의 소비자, 경쟁 상대 등 구체적인 상황에 따라 인원 배치, 제품 투입, 정책, 고객 정보 홍보, 할인 활동 등의 수단을 조합한 일종의 매점 맞춤형 전략으로, 최종적으로 경쟁 상대보다 우수하고, 해당 매장에 적합하며, 소비자에 대한 종합적인 경쟁 전략을 형성한다.

9) 첫 매장: 특정 지역에서 오픈한 첫 매장. '첫 매장 경제'에서 나온 말. 한 지역에서 첫 매장을 열어 브랜드 가치와 지역의 자원을 최적으로 결합하고 이를 통해 지역 발전에 긍정적인 영향을 일으키는 경제 형태를 '첫 매장 경제'라고 부른다.

동시에 톈진의 소비 상승세 또한 뚜렷하다. 신에너지 자동차와 스마트폰 소매액이 비교적 빠르게 증가하고 있으며, 지역의 상업 중심지 건설이 착실히 추진되어 중심 도시의 편의점 커버리지가 99%에 이르렀다. 휴일 기간이 소비 시장에 더욱더 활력을 더해주고 있으며 단오절(端午节)에는 709만 명의 관광객이 방문하여 인당 평균 61.5위안을 소비했다. 메이퇀(美团), 어러마(饿了吗) 등 배달음식 플랫폼의 배달 건수가 320만 건으로 평소보다 50% 이상 증가했다. 또한 2024년 하이허 국제 소비 포럼 개최로 국가회의전람센터[10] 주변에 있는 숙박, 음식업 기업의 합계 영업액이 전년도 동기 대비 30% 이상 증가했다.

[그림 Ⅰ-9] 2024년 중국(톈진) 국제모터쇼

(출처: 시각중국, 视觉中国)

10) 2024년 중국(톈진) 국제모터쇼가 열린 곳. 상하이 국가회전중심, 광저우 국제컨벤션센터에 이은 중국 3번째 국가급 대형 전시장. 국제 행사 유치, 지역 경제 발전, 도시 경쟁력 상승 등의 성과를 창출할 수 있는 주요 국가 인프라로 주목받고 있다.

(3) 협동 현황

징진지는 산업 협력이 안정적으로 추진되며 협력이 활발하게 진행되어 그 연결고리가 나날이 긴밀해지고 있다. 2024년 베이징이 진지(津冀 : 톈진과 허베이성)에 수출한 기술 계약 항목은 6,497개에 달하며 거래액은 843.7억 위안으로 전년도 동기 대비 12.7% 증가했다. 톈진은 징지(京冀) 투자액 670억 위안을 유치했는데 전체 내자(內資) 유치의 비중이 34%를 넘었고, 베이징은 투자 프로젝트를 892개 유치해 조달 자금이 전년도 동기 대비 28.5% 증가했다. 베이징 중관촌 시범 지역과의 협력, 융합 발전을 긴밀히 추진하고 있는 징진(京津: 베이징과 톈진)중관촌과학기술단지는 현재 등록한 기업의 누계 수치만 7,800여 개에 달하며 베이징에서 이전한 프로젝트 비율이 65%에 육박한다. 허베이는 징진에서 이전한 중요 기관을 현재까지 총 4.3만 개 넘겨받았다.

(4) 핵심 지역 개발 현황

베이징도시부중심투자건설그룹유한회사(北京城市副中心投资建设集团有限公司)에 따르면, 2024년 베이징도시부중심(北京城市副中心)[11]은 1000억 위안의 투자를 유치했으며, 총 투자액은 6658억 위안이다. 도시부중심의 극장, 도서관, 박물관을 주체로 한 공사는 전면적으로 완성되었다. 2025년 7월까지 톈진 빈하이신구(濱海新区)[12]는 비수도(非首都) 기

11) 베이징도시부중심(Beijing Municipal Administrative Center, Beijing MC)의 건설은 베이징의 공간 구조 조정, 대도시 병 해결, 새로운 발전 공간 확보의 필요성에 따라 제안되었으며, 징진지(京津冀) 협동 발전을 촉진하고 인구 및 경제 밀집 지역의 최적화 개발 모델을 탐구하기 위한 필요성에서도 비롯되었다. 계획 범위는 원래 퉁저우신성(通州新城) 계획 건설 구역으로, 총 면적은 약 155㎢이다.

12) 빈하이신구(濱海新區): 톈진시에 위치한 시할구로 교외지역으로 분류되며, 경제특구인 광둥성 선전시(广东省 深圳市) 혹은 상하이시 푸둥신구(上海市 浦东新區)를 모델로 삼아 2006년 5월 26일 국가급신

능[13] 해소 프로젝트 1350개를 수락했으며 협의 투자액이 650억 위안에 달한다. 187개 중앙 기업 신설 기업은 등록을 완료했으며 그 누적 등록 자본은 850억 위안이다. 이 중 2, 3급 본사가 58개이며 등록 자본이 510억 위안이다.

[그림 Ⅰ-10] 슝안신구(雄安新区)

(출처: 바이두 바이커)

허베이 슝안신구는 건설 사업을 지속적으로 추진하여 지역 내에서 완성한 투자가 전년도 동기 대비 13.5% 증가했으며 전체 성의 선두 자리를 계속 유지하고 있다. 슝안신구에서 베이징다싱국제공항(北京大兴国际机场)까지의 급행 노선, 슝안신구 신베이(新北) 제방 홍수 방지 추가 공사, 슝안역 중추 지역 도시행정 도로(2차) 등의 프로젝트가 실행을 서두르고 있으며, 계동구(启动区)는 비수도 기능 해소 서비스센터 프로젝트를 끝내고 인테리어 마감 단계에 들어갔다.

구로 지정되었다.

13) 비수도(非首都) 기능: 수도권의 발전 요소와 맞지 않는 도시 기능.

4 징진지 지역 산업 현황

(1) 인공지능 산업

1) 인공지능 클러스터 가속화 정책(수정)

2021년 정부 업무 보고에서는 지역 경제 구도를 최적화하고 지역의 중대 전략, 지역의 조화로운 발전 전략, 주체 기능 지역 전략을 깊이 있게 실시하여 징진지 협동 발전을 착실하게 추진해야 한다고 지적했다. 2024년 3월 전국정치협상회의 위원이면서 시정치협상회의(市政协) 부주석이며 톈진시상공회의소(市工商联) 주석인 이창진(黎昌晋)은 국가 차원에서 '제14차 5개년 계획' 징진지 인공지능 산업 클러스터 발전 특별 계획을 하루 빨리 편성하여 인공지능을 추진하는 동시에 실물 경제를 깊이 있게 융합·발전시키며 징진지 협동 발전을 위해 새로운 엔진을 만들어야 한다고 제안했다.

2) 인공지능 기업 현황

중국 차세대 인공지능 과학기술 산업 발전 보고서 2024(中国新一代人工智能科技产业发展报告2024)에 따르면 주로 3대 도시권 즉 징진지, 장강삼각주와 주장삼각주에 분포되어 있으며 비중이 각각 30.6%, 31.73%와 21.9%로 나타났다. 그중 베이징은 단독으로 29.04%를 기록하며 전국 최다 도시에 선정되었다.

[그림 Ⅰ-11], [그림 Ⅰ-12]와 같이 현재 중국의 인공지능 기업은 주로 징진지, 장강삼각주와 주장삼각주에 분포되어 있다. 한편, 각 도시군의 AI

산업 강점도 뚜렷하다. 징진지는 베이징을 중심으로 한 대규모 모델과 연구 개발(R&D), 장강삼각주는 상하이, 항저우, 난징을 중심으로 기술 및 제조 연계 생태계 구축, 주장삼각주에는 선전과 광저우를 중심으로 산업용 AI 및 해외 진출에 강점을 보이고 있다.

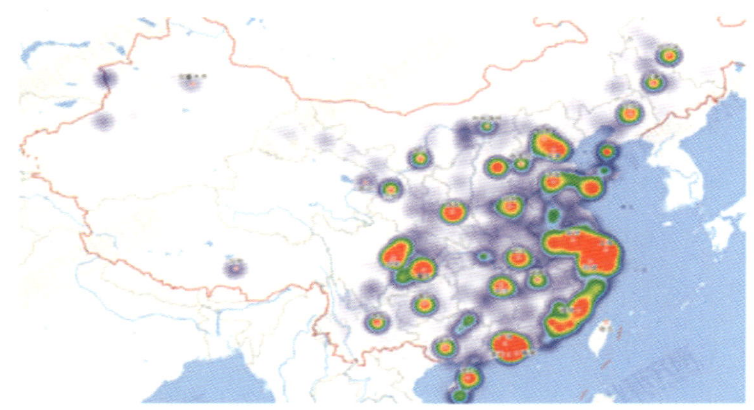

[그림 Ⅰ-11] 중국 인공지능 산업 분포 열지도

(출처: 전망산업연구원)

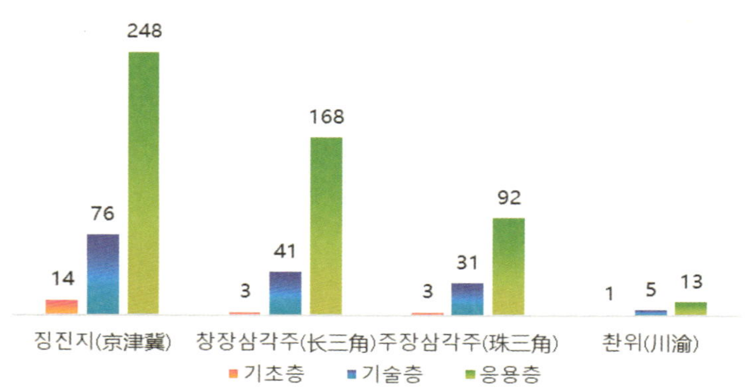

[그림 Ⅰ-12] 중국 인공지능 기업 차원 수 영역 분포(단위: 가구)

(출처: 텐센트 클라우드 개발자 커뮤니티 腾讯云开发者社区)

(2) 바이오산업

1) 바이오 클러스터 가속화 정책

징진지 협동 발전이 국가 전략적 측면으로 상승하고, 《징진지 협동 발전 계획 요강》 징진지 바이오 의약 산업화 시범 지역의 우대 정책이 정착됨에 따라 징진지 바이오 의약 산업은 기회의 장을 맞이하게 되며 산업은 가속화된 발전을 이루게 될 것이다. 중국 바이오 의약 산업은 기본적으로 징진지, 장강삼각주, 웨강아오 대만구, 청위 경제권 등을 핵심으로 하는 바이오 의약 산업 클러스터를 형성했다. 그중 징진지 지역 바이오 의약 산업에 공간 클러스터식 발전이 나타나고 있다. 세 지역 즉 베이징시, 톈진시, 허베이성의 바이오 의약 산업의 상호 보완적 발전은 중국 바이오 의약 산업 발전의 중요한 집결지이자 강력한 엔진이 되었다. 2024년까지 중국 바이오 의약 기업의 전국 도시권 분포는 [그림 Ⅰ-13]과 같다.

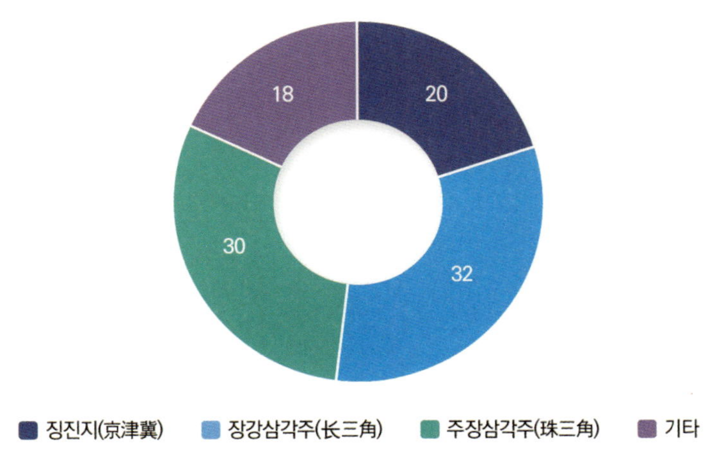

[그림 Ⅰ-13] 2024년까지 중국 바이오 의약 기업 전국 도시권에서의 분포(단위: %)

2) 공동 발전을 위한 이중 협력 구도

현재 징진지 지역은 이미 베이징을 중심으로, 톈진과 허베이가 서로 상호 보완하는 산업 발전 구도를 기본적으로 형성했다.

베이징시 바이오 의약 산업은 중관촌생명과학원(中关村生命科学园), 경제기술개발구[14]와 다싱바이오의약기지(大兴生物医药基地) 등의 집적지를 형성하여 '북부 기초 연구 개발, 남부 첨단 제조' 산업 발전 구도를 중점적으로 형성하고 있다. 톈진시는 빈하이신구를 핵심 지역으로 하여 톈진 개발구 서구 바이오의약산업단지, 톈진건강산업단지, 우칭(武清)의료보건산업단지, 베이천(北辰)현대중약산업단지, 시칭(西青)현대의약산업단지 등 지역 특색의 산업 클러스터 구도를 형성했다. 허베이성 바이오 의약 산업은 주로 3개의 산업기지 스자좡, 창저우(沧州), 안궈(安国)에 집중되어 있으며 징진(京津) 및 기타 국내외 유명 기업의 바이오 의약 산업 이전을 적극 수주하고 있다.

14) 경제기술개발구: 베이징 경제기술개발구(Beijing Economic-Technological Development Area)는 '이좡신도시'(亦庄新城)라고도 하며 줄여서 '베이징경제개발구'(BEIJINGETOWN)라고 불리며 중국 베이징시 다싱(大興)구와 퉁저우(通州)구 관내에 위치한 베이징시 유일의 국가급 경제기술개발구로 '국가급 경제기술개발구'와 '국가첨단산업단지'의 이중 우대정책을 동시에 누린다.

[그림 Ⅰ-14] 베이징 경제기술개발구

(출처: 베이징 경제기술개발구 공식 홈페이지)

3) 양질의 기업들로 이룬 빠른 산업 발전

혁신을 주체로 볼 때, 징진지 지역은 기본적으로 선두 기업이 앞서서 발전하는 구도를 형성했다. 베이징시 바이오 의약 외자 기업과 현지 기업이 함께 발전하여 14개소에 달하는 전국 의약 공업 100대 기업을 집결시켰으며 의약 분야의 상장 회사가 163개이다. 톈진은 5개에 달하는 의약 공업 100대 기업을 보유하고 있으며 의약 분야의 상장 회사가 33개에 달한다. 허베이성은 5개의 100대 기업을 보유하고 있으며 주 영업매출액이 성(省) 전체 의약 공업의 40% 이상을 차지한다.

혁신 자원의 측면에서 볼 때, 징진지 지역은 기본적으로 체계가 갖춰진 약물 혁신 연구 개발 체계를 형성했고, 바이오 의약 산업은 풍부한 연구 개발 혁신 역량을 구비하고 있다. 베이징은 고도로 집중된 과학 연구 기관과 과학 연구 인력의 우세로 징진지 지역에서 중요한 바이오 의약품 연구 개발센터가 되었다. 징진지 주요 도시별 국가급 바이오 의약 산업 중점 실험실 및 공정센터의 분포는 다음과 같다.

〈표 Ⅰ-1〉 지역별 국가 바이오 의약 산업 실험실·공정센터 수

지역	국가 바이오 의약 산업 실험실·공정센터 수
베이징	328
톈진	126
허베이	65

4) 협력 시스템의 패러다임

징진지 의약품 산업은 여러 방면에서 비교적 양호한 시스템을 제공하고 있다. 첫째, 교통 일체화[15]이다. 이것은 징진지가 함께 발전하기 위한 체계적인 시스템이자 선행되어야 하는 영역이다. 둘째, 지역별 산업의 차별화된 발전 전략을 강화하고 있다. 베이징을 산업 주축으로 하며, 톈진과 허베이가 함께 발전하는 지역 구도를 중점적으로 조성하여 산업 사슬에서의 협력 분업을 강화한다. 셋째, 협동 혁신기지, 산업단지, 혁신연맹, 바이오 샘플 자원 협력 체계, 산업 투자 펀드를 공동으로 구축하여, 연구 개발부터 산업화에 이르는 전 주기적 협력 기반을 확대하고 있다. 마지막으로, 체제·메커니즘 개혁을 깊이 있게 추진하고 각지에서 여러 가지 정책을 출시하며, 기업 유치 승인 절차를 간소화하고 자원 공유 메커니즘을 구축하며, 의료 위생 분야의 협동 협력을 심화하고 지역 협동 혁신 관련 정책 체계를 완비함으로써 지역의 균형 발전을 촉진하고 있다.

15) 교통 일체화: 수도 베이징을 중심으로 반경 50~70㎞ 범위에 1시간 교통권 형성.

(3) 빅데이터 산업

1) 세 지역 간의 상호 협동

빅데이터 발전에 있어서 징진지 세 지역은 모두 각각의 능력을 발휘했다. 베이징시 류리차오(六里桥) 시급(市级) 정무 클라우드, 톈진시 통일 데이터 공유 교환 플랫폼, 윈상허베이(雲上河北)[16] 건설의 투입 사용은 정무 자원의 공유 통합을 실현했다. 허베이 고속 빅데이터 분석 플랫폼은 허베이 전성 고속도로 이전 데이터와 실시간 업무 데이터 80억 건을 통합하여 도로망 운행 분석, 휴일 교통 상황 예측, 이상 차량 분석 등 수십 가지 빅데이터 분석 서비스를 실현했다. 징진지 관광 빅데이터 협동 플랫폼은 데이터로 정부, 관광 업계, 관광객을 위한 서비스라는 이념으로 관광 업계 규제, 계획 등 많은 업무 난제에 대응하여 대상별 서비스 플랫폼 체계를 구축한다.

2020년, 차이나텔레콤 징진지 빅데이터 기지[17] 프로젝트가 공식적으로 톈진에서 건설된다. 건설 후, 차이나텔레콤은 북방지역 핵심적 노드 중의 하나가 될 것이며, 직접적 또는 간접적으로 첨단 정보 산업 투자를 500억 위안 이상 끌어낼 것이다. 이같이 수많은 성과는 빅데이터 기지가 협동 발전할 수 있다는 잠재력을 나타낸다.

---

16) 윈상허베이(雲上河北): 허베이성에서 실현한 온라인 정무 서비스 플랫폼.

17) 차이나텔레콤 징진지(京津冀) 빅데이터 기지: 본 기지는 베이징-톈진-허베이성 시 교차점의 톈진시 우칭(武清) 개발구 가오춘(高村) 과학기술 혁신 단지에 있다. 이 산업 단지는 베이징 톈안먼 광장에서 48㎞, 허베이성 랑팡(廊坊)시 도심에서 15㎞ 떨어져 있으며 징진지(京津冀) 교차 구역과 협동 발전의 핵심 지역에 있다.

[그림 Ⅰ-15] 차이나텔레콤 징진지 빅데이터 기지

(출처: 바이두)

2) 발전 추세

징진지 빅데이터 종합 시험구(试验区)[18]는 건설된 후부터 지금까지 징진지 빅데이터와 실물 경제의 융합 효과를 분명히 보여줬다. 톱 레벨 설계와 관리 체계가 점차 완비되어 인프라의 초기 규모가 갖추어지고, 업계 응용이 끊임없이 진행되어 융합 기반이 다져졌다. 또한 현재 산업 협력이 기본적으로 형성되면서 산업 클러스터가 점차적으로 나타나 징진지 산업의 협동 발전을 가속화하기 위해 시범적인 선도 역할을 한다. 전국적인 범위에서 볼 때, 징진지 지역은 전국을 선도하는 1순위로 다음의 [그림 Ⅰ-16]과 같이 전반적인 구도가 기본적으로 안정되었다.

18) 2016년 10월 중국 국가발전개혁위원회, 공업정보화부, 중앙인터넷정보국이 베이징-톈진-허베이 등 지역에 국가 빅데이터 종합시험구 조성을 승인한 것을 말한다.

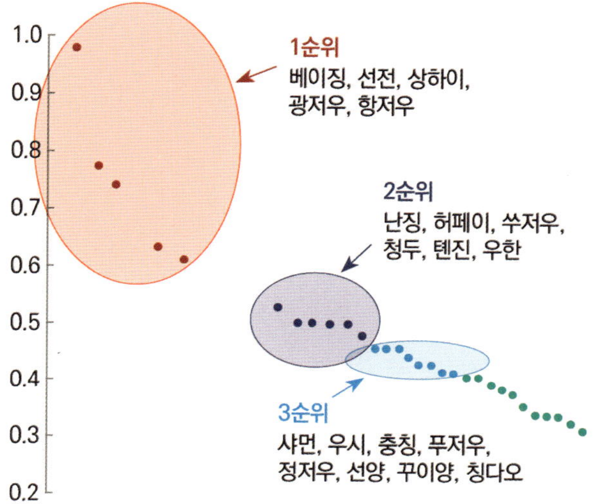

[그림 Ⅰ-16] 전국 도시 빅데이터 산업 발전 지수 산포도

(출처: 중국 빅데이터산업관찰망)

다음은 빅데이터 산업 발전 환경 지수이다. 〈표 Ⅰ-2〉로부터 베이징의 빅데이터 산업 발전 환경과 산업 발전 추세가 양호함을 판단할 수 있다.

〈표 Ⅰ-2〉 빅데이터 산업 발전 환경 지수

도시	2024지수 득점	2024지수 순위	2023지수 순위
베이징시(北京市)	96.8	1	1
상하이시(上海市)	92.5	2	2
선전시(深圳市)	98.3	3	3
항저우시(杭州市)	87.6	4	4
광저우시(广州市)	85.4	5	5

(4) 핀테크 산업

1) FDI 랭킹 선두, 베이징 글로벌 1위

2024년 중국 국제서비스무역박람회 금융 서비스 특집 전시회 기간에 개최된 2024중국 국제핀테크포럼에서 베이징첨단금융감독관리과학기술연구원 원장 겸 저장대학교(浙江大学) 국제연합경영대학 원장인 분성림(贲圣林)은 《2024글로벌 핀테크 중심 도시 보고》를 발표했다. 보고에 따르면 핀테크 발전 지수(FDI, FinTech Development Index) 종합 순위 상위 50개 도시 중에서 베이징이 4년 연속 1위를 차지했다. 핀테크 산업이 가장 강한 상위 10개 도시 중에서 상위에 있는 도시의 랭킹이 4년간 동일했으며, 상위 8위 도시들은 약간의 순위만 변동됐을 뿐 모두 상위 8위 이상을 유지했다. 중국과 미국은 각각 6개, 5개 도시가 랭킹돼 있어 용호상박을 다툰다. 또한 베이징 하이뎬구에는 중국 전국의 34.2%의 핀테크 기업이 위치하고 있다.

베이징의 핀테크 산업에 대해 언급하자면 4대 기회를 빼놓을 수 없다. 베이징은 중요한 글로벌 경제 및 금융 관리의 중심이며, 선도적인 글로벌 혁신과 디지털 중심인 동시에 세계적인 영향을 가진 국제 교류와 정치적 중심지이다. 이 외에도 베이징은 튼튼한 기반을 가지고 있어 징진지 일체화하에 전국 경제 핵심 지역 중의 하나인 중요한 도시가 되었다.

(5) 하이뎬구 과학기술 혁신 시범기지

[그림 Ⅰ-17] 하이뎬구(海淀区) 중관촌

(출처: 바이두 바이커)

1) 중국 과학기술단지 발원지

하이뎬구(海淀区)[19]는 중관촌 국가자율혁신시범구(示范区) 핵심 구역과 전국과학기술혁신센터 핵심 구역이 위치한 곳이며, 전국 최초 과학기술단지의 발원지이기도 하다. 개혁 개방과 중관촌 혁신 발전 40년 동안, 하이뎬은 항상 '혁신'을 핵심 가치로서 발전을 선도해 왔다. 산업의 배치와 선도를 둘러싸고 하이뎬은 혁신 선단(前端)과 정상을 향해 힘을 쓰고

19) 하이뎬구: 베이징시 북서부에 위치한 시할구이며, 면적은 431㎢이며 유동 인구를 포함하여 약 348만 명이 거주하고 있다. 차오양(朝阳)구와 함께 베이징에서 가장 유동인구가 많은 구에 속한다. 중관촌(中关村)을 필두로 한 IT산업, 높은 교육 수준으로 유명하다. 중국 내 대학생 인구의 절반이 하이뎬구에 거주 중이며, 칭화대학, 베이징대학, 베이징외국어대학, 중국인민대학 등 명문대가 포진해 있다.

있으며, 기초 연구 배급을 끊임없이 최적화하고 고급 정밀 첨단 산업 발전을 도모하고 있다.

2) '고급 정밀 첨단' 기술

2018년 11월 7일 칭화대학교, 빌&멜린다·게이츠 재단과 베이징시 정부의 공동 제창으로 설립된 글로벌 건강약물연구개발센터가 중관촌동승국제과학원(中关村东升)에 본격 입주했다. 이는 중국 국내 과학기술 분야에서 최초로 외국 투자자본을 포함하여 설치된 민판비기업(民办非企业) 성질의 과학 연구 기관이며, 또한 최초로 정부가 PPP(Public-Private Partnerships) 패러다임으로 지원한 신형의 연구 개발 플랫폼이다.

[그림 Ⅰ-18] 글로벌 건강약물연구개발센터
칭화대학교 前 교장 추용(邱勇)과 빌·게이츠 합작 각서에 서명 중
(출처: 바이두 바이커)

2018년 10월 25일, 베이징 그래핀연구원(北京石墨烯研究院)이 본격적으로 문을 열었다. 해당 연구원은 미래 그래핀 산업의 초석과 핵심 경쟁력을 구축하고, 중국 특색의 정•산•학•연(政产学研) 협동 혁신 메커니즘을 모색하며, 글로벌 경쟁력과 지속 가능한 발전이 있는 그래핀 산업 항모(航母) 건설에 전력을 다하고 있다.

베이징 양자정보과학연구원(量子信息科学研究院), 사이버공간 안전 분야의 중대한 연구 플랫폼, 베이징 뇌과학 및 유뇌연구센터(北京脑科学和类脑研究中心)가 잇따라 설립되었으며 국내외 최고 과학자를 초대하여 구위원회(区委) 구정부(区政府) 과학 고문 직무를 담당하도록 했다. 하이뎬에서 가장 중요한 핵심기술의 돌파구를 모색하고, 기초적인 연구 동향 구조의 확장 소식이 전해지며 '고급화된 정밀 첨단기술'은 하이뎬의 경제적 동력원이 되었다.

3) '과학 + 타운'

40여 년에 걸쳐 새로운 발전을 거듭하면서 '관념의 변혁'에서 '체제의 변혁'으로, '기술 체계의 선로'에서 '상업 체계의 선로'까지 하이뎬은 중국 과학기술 혁신사에서 여러 차례 1위에 올랐다.

향후, 하이뎬은 '과학+타운'의 개념으로부터 '새로운 동력 발굴과 새로운 형태 구축'으로 새로운 경로를 탐색할 것이다. 또한 하이뎬의 질적 발전을 장려하고 고품질 도시를 건설해 혁신형 국가 건설과 '4개 중심' 기능이 하이뎬에서 형성되도록 함으로써 대중의 만족감을 극대화할 것으로 예상된다.

(6) 중관촌생명과학단지(中关村生命科学园)

[그림 Ⅰ-19] 중관촌생명과학단지

(출처:搜狐 SOHU)

1) 새로운 시범구 구축

'기업 인큐베이터'라 불리는 중관촌생명과학단지는 중관촌 국가자율혁신시범구의 중요한 구성 부분이며 생명과학 연구, 바이오 기술과 바이오 의약 관련 분야의 연구 개발 혁신을 주요 방향으로 하는 전문적인 첨단기술 단지이다. 단지는 2000년에 건설을 기획했는데 베이징 생명과학연구소, 국가칩공학연구센터, 베이징 뇌과학 및 유뇌연구센터(北京脑科学和类脑研究中心), 베이징 정밀 의료 및 건강연구원 등 연구 기관들이 속속 입주되어 있다.

2) 원스톱 금융센터

2017년 9월에 중관촌 과학기술 원스톱 금융센터가 설립되었다. 이것은 중관촌생명과학단지의 상급 기관인 중관촌발전그룹에서 과학기술 금융생태체계를 조성하고 금융 지원 기업 서비스 패러다임을 혁신하며, 분야 업무 협동을 강화하는 또 하나의 중요한 기준으로써, 중관촌발전그룹의 과학기술 보증, 과학기술 임대, 과학기술 신용, 모펀드, 인터넷 금융 등의 업무 및 제3자 협력 기관의 시장 자원을 통합했다. 1년 남짓 운행된 과학기술 원스톱 금융센터는 많은 과학기술 혁신기업들이 성장 중의 수요를 실질적인 서비스 방안으로 전환하도록 돕고, 더 많은 과학기술 혁신기업들이 더욱 편리하고 효율적인 원스톱 종합 금융 서비스를 누릴 수 있도록 했다.

3) '도입' 단계 탈피, '혁신' 개척

'중국의 해외 진출', '해외 기술 도입'은 중관촌생명과학단지가 올해 국제 협력을 강화함에 있어서의 중점 포인트다. 올해 중관촌발전그룹의 전면적인 지도하에, 생명과학원(生命科学园)은 중관촌실리콘밸리혁신센터, 중관촌독일혁신센터, 중관촌보스턴혁신센터 건설에 적극 참여했다. 아울러 미국 보스턴, 실리콘밸리에 '국제창업인큐베이터기지(国际创业孵化基地)'를 건설하여 현지의 과학 연구 인력의 장점을 살려 생명원(生命园)에 우수 프로젝트팀을 수송하고 단지 내 기업의 해외 업무 확장을 위해 도움을 제공하고 있다.

[그림 Ⅰ-20] 중관촌 보스턴 창신 기지(创新基地)

(출처: 바이두 바이커)

4) 과학기술 혁신 플랫폼의 확대

베이징시 지도자들은 중관촌생명과학단지 내에서 연구 및 조사의 중요 목표를 실현하고, 단지를 세계적 수준의 생명과학 혁신 허브로 만들고자 단지 내 혁신 창업 생태권 조성에 힘쓰고 있다.

단지의 산업 서비스 수준을 한층 높이고, 혁신 요소 배치를 풍부하게 하며, 입주 업체들의 임상 실험 요구에 더욱 양호한 서비스를 제공하고자, 올해 단지 내에 중국 연구형 병원학회(중관촌생명과학단지 임상 과학 연구 및 전환 협력 플랫폼)를 구축했다. 해당 플랫폼은 연구형 병원학회(医院学会)의 임상 자원이 풍부하고, 각 병원과 연락이 밀접한 등 장점을 충분히 발휘하여 임상 실험을 원하는 입주 기업들에 컨설팅 매칭 서비스를 제공하며 기업들이 관련 자질을 갖춘 임상 실험 병원과 배합하여 협력할 수 있도록 도와준다.

5 징진지 지역 기업 분석

(1) 바이두(百度,Baidu)

1) 중국 최대 IT 기업

[그림 Ⅰ-21] 바이두 본사

(출처: 바이두)

바이두는 2000년, 베이징에 본사를 두고 설립된 IT 기업으로, 현재는 중국을 넘어 세계적인 인공지능 선도 기업으로 자리매김하였다. '정보를 쉽게 접근할 수 있도록 한다'는 목표 아래, 바이두는 초기에는 검색 서비스 중심의 사업을 전개하였으나, 이후 자율주행, 클라우드 컴퓨팅, 음성 인식, 자연어 처리, AI 칩 개발 등 다양한 기술 분야로 사업 영역을 확장시켰다. 현재 바이두는 징진지의 핵심 혁신 클러스터인 중관촌과학기술단지에 본사를 두고 있으며, 이 지역의 디지털 산업 발전을 선도하고 있다.

2) 디지털 전환 및 AI 선도 전략

(1) 바이두는 국가의 《인터넷 플러스(互联网+)》 전략, 《중국제조 2025》 정책, 《신형 인프라(新基建)》 정책 등에 적극적으로 호응하면서 인공지능을 국가 전략적 기술로 격상시키는 데 핵심 역할을 했다. 2021년, 바이두는 중국 최초로 자율주행차 운영 허가를 받은 기업으로, 베이징, 창사, 충칭 등에서 무인 자율주행 로보택시 '아폴로 고(阿波罗Go)'를 상용화하며 기술 혁신의 대표 사례로 주목받고 있다.

[그림 Ⅰ-22] 바이두 아폴로 고

(출처: 搜狐 SOHU)

(2) 기술 혁신을 기업 성장의 동력으로 삼은 바이두는 자체 개발한 AI 운영 체계 '바이두 브레인(百度大脑)'과 AI 칩 '쿤룬(昆仑)'을 통해 알고리즘, 컴퓨팅 파워, 데이터 세 가지 핵심 자산을 통합적으로 운영하고 있다. 이를 통해 바이두는 검색엔진 기반의 IT 기업에서 풀스택 AI 플랫폼 기업으로 전략적 전환을 성공적으로 이끌어 냈다.

(3) 바이두 클라우드는 공공 서비스, 산업 인터넷, 스마트 도시, 금융, 의료 등 다양한 산업에 AI 솔루션을 공급하고 있으며, 특히 징진지의 스마트 교통체계 구축, 공공 안전 감시 시스템, 산업 자동화 분야에서 많은 프로젝트를 성공적으로 수행했다. 이는 바이두가 단순한 기술 개발을 넘어 지역 사회 발전과 국가 전략 실현에 기여하고 있음을 보여준다.

3) 기업 철학과 비전

바이두는 '기술은 선을 위한 것(科技为善)'이라는 철학을 바탕으로 인공지능 기술이 인간의 삶을 어떻게 향상시킬 수 있는가에 집중하고 있다. 징진지 내에서는 스마트 교통, 디지털 의료, 공공 행정 AI화 등의 분야에 실질적인 기술 응용을 실현해 왔으며, 베이징시는 이를 통해 스마트 도시 계획을 실제로 실행에 옮기고 있다.

바이두는 2019년부터 현재까지 꾸준하게 AI 기술의 윤리성과 공공성을 확보를 강조하고 있으며, 기술과 사회의 조화를 이루는 방향으로 기업 활동을 전개할 계획이라고 밝혔다. 한편, 징진지는 바이두와 같은 선도 기업과 함께 디지털 혁신의 중심지로 성장해 가고 있다.

(2) 도우인(抖音, Tiktok)

[그림 Ⅰ-23] 도우인 본사

(출처: 바이두)

1) 중국 최대 숏폼 비디오 플랫폼

도우인은 2016년 중국 베이징에서 설립된 짧은 동영상 공유 플랫폼으로, 모회사인 바이트댄스(字节跳动)의 핵심 서비스 중 하나이다. 출시 초기부터 독창적인 알고리즘 추천 시스템을 통해 폭발적인 성장세를 보였으며, 다양한 연령층과 지역 사용자를 확보하면서 중국 전역에서 가장 영향력 있는 모바일 앱 중 하나로 자리 잡았다. 콘텐츠 영역은 음악·뷰티·일상·여행·교육·농촌 경제 등 매우 다양하며, 2020년대 이후에는 라이브커머스와 전자상거래 기능을 강화하면서 플랫폼 내 소비 생태계를 구축하였다.

도우인그룹은 이후 도우인생활서비스(抖音生活服务), 도우인상점(抖音电商), 쥐량엔진(巨量引擎) 등을 통해 영상 콘텐츠를 넘어 로컬 경제와 광고 산업, 플랫폼 기반 상거래 산업 전반에 영향을 미치는 종합 디지털 기업으로 발전하였다.

2) 기업 전략

(1) 2021년 이후, 중국 정부는 인터넷 플랫폼의 사회적 책임과 데이터 안전, 청소년 보호 등을 강조하며 플랫폼 규제 정책을 강화하였다. 이에 따라 도우인은 사용자 정보 보호, 알고리즘 투명성, 미성년자 콘텐츠 제한 등의 분야에서 '자율 개혁 조치'를 선제적으로 도입하고, '디지털 공익 캠페인'을 전개하는 등 공공성을 중시하는 기업 전략을 채택했다.

(2) 도우인은 알고리즘 및 데이터 기반의 기술 혁신을 통해 디지털 광고, 콘텐츠 추천, 전자상거래 운영 등 플랫폼 운영 전반의 효율성을 높였다. 특히 자체 개발한 거량 광고 플랫폼은 광고 효율성과 사용자 행동 분석 정밀도를 대폭 향상시켜 기업 마케팅 생태계에 변화를 가져왔다. 또한 AI 기반 음성·영상 인식, 콘텐츠 자동 분류 및 필터링 시스템 등에서도 기술 고도화를 이뤄냈으며, 단순한 동영상 플랫폼을 넘어 기술 기반 콘텐츠 기업으로서의 정체성을 확립하였다.

(3) 도우인은 베이징을 중심으로 징진지 도시군 내 도시 로컬 경제 활성화에도 힘을 기울이고 있다. 예를 들어, 플랫폼 내 '지역 전통시장' 소개 콘텐츠, '현지 농산물 라이브 방송 판매' 등은 지역 브랜드와 소비자의 연결을 강화하는 효과를 거두었고, 이는 디지털 플랫폼이 실물 경제와 상생하는 방식으로 진화하고 있음을 보여준다.

3) 혁신 전략

도우인은 '즐거움은 공유에서 비롯된다(记录美好生活)'는 기업 슬로건을 바탕으로, 사용자와 사회가 함께 소통하고 참여하는 콘텐츠 문화를 형성해 왔다. 이는 과거 단순한 오락 중심의 짧은 영상 플랫폼이라는 이미지를 넘어서, 현재는 교육·건강·지역 경제·공공 서비스 영역까지 확장된 생활형 플랫폼으로 자리매김하는 배경이 되었다.

도우인은 앞으로도 알고리즘 기술의 윤리적 사용, 미디어 공정성, 사회적 책임 등을 고려한 플랫폼 운영 원칙을 지속적으로 강화해 나가며, 디지털 생태계의 질적 성장과 기술-사회 간 조화를 이끌어 가는 방향으로 기업 활동을 전개할 계획이다.

(3) 갤봇(银河通用机器人,Galbot)

1) 중국 범용 휴머노이드 로봇 대표 기업

갤봇은 2023년 중국 베이징에서 설립된 '지능형 이동 로봇(智能移动机器人)' 전문 기업이며 정부 출연 연구기관 출신 엔지니어들이 핵심 창업진을 구성했다. 100% 자체 자금으로 시작한 스타트업이지만, 설립 6개월 만에 시리즈A에서 1억 위안(약 190억 원)을 유치하며 '로봇 유니콘 후보 1호'로 주목받고 있다. 회사 이름 'Galbot'은 'Galaxy(은하) + Robot'의 합성어로, '우주처럼 넓은 곳 어디든지 로봇이 함께 간다'는 비전을 담고 있다.

[그림 Ⅰ-24] 갤봇

(출처: 바이두)

갤봇은 '통합 지각·의사결정·이동(感知-决策-行动)' 3단 아키텍처를 단일 SoC에 탑재한 '모듈형 이동 로봇 플랫폼'을 핵심 제품으로 삼는다. 현재 취급하는 로봇은 ①물류이동(AMR) ②보안순찰 ③청소·배송 복합 ④공항·병원 내비게이션 등 4개 시리즈, 총 12종이다. 모든 모델은 동일한 'GalOS'를 탑재해 필요에 따라 상단 모듈(센서·암·컨테이너)만 교체하면 새로운 업무를 즉시 수행할 수 있다. 2024년 기준 누적 출하 대수 3,200대, 국내(中) 물류센터 42곳, 병원 18곳, 공항 5곳에 투입됐으며, 평균 무고장运行時間(MTBF) 3,800시간을 기록해 업계 평균 대비 1.8배 높다.

2) 핵심 전략 및 비전

'보급형 자율이동(Autonomous Mobility)'을 슬로건으로, 복잡한 설치 없이 '전원만 연결하면 5분 내 투입'이 가능한 Plug-and-Play 로봇을 표준으로 삼는다. 이를 위해 ①고집적 통합 SoC(로봇용 '퀄컴 스냅드래곤' 급) 자체 설계 ②국산 LiDAR·IMU·카메라를 결합한 '시각-관성-레이저' 융합 해법 ③소프트웨어 OTA 100% 무상 제공 등 3대 원칙을 고수한다. 해외 진출은 동남아를 먼저 공략해 2025년까지 싱가포르·말레이시아 물류센터 30곳에 500대를 무상 시범 투입하는 '로봇-as-a-Service (RaaS)' 계약을 체결하였다.

갤봇은 2030년까지 '세계 3대 이동 로봇 플랫폼'으로 자리매김한다는 목표를 공개하였다. 구체적으로 ①연결 로봇 100만 대 ②누적 이동거리 100억 km ③사용자 발생 데이터 100 EB 달성을 '3-100' 프로젝트로 제시하였다. 이를 바탕으로 로봇이 스스로 학습하고 상호 협업하는 '그룹 인텔리전스'를 구현, 인간과 로봇이 동일한 공간에서 안전하게 동시에 작업할 수 있는 'Hybrid-City OS'를 제공하겠다는 청사진을 그렸다. 최종적으로는 "로봇이 없는 도시를 상상할 수 없는 시대"를 만들어, 이동 로봇을 전기·수도·인터넷과 같은 '도시의 네 번째 필수 유틸리티'로 만들겠다는 포부를 밝혔다.

특히 징진지 지역은 갤봇 글로벌 전략의 핵심 실험·확산 거점이다. 베이징의 R&D 역량, 톈진의 제조 기반, 허베이의 현장 수요를 하나로 묶은 '통합 로봇 클러스터'를 구축해, 지역 스마트제조 전환을 직접 끌어올리면서 동시에 해외 진출용 실증 플랫폼으로 활용하고 있다. 갤봇의 기술 행보는 단순한 기업 성장을 넘어 지능형 자동화 산업의 나침반이 되고 있다. AI·제어·클라우드를 하나로 묶은 자동화 아키텍처로 글로벌 제조 패러다임을 계속 바꿔 나갈 계획이다.

(4) 메크마인드(梅卡曼德,Mech-Mind)

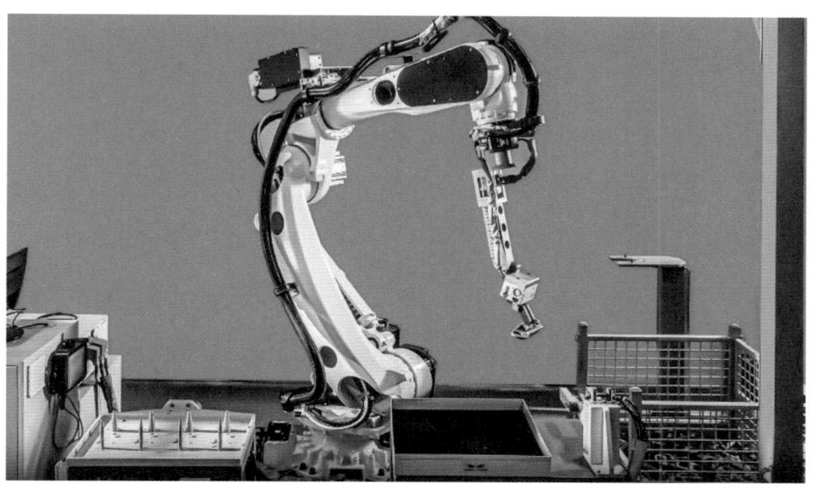

[그림 Ⅰ-25] 메크마인드

(출처: 메크마인드 홈페이지)

메크마인드는 2016년 베이징 중관촌에서 설립된 AI 3D 비전 전문 기업이다. 창업자 샤오톈란을 포함한 8명의 연구원으로 출발한 이 회사는 설립 9년 만에 글로벌 임직원 650명 규모로 성장했으며, 누적 출하량 1만 5천 대 이상의 3D 카메라 및 비전 소프트웨어를 기록하며 '산업용 로봇의 눈' 분야에서 중국 1위이자 세계 1위(출하량 기준) 기업으로 자리매김하였다.

매출은 2022년 6억 위안에서 2024년 12억 위안으로 2년 만에 두 배 성장했고, 해외 매출 비중 역시 같은 기간 20%에서 55%를 넘어섰다. 현재 중국 본사(베이징)를 비롯해 독일 뮌헨, 일본 도쿄, 한국 서울, 미국 샌프란시스코에 현지 법인을 운영 중이며, 폭스바겐, BMW, DHL, 포스코 등 50개국 1,000여 개 고객사에 장비를 공급하고 있다.

생산 역량 측면에서는 베이징 순이(顺义)에 연면적 1만 2,000㎡ 규모의 '스마트 카메라 공장'을 운영하며, 자동화 생산라인을 통해 월 최대 1,000대의 3D 카메라를 생산할 수 있다. 핵심 부품인 광학계, 이미지 센서, FPGA의 90% 이상을 국산화해 외부 공급망 리스크를 최소화했으며, 카메라 1대당 평균 출하 검사 시간은 8분, 불량률은 0.2% 이하로 업계 최저 수준을 유지하고 있다. 2025년 1월 허베이성 고양시에 제2공장 착공을 완료했으며, 2026년까지 연간 2만 대 증산 체계를 구축할 계획이다.

기술 로드맵은 '더 빠르고, 더 정확하며, 더 쉽게'를 핵심 키워드로 한다. 2025년 상반기에는 초당 1,200만 포인트 처리, 0.05mm 재현성, 0.1ms 지연시간을 구현한 차세대 제품 'Mech-Eye LSR L'을 출시했다. 동일한 하드웨어에 탑재 가능한 비전 애플리케이션은 총 45종에 달하며, ABB, FANUC, KUKA, 가와사키 등 1,000여 종의 로봇 팔과 즉시 호환된다. 딥러닝 학습용 데이터는 2024년 말 기준 100TB를 돌파했으며 매년 두 배씩 증가하고 있고, 이 데이터는 클라우드 플랫폼 'Mech-DLK'에 자동으로 축적돼 전 세계 법인이 실시간으로 공유하고 있다.

재무 구조 역시 안정적이다. 2024년 기준 매출총이익률은 58%, 영업이익률은 26%에 달하며, 현금 보유액은 4억 5천만 위안으로 3년 연속 흑자를 기록했다. 2023년 시리즈 C 라운드에서 6,000만 달러를 유치한 이후 기업가치는 약 15억 달러(약 2조 원)로 평가받고 있으며, 2025년 하반기 홍콩 증시 상장(IPO)을 앞두고 있다. 상장을 통해 조달한 자금은 차세대 광학 엔진 개발(30%), 글로벌 채널 확대(40%), 인수·합병(M&A, 30%)에 활용될 예정이다.

조직 구성은 R&D 인력 60%, 영업·서비스 25%, 생산·품질 15%로 이루어져 있다. R&D 인력의 평균 연령은 29세이며, 석·박사 비중은 55%로 업계 최고 수준의 젊고 고학력 인재 풀을 보유하고 있다. 2024년 기준 누적 특허 출원은 320건(등록 210건), PCT 특허 48건을 포함해 미국·유럽·일본 특허도 각각 20건 이상 확보하며 글로벌 IP 포트폴리오를 구축하였다. Mech-Mind는 향후 3년간 연평균 30% 성장을 목표로 하며, 2028년까지 매출 30억 위안, 누적 출하량 10만 대 달성을 공식 선언하였다.

(5) 샤오미(小米,Xiaomi)

1) 중국 스마트폰·AIoT 대표 기업

샤오미는 2010년 레이쥔(雷军)이 설립한 중국의 스마트 기기 및 인터넷 서비스 기업이다. 본사는 베이징에 위치하며, 'Innovation for Everyone'이라는 모토 아래 고성능·합리적 가격의 제품을 통해 전 세계 소비자에게 스마트 라이프스타일을 제공하는 것을 목표로 한다. 스마트폰을 시작으로 현재는 TV, 웨어러블, 생활 가전, AIoT 기기, 전기차에 이르기까지 사업 영역을 확장하며 글로벌 생태계 기업으로 자리매김하였다.

샤오미의 핵심 사업은 △스마트폰 △AIoT(사물인터넷) △인터넷 서비스로 구성된다. 스마트폰은 글로벌 시장에서 높은 점유율을 유지하며, 특히 인도, 동남아, 유럽에서 강세를 보인다. AIoT 분야에서는 스마트홈 기기, 웨어러블, 스마트 TV 등을 출시하여 '스마트홈 생태계'를 구축했으며, 전 세계적으로 연결된 IoT 기기 수는 7억 대를 넘는다. 인터넷 서비스는 광고, 클라우드, 게임, 핀테크 등을 포함하며, 하드웨어 판매 이후에도 지속적인 수익을 창출하는 핵심 모델로 작동한다.

[그림 Ⅰ-26] 샤오미

(출처: 바이두)

2) 자동차 사업 본격 추진

2021년 3월, 샤오미는 100억 위안을 출자해 '샤오미 EV(小米汽车)'를 설립하고 전기차 시장에 본격 진출했다. 2024년 3월, 첫 양산차 'SU7'을 베이징 이좡(亦庄) 경제기술개발구에 세워진 '샤오미 자동차 스마트 공장'에서 롤아웃하며 자동차 산업에 첫 발을 내디뎠다.

[그림 Ⅰ-27] 샤오미 이좡 공장

(출처: 바이두)

이 공장은 연면적 40만 m²(약 6만 평)에 600여 대의 AGV·협동 로봇을 배치, 핵심 공정 100 % 자동화·검사 100 % AI 비전으로 관리되는 '블랙라이트 팩토리' 수준의 디지털 생산 라인을 자랑한다. 스탬핑·용접·도장·총장착 4대 공정 자동화율이 각각 96 %-100 %-97 %-92 %에 달해 평균 76초 만에 1대가 생산 라인을 빠져나온다. 샤오미는 자동차를 '스마트홈의 이동형 확장'으로 정의하고, 스마트폰·IoT 기기와 동일한 'HyperOS' 하나로 연결해 완전한 생태계를 구축하고자 한다. 자동차는 이제 단순한 이동 수단이 아닌, 개인의 디지털 라이프 공간의 또 하나의 '방'으로 재정의되고 있다.

3) 기업 전략

샤오미는 "Innovation for everyone"이라는 모토 아래 '고성능·합리적 가격'이라는 가치 제품(Value Product) 전략을 14년간 일관되게 유지해 왔다. 2018년 스마트폰 사업 이익률을 영구히 5 % 이하로 자체 상한 설정하는 '영구 약속'을 발표하고, 대신 AIoT·인터넷 서비스로 수익을 확대하는 'Smartphone × AIoT 듀얼 엔진' 구조를 완성하였다. 2021년부터는 R&D에 연평균 130억 위안 이상을 투입해 2025년 누적 1,000억 위안(약 19조원) 달성을 목표로 하고 있으며, 이 자금은 차세대 반도체, AI 칩, 자율주행 소프트웨어, HyperOS 등 '완전 연결'을 위한 핵심 기술에 집중된다. 글로벌 시장에서는 '현지 제조·현지 판매'를 원칙으로 삼아 인도·베트남·폴란드·墨西哥 등 7개국에 생산 기지를 두고, 100여 개국 5억 명 이상의 사용자를 확보하였다. 2024년 기준 월간 활성 IoT 기기 7.4억 대, 월간 활성 사용자 1.45억 명을 기록하며 '세계 최대 규모의 소비자용 AIoT 플랫폼'으로 기네스에 등재되었다.

샤오미의 최종 비전은 "모든 사람이 혁신 기술로 더 나은 삶을 누리는 것"이다. 이를 위해 2030년까지 탄소중립 달성, 1억 대 규모의 'Human-Car-Home' 연결망 구축, 그리고 50 % 이상의 매출을 서비스·소프트웨어에서 창출하는 '소프트웨어 중심 기업'으로의 전환을 선언하였다. 레이쥔은 2024년 주주총회에서 "샤오미는 제조업을 넘어 일상의 모든 순간을 재정의하는 라이프스타일 기술 기업이 될 것"이라며, '완전한 스마트 라이프'를 향한 확장을 멈추지 않겠다고 강조하였다.

6 징진지 지역 고등교육기관 혁신 창업 환경

(1) 베이징항공항천대학교

1) 과학기술단지

정부의 대학교 과학기술단지 발전 격려하에 베이징항공항천대학교(北京航空航天大学)[20] 과학기술단지가 2000년 12월 27일 설립되었다. 베이징항공항천대학교에서 독자적으로 베이징베이항과학기술단지건설발전센터(北京北航科技园建设发展中心)를 설립하여, 베이항(北航)을 대표해 베이항과학기술단지(北航科技园)의 계획, 건설, 관리 및 경영을 진행했다.

[그림 Ⅰ-28] 베이징베이항과학기술단지(北航科技园)

(출처: 바이두 바이커)

20) 베이징항공항천대학교: 중화인민공화국 공업및정보화부서 직속 국가중점대학이고, 1952년 칭화대학(清华大学), 쓰촨대학(四川大学), 베이징공업학원 등 8개 대학의 항공관련 학과를 통합하여 설립된 공립대학이다.

베이항대학교 과학기술단지는 베이항 본부 과학기술단지와 미윈(密雲)[21]산업단지 두 부분으로 구성되며, 누적 투자액은 3.6억 위안이다. 베이항 본부 과학기술단지는 버옌(柏彦) 빌딩, 스닝(世宁) 빌딩, 베이항 과학기술 개발동(开发楼)으로 구성되며 건축면적은 약 11만 ㎡이다.

베이항대학교 과학기술단지는 7년간의 발전을 거쳐 2007년 연말에 이미 베이항과학기술단지, 베이항톈후이과학기술인큐베이터(北航天汇科技孵化器), 베이항유학인창업단지(北航留学人员创业园), 소프트웨어수출센터(软件出口中心), 전자정보기술이전센터(电子信息技术转移中心)로 구성된 5위 1체(五位一体)의 혁신적인 자원 통합 운영 패러다임을 형성했다. 또한 단지 내에 있는 기업과 인큐베이터 기업에 풍부한 자원과 완벽한 서비스를 제공하고 있다.

2) 기술 혁신 기지

베이항톈후이과학기술인큐베이터는 베이항대학교 과학기술단지의 전문적인 인큐베이팅 기관으로, 과학기술단지 내의 과학기술형 중소기업 창업 인큐베이팅 체계를 구축했다. 또한 베이항대학교라는 지식 근원을 바탕으로, 대학교 캠퍼스와 과학기술단지 및 공동 커뮤니티의 3구(三区) 융합을 적극적으로 추진하여 첨단기술의 성과 전환을 촉진했다. 더욱 많은 우수한 해외 유학 경험이 있는 중국인들이 귀국하여 창업하도록 하고자 베이항대학교 과학기술단지와 중관촌관리위원회는 공동으로 '베이항 유학인 창업단지(北航留学人员创业园)'를 설립했으며, 각 분야의 자원을 충분히 유치 및 활용함으로써 귀국 창업자들에게 전면적인 서비스를 제

21) 미윈(密雲): 베이징시의 구. 화베이 평원 최북단 지점에 위치한다.

공하고 있다. 지금까지 이 단지에서 78개소의 유학인 창업 기업을 육성해 냈다.

베이항의 학문적 장점을 결합하여 과학기술단지는 광전자, 항공 항천 기술 등 중점 산업을 둘러싼 과학 연구 성과 관련 산업 사슬을 구축했다. 베이항대학교의 소프트웨어 및 항공항천 학과와 관련된 기업이 우선으로 단지에 입주하는 원칙에 따라 베이항대학교 과학기술단지는 이미 정보 산업과 군전민(军转民: 군용품 생산의 설비 및 인력을 민간용 생산 영역으로 전환) 등 기술 분야가 특색인 국가 대학교 과학기술단지가 되었다.

3) 혁신적인 공공 발전

미래 발전에 있어서 베이항대학교는 과학기술단지 소속으로서 여러 자원을 충분히 활용해야 하고, 학교의 학문적 우위를 바탕으로 특수단지를 설립해 산업 클러스터 효과를 구현해야 한다. 또한 청년 교사(35세 이하) 및 재학생의 기술 혁신과 관련하여, 응용성이 강하고 시장 전망이 있는 기술을 선택해 각 분야에 적극적으로 지원해줌으로써 기술 성과 전환을 이뤄야 한다. 대학교의 인재 자원, 정부 자원과 사회자원을 충분히 활용하여 서비스체계를 끊임없이 개선하며 완벽함을 추구해야만 대학교 과학기술단지의 제 기능을 발휘할 수 있다.

(2) 칭화과학기술단지(清华科技园)

1) 전통, 전승, 혁신

지난 세기 90년대 초, 칭화대학교(清华大学)[22]에서 칭화과학기술단지가 설립됐다. 1997년 칭화대학교는 학생창업협회를 설립했으며, 1998년에는 아시아 최초로 창업계획대회를 개최한 후 해당 대회는 전국대회로 발전했다. 같은 해, 칭화대학교는 중국 최초로 MBA 혁신 창업 경영 방향의 교육과정을 개설했다.

[그림 Ⅰ-29] 2024'챌린지컵' 중국 대학생 창업계획대회

(출처: 바이두 바이커)

1999년 칭화과학기술단지는 치디(啟迪) 인큐베이터를 설립했으며. 2003년부터 창업 교육과정을 체계적으로 구축하기 시작했다. 2010년에는 전국 최초로 공익창업실천대회를 열었고, 2015년 5월 4일에는 청년의 날을 맞아 리커창(李克强) 국무원 총리가 칭화대학교 학생 촹커(创客)[23]에

22) 칭화대학교: 이공계가 주력인 국립 연구 중심 종합대학교. 1911년에 설립되어 오랜 전통을 자랑하고 베이징대학교와 같은 중국 명문대학교 중에 하나로 아시아에서는 최상위권에 속한다.

23) 촹커(创客): 중국에서 정보기술을 활용하여 혁신적인 창업 아이템을 내놓는 창업자들을 가리키는 말.

게 "촹커 문화를 다채롭게 하고 관례를 과감하게 타파하라"고 격려했다. 2015년 6월 11일, 칭화대학교에서 시작한 전국 고등교육기관 혁신창업 교육연맹이 본격적으로 설립되었고, 이는 중국의 혁신 창업 교육이 새로운 단계에 올라섰음을 증명한다.

[그림 Ⅰ-30] 칭화과학기술단지

(출처: 바이두)

2) 창업 교육 실시, 양질의 자원 개척

현재 칭화대학교에서는 이미 창업혁신 교육과정체계를 구축하여 관련 교육과정을 개설했으며, 창업혁신 교육을 실시하고 3창(三创) 교육 플랫폼을 중점적으로 건설하는 등 혁신 창업 교육 분위기 조성에 힘쓰고 있다. 최근 5년간 학교는 '취미팀', '창+(创+)', 'iCenter 촹커 플랫폼(创客空间)'과 'x-lab' 등 '아이디어, 혁신, 창업' 3창(三创) 플랫폼을 중점적으로 만들었고 '총장컵' 혁신 챌린지, 칭화 촹커(아이디어를 구현하기 위해 노력하고 혁신하는 사람) 마라톤, 칭화 촹커의 날 등 대회와 행사를 개최했으며 중·미 청소년 촹커대회를 열어 혁신 창업 교육 분위기 조성에 힘쓰고 있다.

그 외, 학교는 또 '중국 고등교육기관 혁신 창업 교육연맹'을 기획하였으며 기술이전 체계 구축을 완료했고 과학기술 성과 전환과 기술이전 사업을 대대적으로 추진했다. 또한 칭화-버클리 글로벌 기술 창업 프로젝트, 칭화-제국 이공학술 및 직업 개발 박사과정 하계 프로젝트 등 국제적인 양질의 교육 자원을 개척하여 대학원생들의 혁신 창업 종합 능력을 향상했다.

3) 인재 육성 메커니즘

인재 육성 측면에서 칭화과학기술단지는 창업 인재 육성과 이동 메커니즘을 완비하고자 창업 이론 연구 플랫폼을 구축하여 창업혁신 교육과 교육 제도화, 체계화를 실현하고 있다. 성과 전환 측면에서 칭화과학기술단지는 창업 투자, 창업 인큐베이팅이 고등교육기관, 과학연구원 등의 기술 성과 이전과 서로 결합하도록 추진하여 지식재산권, 기술 교류, 통용 기술 협력 연구 개발 등 플랫폼을 설계하고 과학 연구 프로젝트 자금에 대한 관리를 전면 구체화하며 과학기술 성과 사용, 처분과 수익권 등 개혁 조치에 대한 권력을 전면적으로 하급 기관에 분산 이관할 예정이다. 그 외, 칭화과학기술단지는 고등교육기관, 과학연구원 등 전문 기술 인원의 이직 창업 정책을 구체화하여 과학 연구 인원의 쌍방향 이동 메커니즘을 구축 및 완비할 예정이다. 또한 과학 연구 인원의 성과 전환 수익률을 높이고 지분 보유를 권장해, 과학 연구 인원의 창업혁신을 장려하고 각종 창업혁신 자원과 인프라를 개방하여 개방적인 창업혁신 체계를 구축할 예정이다.

장강삼각주 지역 과학기술 혁신 발전 보고

1 장강삼각주 지역 역사적 배경

장강삼각주는 장강 하구 지역을 중심으로 하는 중국 동부의 경제·문화 중심지로, 오늘날에는 상하이, 장쑤성, 저장성 등을 포함하는 광범위한 지역을 지칭한다. 장강삼각주 지역은 오랜 역사 동안 중국의 경제 활력과 문화 창조성의 중심을 이뤘으며, 시대별로 다양한 변화를 겪으면서 발전해 왔다.

(1) 경제와 문화의 기반 형성

1) 고대 시기

장강삼각주 지역은 원시 사회부터 인류 활동이 활발했으며, 그 대표로 기원전 3300년부터 2300년까지 발달한 량저 문화(良渚文化)가 있다. 당시 류족(越族) 등 원주민은 농업과 어업을 생활의 기반으로 삼았고, 청동기 시대에 이르러 금속 제작 기술과 농업 기술이 발달하기 시작하였다.

2) 진·한 시기(秦汉时期)

진(秦)과 한(汉) 왕조가 중국을 통일한 이후, 장강삼각주 지역은 중앙 통치 체제에 편입되었다. 이때 수로 건설과 농업 개발이 적극적으로 추진되었으며, 특히 천수(淺水) 지역을 개간하여 미곡 생산량을 크게 증가시켰다. 이러한 발전으로 인해 해당 지역의 경제적 중요성이 급격히 높아지기 시작하였다.

3) 위·진·남북조 시기(魏晋南北朝时期)

북방의 혼란으로 인해 인구와 문화가 남방으로 대거 이동하는 '영가 남도(永嘉南渡)' 현상이 벌어지면서, 장강삼각주 지역은 문화와 경제의 중심지로 부상하였다. 이 과정에서 상하이 근교의 소교(小乔) 등 도시가 발달하기 시작하였고, 교통망이 확장되면서 상업 활동도 활성화되었다. 이는 지역의 경제·문화 지위를 한층 높이는 계기가 되었다.

4) 당·송 시기(唐宋时期)

당(唐)과 송(宋) 왕조 시기, 장강삼각주 지역의 경제적 지위는 급격히 상승하였다. 대운하(大运河)의 완공으로 북방과의 물자 교류가 활발해졌고, 미곡, 차, 명주 등의 생산과 상업이 크게 번영하였다. 이때 항저우와 쑤저우(苏州)는 국제적인 상업 도시로 손꼽히며, 문화적으로도 많은 학자와 예술가들이 모여 활발한 활동을 펼쳤다. 이러한 발전으로 장강삼각주 지역은 중국 경제·문화의 중심으로 더욱 견고히 자리 잡게 되었다.

[그림 II-1] 경항대운하

(출처: 조선일보)

(2) 서구 문화와의 접촉과 변화

1) 명·청 시기(明清时期)

명(明)과 청(清) 왕조 시기, 장강삼각주(长三角) 지역은 중국에서 가장 부유한 지역으로 자리 잡았다. 1842년 '남경조약' 체결 이후 상하이가 개항된 통상구(通商口岸)로 지정되면서, 서구 문화와 기술이 유입되기 시작하였다. 외국 상인과 기업이 진출됨에 따라 현대적인 산업 체제와 도시 인프라(교통·시설 등)가 발달하기 시작했고, 이를 통해 상하이는 점차 국제 무역의 중심지로 성장하였다. 이 과정은 장강삼각주가 전통적인 농업·상업 중심에서 현대 산업과 국제 교류의 중심으로 변모하는 계기를 마련하였다.

2) 청말·민국 시기(清末 ~ 民国时期)

장강삼각주 지역은 중국 근대 산업의 발원지로, 공장과 기계 제작소가 증가하면서 제조업이 급속히 발달하였다. 상하이는 특히 중국 근대화의 중심지로 자리 잡아, 교육·신문·출판 등 현대 문화 분야가 활기차게 번영했으나, 동시에 외국 세력의 침투로 인해 반란과 전쟁(예: 일제 점령기)을 겪으며 어려운 시기를 경험하기도 하였다. 이 과정은 지역의 근대화 발전과 함께 외세 침략의 아픔을 동시에 담고 있는 특징을 보이고 있다.

(3) 경제 혁신의 중심

1) 1949년 이후

중화인민공화국 수립 후, 장강삼각주 지역은 계획경제 체제하에서 중공업과 농업생산 기지로 발전하였다. 1978년 개혁 개방 정책이 시행되면서, 상하이와 소주·항주 등 주요 도시가 경제특구(经济特区)로 지정되었고, 이를 통해 외국 투자와 국제 무역이 급격히 증가하였다. 이 과정은 장강삼각주 지역이 계획경제의 틀을 넘어, 시장경제와 글로벌 경제에 적극적으로 참여하는 경제 중심으로 재탄생하는 계기를 마련하였다.

2) 21세기 이후

2000년대부터 장강삼각주 지역은 중국 경제의 "동력원"으로 확고한 자리를 잡았다. 상하이 푸동(浦东) 신구 개발을 시작으로, 현대적인 금융·정보·제조 산업이 집적되면서 경제 구조가 고급화되었고, 고속철도와 고속도로를 중심으로 도시 간 교통망이 밀집되어 '1시간 생활권'이 구축되었다.

2016년 발표된 장강삼각주 도시권 통합 발전 계획을 통해, 경제·문화·생태 분야의 통합 발전이 한층 강화되었으며, 현재는 세계에서 가장 경제력이 뛰어난 도시권 중 하나로 평가받고 있다. 이는 지역 내 각 도시의 상호 보완적 발전을 통해 '집단 효과'를 극대화한 결과로, 중국뿐만 아니라 전 세계 경제에도 중요한 영향을 미치고 있다.

(4) 역사적 의미

장강삼각주 지역은 중국 역사상 '남방경제·문화의 중심'으로, 시대마다 변화하는 중국의 모습을 가장 생생히 담고 있는 지역 중 하나이다. 농업 번영의 기초에서 출발해, 현대 산업과 국제 무역의 중심으로 발전해 온 과정에서, 지역 고유의 특색을 잃지 않으면서도 글로벌화에 적극적으로 맞서왔다. 오늘날에도 장강삼각주 지역은 중국의 혁신과 경제 성장을 주도하며, 세계 경제에 큰 영향력을 행사하고 있으며 그 역사는 중국이 전통에서 현대로, 지역적인 범위에서 글로벌 수준으로 발전해 온 과정을 압축적으로 보여주는 축소판이라 할 수 있다.

2 장강삼각주 지역 현황

(1) 발전 현황

[그림 II-2] 장강삼각주

(출처: 바이두)

장강삼각주는 중국에서 일체화[24)]가 가장 먼저 시작됐고 기반이 가장 튼튼하고 수준 높은 지역이다. 장강삼각주는 '3성1시' 즉 저장성, 장쑤성,

24) 장강삼각주 일체화: 중국 정부가 장강 하류의 경제 중심 도시인 상하이시(上海是)와 저장성(浙江省), 장쑤성(江苏省), 안후이성(安徽省) 등 장강(长江)삼각주 지역을 하나로 묶어 2025년까지 단일 경제권으로 개발하기로 한 계획. 2019년 12월 2일 신화통신에 보도된 내용으로 베이징과 톈진, 허베이성 등 수도권을 통합해 발전시키는 '징진지(京津冀)' 프로젝트와 홍콩, 마카오, 선전 등 광둥성 9개 도시를 연결해 거대 광역 도시권을 만드는 '웨강아오(港澳) 다완취' 발전 계획에 이은 세 번째 국가급 지역 경제 통합 사업이다.(출처: 네이버 지식백과)

안후이성과 상하이시를 포함하며 중국에서 경제가 가장 활발하고 개방적이며, 혁신 능력이 강한 지역 중의 하나로 중국 국내의 창업혁신 중심지로 꼽힌다. 2024년 장강삼각주의 GDP가 33.17조 위안에 달했는데 같은 기간 중국의 GDP가 134.92조 위안으로 전국 국토 면적의 3.8%에 해당하는 장강삼각주 GDP가 전국 GDP 총량의 24.58%를 차지했다.

중국에서 발달한 지역 중의 하나인 장강삼각주는 이미 전반적으로 높은 발전 단계에 진입했다. 칭화대학교 지역 발전연구원, 칭화대학교 중국발전계획연구원에서 최근에 합동 발표한 《장강삼각주 지역 인류 발전 진척 보고(2010~2024년)》에 근거하면 2024년 중국 인구 개발 지수(HDI)가 0.798로 전반적 인류 개발 수준보다 높지만 장강삼각주 지역의 HDI가 0.832로 상승하여 매우 높은 인간 개발 수준에 도달했다. HDI 지수는 경제 성장보다 사람의 능력을 더 강조하기에 인간의 전면적 발전과 모든 국민이 함께 잘 사는 궁극적인 목표를 더 잘 실현하는 것으로 나타났다. 2024년 매우 높은 인류 개발 수준을 가지고 있는 지역이 장강삼각주의 26시(市)까지 확대되었다. 위 지역의 인구는 1.35억에 달하며 장강삼각주 전체 인구의 54.8%를 차지한다.

(2) 주요 정책

장강삼각주 지역은 중국의 혁신 성장을 선도하기 위해 다양한 정책을 추진하고 있다.

첫째, 지역 간 협력 시스템을 강화하고 있다. 상하이시, 장쑤성, 저장성, 안후이성이 함께 혁신 연합체를 구성해 인공지능과 반도체, 바이오 의약 등 핵심 기술 개발에 공동으로 투자하고 있다. 특히 상하이 장장과 안후이

허페이를 중심으로 한 첨단 연구단지 조성으로 기술 개발 인프라를 대폭 확충했다.

둘째, 산업구조 고도화를 적극 추진 중이다. 장쑤성은 '6대 혁신 프로젝트'를 통해 첨단 산업단지 육성에 박차를 가하고 있는데, 창업 지원 인프라 확충과 기업의 국가 연구과제 참여를 적극 지원하고 있다. 또 내륙 지역으로의 산업 이전도 활발해 저장성의 신에너지 프로젝트가 윈난성과 신장으로 확장되는 등 지역 간 협력이 강화되고 있다.

또한 정부는 무역 장벽을 낮추기 위해 전자상거래 특구를 지정하고 스마트 통관 시스템을 도입했으며, 장강신구에서는 기술 개발 기업을 위한 대출 지원과 세제 혜택을 확대했다. 특히 최근 발표된 '혁신 연합체 건설 지침'은 지역의 연구 개발 방향을 체계화한 중요한 지침이 되고 있다.

재정 지원도 아끼지 않고 있다. 특별채권 발행을 통해 연구 시설 건설과 인프라 확충에 필요한 자금을 조달하고 있으며, 지역 간 재정 조정 시스템을 통해 균형 발전을 도모하고 있다.

3 장강삼각주 지역 경제 발전 현황

(1) 중국 수요 시장의 리더

장강삼각주 지역은 중국에서 경제 성장이 가장 뚜렷하고, 성장 잠재력이 큰 지역 중의 하나이며, 또한 중국 경제의 빠른 발전을 이끄는 중요한 일극(一极)이다. 장강삼각주의 발전 추세는 다음과 같은 특징을 보인다. 지역 일체화 진척이 더욱 심화하였고, 지역 종합 경제 실력이 더욱 증가하였으며, 지역 내의 분업이 명확하고 합리적이다. 쑤저(쑤저우와 저장) 두 지역의 경제 성장 속도는 여전히 상하이보다 빠르며 장강삼각주에서의 상하이 경제 비중이 점차 약화되고 있다.

장강삼각주 지역의 경제 발전이 중국에서는 전략적 의미에서 시범 작용, 선도 작용과 버팀목 작용을 해준다. 첫째, 해당 지역 경제의 지속적인 건전한 발전은 국내 기타 지역에 모범이 된 모습을 보여주는 시범 작용을 일으키기에 국가 현대화 건설을 촉진한다. 둘째, 장강삼각주는 점차 새로운 경제 고지(高地)로 부상하여 국내의 다른 지역, 특히 연강경제벨트(沿江经济带)[25]에 강력한 선도 작용을 일으킨다. 셋째, 이 지역의 급속한 경제 발전은 동아시아 지역의 경제 패턴을 바꾸고 세계 경제 체제에서의 중국의 위상을 높여주며, 중국이 국제 경쟁에 참여하는 데에 있어서 중대한 버팀목 역할을 한다.

25) 연강경제벨트(沿江经济带): 연강경제벨트 또는 장강경제벨트로, '일대일로', '징진지 협력발전'과 같은 중국 지역개발 3대 정책 중 하나이다.

(2) 주요 도시 경제 현황

2024년 장강삼각주 도시권의 GDP는 33조 1,691억 위안으로 전국의 24.58%를 차지하며 3개 경제권(经济圈) 중에서 선도적인 위치를 차지했다. 1인당 평균 소득이 13.94만 위안으로 다른 두 경제권보다 현저히 높다. [그림 Ⅱ-3]과 같이 경제권에는 상하이와 같은 초대형 도시가 있으며, 내륙 도시 GDP에서 1위를 차지하고 쑤저우, 항저우, 난징과 같이 10위권 도시 안에 들었으며 전체 경제권에서 만억(万亿) 도시는 9개가 넘는다.

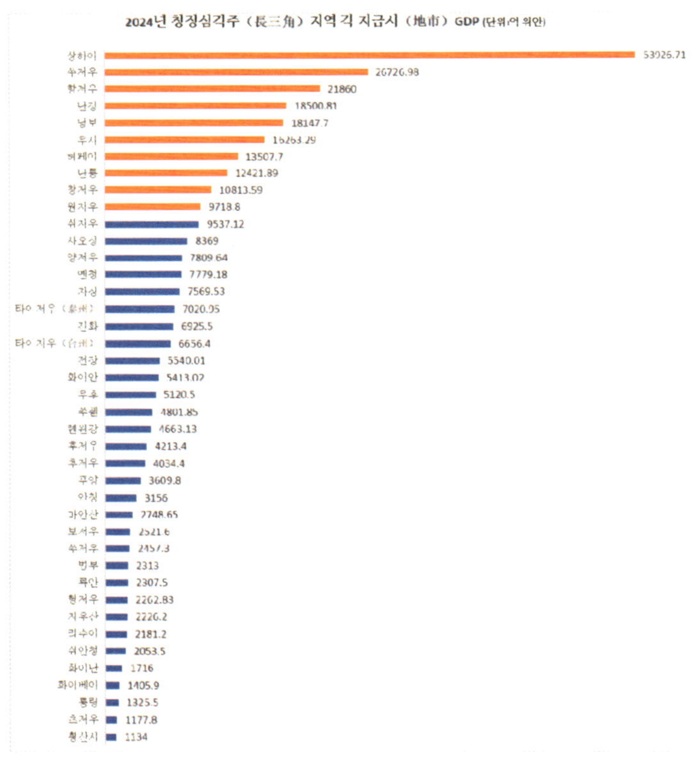

[그림 Ⅱ-3] 2024 상반기 장강삼각주 지역 각 지급시(地市) GDP

(출처: 聚汇数据 Gotohui)

지역	2024년 GDP (억 위안)	2023년 GDP (억 위안)	GDP 증가량 (억 위안)	명목성장률
장쑤성 (江苏省)	137008	82553	8785.8	6.85%
저장성 (浙江省)	90131	82553	7578	9.18%
상하이시 (上海市)	53926.71	47218.66	6708.05	14.21%
안후이성 (安徽省)	50625	47050.6	3574.4	7.60%
창장삼각주 (長三角) 전체	331690.71	305044.46	26646.25	8.73%

[그림 II-4] 2024 상반기 장강삼각주 지역 3성1시 GDP

(출처: 聚汇数据 Gotohui)

[그림 II-4] 의 장강삼각주 지역 '반년보(半年报)'(상반기)가 눈에 띄는데, 2024년 GDP 총량이 33조 위안을 초과하여 전국의 약 4분의 1을 차지한다. 그중 상하이시 2024년 GDP는 5조 위안을 돌파하여 5.3조 위안에 달했다. 장쑤성의 2024년 GDP 총량은 13.7조 위안으로 광둥성에 이어 전국 제2위이며 전년도 동기 대비 5.8% 증가했다. 저장성은 2024년 GDP 총량이 9.01조 위안으로 5.4%의 성장률로 동부에서 선두를 차지하며 2022-2024년 3년 연평균 5.1%를 달성했다. 안후이성은 2024년 생산 총액이 5.06조 위안으로 전년 대비 5.8% 성장했으며, 2022-2024년 3년 연평균 성장률은 5.1%를 기록했다.

4 장강삼각주 지역 혁신 환경 현황

(1) 저장성 혁신 환경

산학연협동혁신서비스플랫폼(产学研协同创新服务平台)과 화동테크(华东科技)가 공동 발표한 《2024년 장강삼각주 41도시 혁신 생태 지수 보고》에 따르면 10위권 도시가 순서에 따라 [그림 Ⅱ-5]와 같이 상하이, 쑤저우, 항저우, 난징, 닝보(宁波), 우시(无锡), 허페이(合肥), 창저우(常州), 난퉁(南通), 자싱(嘉兴)이다. 성(省)으로 볼 때, 저장의 평균 종합 득점은 30.1점, 장쑤는 29.8점, 안후이는 22.3점을 기록했다.

장강삼각주 혁신생태지표체계는 4개의 1등급 지표를 포함하는데 별도로 혁신 자원, 혁신 산출, 산업 잠재력과 환경 지원이다. 혁신 자원은 혁신 주체에 대한 지역 각 요소의 지지 능력을 반영했는데 구체적인 측도는 3개의 차원 즉 혁신 인재, 혁신 자본, 혁신 플랫폼[26]으로부터 시작된다. 혁신 산출은 지역 혁신 활동의 중간 산출과 경제 사회의 결과이며 구체적인 측도는 2개의 차원 즉 혁신 성과, 혁신 전환으로부터 실행된다. 산업 잠재력은 지역 혁신 생태계의 기초와 구체적인 3개의 차원 즉 산업구조, 증량 잠재력, 효율 잠재력으로부터 전개된다. 환경 지원은 지역혁신생태계의 업그레이드를 위한 중요한 토대이자 보장으로써 정책 지원, 인재 지원, 기술 지원, 혁신 인프라 등 4개의 차원이 포함된다.

26) 혁신 플랫폼: 조직 내 다양한 부서·기능·분야의 혁신을 지원하고, 다양한 측면에서 혁신에 기여할 수 있는 기업 안팎의 인재들에 의해 축적된 지식과 경험·아이디어가 유통된다.

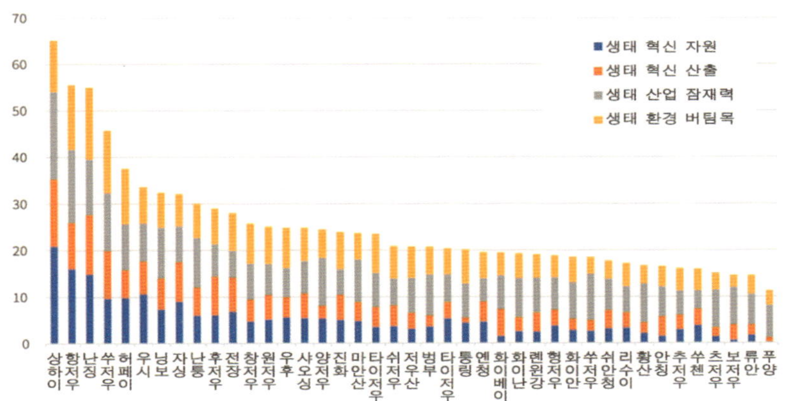

[그림 Ⅱ-5] 장강삼각주 41도시 혁신 생태 지수 및 1급 지표 득점

(출처: 중국국가발전개혁위원회 中国人民共和国国家发展和改革委员会)

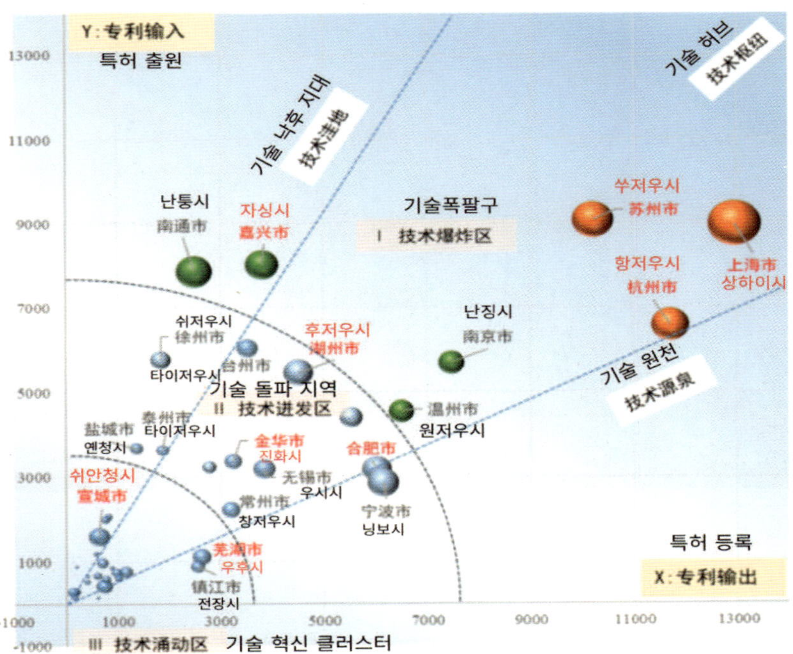

[그림 Ⅱ-6] 2019-2023년 장강삼각주 주요 도시 기술이전 열점도

(출처: 중국 상하이시 과학기술위원회 上海市科技技术委员会)

상술한 바와 같이, 이는 장강삼각주 혁신 생태의 3가지 특성을 반영한다. 첫째, 상하이시와 가까운 도시가 협동 발전하고 장강삼각주 혁신센터가 모여 있다. 둘째, 도청 소재지(省会城市)가 발전을 선도하고 항저우완(杭州湾) 그레이터 베이 에어리어 각지의 산업 특색이 뚜렷하며, 글로벌 과학기술 혁신의 포인트가 될 잠재적인 기질을 갖추었다. 셋째, 지역 발전이 비교적 불균형하며 서부 및 북부의 일부 내륙 도시의 혁신 발전이 비교적 느리다.

(2) 상하이 혁신 환경

[그림 II-7] 상하이(上海)[27]

(출처: 바이두 바이커)

27) 상하이(上海): 중국의 최대 도시로 6300㎢ 면적에 2400만 명이 넘는 인구가 모여 있다. 또한 중국의 경제수도로 중국 최대 증권거래소인 '상하이증권거래소'가 있고, 국제화와 현대화가 이뤄진 대도시로 중국의 대외개방 창구 역할을 하며 주요 수출입 국경 출입구이다. 다국적 기업 중국 지사들도 대개 상하이에 있다.

도시 혁신 지수를 종합한 결과, 장강삼각주는 아래와 같은 5개 분야에서 뛰어난 성과를 보였다. 혁신 요소 집적 차원에서 보면, 상하이와 난징의 혁신 요소 집적 능력이 가장 높다. 상하이는 장강삼각주 지역의 혁신 선두 주자로, 2024년 '포춘(Fortune)'이 발표한 세계 500대 기업 중 13개소의 본사가 상하이에 위치해 있다. 또한, 10개의 고등교육기관이 전국 100대 고등교육기관에 진출했으며 46개의 국가 중점 실험실, 연구센터를 보유하고 있다. 혁신 자원의 배정 차원에서 보면, 허페이와 우후(芜湖)가 '혁신의 다크호스'이다. 과학기술 혁신 환경 품질의 차원에서 보면, 상하이, 항저우의 품질이 가장 우수하고 쑤저우, 난징, 닝보가 이에 버금간다. 과학기술 혁신 산출 실적의 차원에서 보면, 항저우의 과학기술 산출 실적이 가장 우수하고 상하이, 난징, 우후 등 도시가 이에 버금간다. 혁신 창업 활력의 차원에서 보면, 상하이가 계속 1위를 차지하고 항저우, 난징이 그 뒤를 바짝 따른다. 상하이는 유니콘 기업 수량, 만인(万人) 발명 특허에 우세를 보이며 계속 장강삼각주를 이끌고 있다.

5 장강삼각주 지역 산업 현황

(1) 인공지능 산업

중국 차세대 인공지능발전전략연구원에서 《중국차세대인공지능과학기술산업지역 경쟁력평가지수(2024)》를 발표하여 차세대 인공지능 지역 산업 경쟁력을 분석했으며 관련 종합 지수 순위를 발표했다. 4대 경제권 인공지능 과학기술 산업 지역의 경쟁력을 종합 분석한 결과, 장강삼각주 총 평점은 102.1으로 4대 경제권의 1위를 차지했다. 잇따라 징진지가 99.6로 2위, 주장삼각주가 72.05점으로 3위, 촨위가 30.25로 4위를 차지했다.

팻스냅(PatSnap) 데이터에 따르면 상하이시, 저장성, 장쑤성, 안후이성의 관련 인공지능 특허 신청 총량이 이미 32만 건을 넘어섰다. 그중 실효된 발명 특허는 장쑤성에서만 11.3만 건이다. 아울러 [그림 II-8]과 같이 저장대학교, 상하이교통대학교(上海交通大学), 인스퍼 스마트, 유나이티드 이미징, 둥난대학교(东南大学) 등 관련 분야 특허 출원이 전부 상위 랭킹을 차지하고 있다.

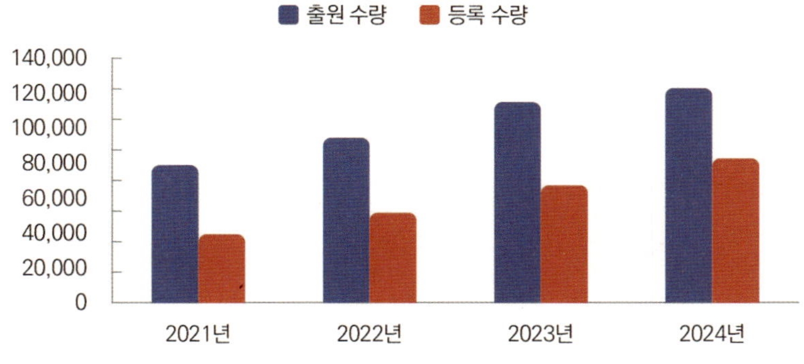

[그림 Ⅱ-8] 장강삼각주 인공지능 특허 출원 수량

최근 7년간 관련 특허 출원의 추세로부터 볼 때 센스타임[28], 핑안의료(平安医疗)[29], 인스퍼 스마트, 즈장실험실(之江实验室)[30] 등 인공지능 분야의 혁신 활성도가 비교적 높다. 현재 장강삼각주는 8.6만 개소의 첨단기술 기업이 집결되어 있으며 SMIC, 아이플라이텍, 이노벤트 바이오, 지리(吉利)[31] 등 선두 기업들이 지속적으로 발전에 힘을 쓰고 있고 지역별 산업 협력 단지 세력이 강화되면서, 하나하나의 산업 황금 벨트가 빠르게 부상하고 있다. 그중 집적회로, 바이오 의약품, 인공지능, 신에너지 자동차의 발전 아래 산업 규모가 점차 확대되고 있고 각 생산 단계 시스템이 잘 정리되어 있다. 아울러 혁신 동력이 강한 주요 산업 분야가 내부 조직으로부터 성장하고 있다.

28) 중국 업계에서 선도적인 인공지능 소프트웨어 회사.

29) 핑안(平安) 그룹의 '대의료 건강(大医疗健康)' 전략의 중요한 구성. 의료 보험 시스템을 핵심으로 하고 컨설팅, 서비스 및 보험을 보조로 하여 스마트 의료 보험을 통합한 플랫폼.

30) 즈장실험실은 저장성 인민정부, 저장대학, 알리바바그룹이 공동으로 개최하는 독립법인자격이 있는 혼합소유사업장으로, 국가실험실 창설을 발전 목표로 저장대학과 알리바바그룹을 주요 연구역량으로 하여 항저우 미래과학기술타운에 위치한 중국(항저우) 인공지능타운에 위치해 있다.

31) 중국 민영 자동차 기업.

(2) 바이오 의약 산업

2020년 12월 22일, 국가약품감독관리국 약품 평가 검사 장강삼각주서브(sub)센터, 의료 기계 기술 평가 검사 장강삼각주서브센터가 상하이에 설립되었다. 이는 중국 의약품 의료기기 평가, 비준 제도 개혁 혁신이 한 걸음을 다가왔음을 보여준다. 행정 심사 부문도 현재 높은 효율성을 보여준다. 기업에 발생하는 비용을 줄이고 편리성을 높이고 의약 연구 개발 과학기술 성과가 실험실에서 소비단(消费端)으로의 전환을 가속하여 의약 산업의 질 높은 발전을 추진 중이다.

최근 몇 년 동안, 중국 국내 바이오 의약품 산업의 급속한 발전으로 시장 규모가 매년 증가 추세를 보인다. 2025년 중국의 바이오 의약품 시장 규모가 9,800억 위안에 이르렀다. 투자 분야에서 바이오 의약품은 오랫동안 각지에서 경쟁해 온 전략적 신흥 산업이며 코로나 사태 또한 이 분야의 산업 발전을 가속했다. 특히 의료기기, 인터넷 의료 등 분야에 기회가 주어지고 국내 바이오 의약품 기업들이 지속적으로 관심을 받고 있으며 해당 시장이 점차 활발해지고 있다. 2020-2025년 바이오 의약품 업계의 투융자가 3대 핵심 지역 즉 장강삼각주, 환발해(环渤海), 주장삼각주에 집중되었다. 장강삼각주 지역은 투자 수량, 투자 금액이 모두 1위를 차지하며 투자 금액이 1,024억 위안으로 전체 48.3%를 차지한다.

(3) 과학기술 혁신 플랫폼 구축

[그림 II-9] 후항혁신센터(沪杭创新中心)

(출처: 바이두, 저장항저우미래과학성)

후항혁신센터(沪杭创新中心)는 장강삼각주에서 항저우드림타운에 세운 첫 번째 '분호(分号, 분점)'로 끊임없이 상하이에서 '금봉황(金凤凰, 우수한 인재)'을 끌어오고 있다. 현재 후항혁신센터는 입주율이 92%에 달하고 연구 개발 387명이 넘는 연구원이 있으며 도입한 미래과학성(未来科技城) 성숙 프로젝트가 23개에 달한다. 드림타운은 항저우에서 출발하여 '삼족정립(三足鼎立, 세 개의 세력이 균형을 이루며 대립함)'의 자세로 장강삼각주 핵심 도시를 더욱 견고하게 만들고 있다. 이곳은 일체화된 이념과 실천을 통해 행정 장벽을 허물고 정책 협동률을 높여 발전 요소를 더욱 넓은 범위까지 확장할 것이며, 각 지역의 비교 우위를 충분히 발휘하여 더욱 강력한 양질의 발전을 촉진할 것이다.

전체 성(省)의 디지털 개혁 중, 장강삼각주 시티 브레인 클러스터도 건설 중이다. 항저우 '시티 브레인'[32]은 해외 진출에 박차를 가하여 디지털 시대의 도시 사회가 다스리는 '항저우 경험'을 해외에 수출한다. 현재 해당 기지에는 127개소의 '시티 브레인' 생태 기업이 모여 있는데 그중 올해에 새로 입주한 기업이 33개소로 연간 생산액이 215억 위안을 넘겼고 세수입이 무려 3.2억 위안에 가깝다. 동시에 기지 생태 기업은 이미 28개 성(省)과 연결되어 있으며 63개가 넘는 도시를 보유하고 있다. 그중 상하이 푸둥(上海浦东), 장쑤 난징(江苏南京), 저장 원저우(浙江温州) 등 17개 현 시구(县市区)에는 이미 성공적으로 수출되었다. '시티 브레인'이 장강삼각주로 나아가는 과정에서 타운은 '항저우 경험'을 복제하는 또 하나의 중요한 운반체가 되었다. 또한 항저우는 계속하여 시티 브레인의 산업 협동 혁신 기능을 발휘해 청시커촹따저우랑(城西科创大走廊)[33], 장강삼각주 G60커촹저우랑(长三角G60科创走廊) 등 중요 협력 혁신 캐리어의 건설에 깊이 관여할 것이며 장강삼각주의 더욱 많은 혁신 자원 협력을 도입하여 끊임없이 과학기술 혁신 성과의 전환을 실현해 나갈 것이다.

---

32) 시티 브레인: 도시생활이 육성한 디지털화 인터페이스. 시민들은 시티 브레인을 통해 도시의 상태, 온도를 느끼고 서비스를 누림. 도시 관리자들은 시티 브레인을 통해 공공자원을 관리하며, 과학정책을 만듦으로써 관리 효과를 제고. 시티 브레인은 경찰 업무, 교통, 문화관광, 건강 등 11가지의 큰 시스템과 48가지의 응용 부문으로 구분되며, 매일 평균 8000만 건 이상이 사용됨.

33) 항저우성 서커창따저우랑은 문일서로(文一西路)에 있으며, 따저우랑 미래과학기술타운에 83개의 인큐베이터를 조성하여 총 418만 ㎡의 산업 공간을 확보하여 미래의 신성장을 육성하기 위한 충분한 공간을 제공하였다.

장강삼각주 G60커촹저우랑 3.0버전 총 공간배치 계획도

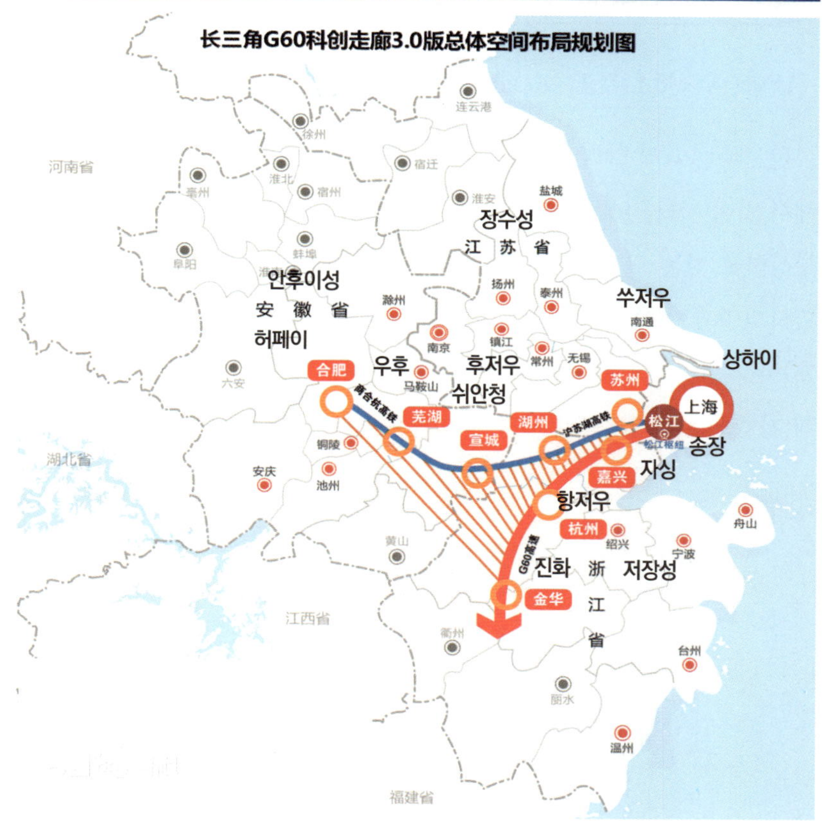

[그림 II-10] 장강삼각주 G60커촹저우랑[34)]

(출처: 바이두 바이커)

34) 장강삼각주 G60커촹저우랑(과학기술창작회랑): 상하이, 자싱, 항저우, 진화, 쑤저우, 후저우, 쉬안청, 우후, 허페이 등 9개 도시를 포함하며 면적은 약 76,200㎢이며 연변의 도시화 수준이 높고 경제 활력이 풍부하다. 2022년까지 커촹저우랑 건설이 초기 성과를 보이고 선진 제조업과 전략적 신흥 산업 클러스터 건설이 전국 선두를 달리고 상장(상장)기업 수가 연평균 100개 이상 증가하고 첨단기술기업이 연평균 3000개 정도 새로 생겨 고급 인재, 대학생 등 각종 인재를 매년 20만 명 이상 유치하고 2025년까지 기본적으로 국제적 영향력을 가진 커촹저우랑을 건설하여 몇몇 세계적인 제조업 클러스터를 형성하여 중국의 중요한 혁신 책원지가 될 것이다.

6 장강삼각주 지역 기업 분석

(1) 항저우 신6소룡(新六小龙)

항저우는 과거 알리바바를 중심으로 성장해 온 전자상거래 플랫폼 도시에서 벗어나 최근에는 인공지능 기술을 기반으로 한 혁신기업들이 빠르게 부상하고 있는 도시로 변하고 있다. 특히 생성형 AI 기술이 산업 전반에 확산되면서 이를 선도하는 신생 기업 여섯 곳이 항저우 신6소룡(新六小龙)이라는 이름으로 주목을 받고 있으며 최근에는 칠룡주로 불리며 일곱 개 기업으로 확장되는 추세까지 보이고 있다.

1) 딥시크(深度求索)

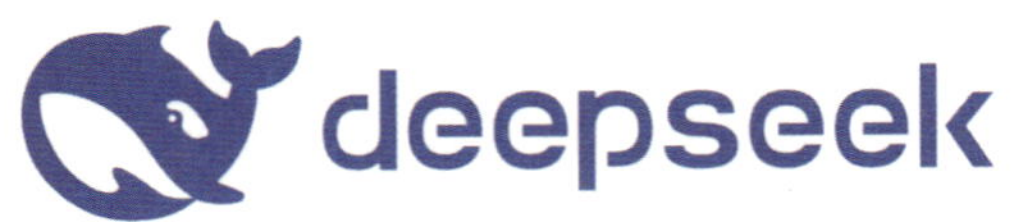

[그림 II-11] 딥시크

(출처: 바이두)

가장 먼저 주목받은 기업은 딥시크(DeepSeek)이다. 이 기업은 코드 특화 LLM 및 DeepSeek V2 모델을 중심으로 국내외에서 높은 평가를 받고 있으며, 고효율·저비용 대규모 모델 훈련 기술을 바탕으로 글로벌 AI 산업 내 '다크호스'로 떠오르고 있다. 특히 R1 모델은 초저비용 구조로도

OpenAI의 고급 O1 모델과 맞먹는 성능을 구현해, AI 훈련 비용을 90% 이상까지 절감하는 성과를 거두었다.

2) 유니트리(宇树科技)

유니트리(Unitree)는 원래 사족 보행 로봇기술로 주목받았으며, 대표 제품인 Go2, R2-W시리즈는 기민한 움직임과 자율 균형 제어 기술로 민간용부터 산업용까지 널리 활용되고 있다. 최근에는 이족 보행 기반이 휴머노이드 로봇 G1, H1시리즈를 통해 기술력을 확장시키고 있으며, 특히 H1은 세계 최고 보행 속도를 기록하며, 유니트리의 기술 진보를 상징하는 제품으로 자리 잡았다.

[그림 II-12] 유니트리 사족 보행 로봇

(출처: 유니트리 홈페이지)

3) 게임사이언스(游戏科学)

게임사이언스(Game Science)는 미국과 일본이 주도하던 3A 게임 시장에 중국산 IP로 도전장을 던진 기업이다. 이 회사가 개발한 '흑신화: 오공(黑神话: 悟空)'은 출시 첫 주에 1000만 장 이상을 기록했으며, 개발비는 약 4200만 달러로 글로벌 3A게임[35] 평균 개발비 대비 약 1/3 수준의 비용으로 제작되었다. 특히 220만 명의 동시 접속을 기록해 스팀DB(SteamDB) 역대 동시 접속 TOP 3에 오르는 성과를 얻었다.

[그림 II-13] 게임 '흑신화: 오공(黑神话: 悟空)'

(출처: 비리비리(哔哩哔哩))

35) 3A 게임(AAA 게임)은 대형 게임사나 유명 스튜디오가 개발한 고예산·고품질·시장 영향력의 최상위 비디오 게임으로, 게임업계의 최고 제작 기준을 의미한다. 3A 게임(Triple-A Game)은 비디오 게임 업계에서 높은 개발 비용(보통 수천만~수억 달러), 긴 개발 주기(수년), 최고 제작 품질(화면, 사운드, 스토리 등) 을 묘사하는 대형 비즈니스 게임의 용어이다. 이 개념은 미국 신용 등급의 "AAA" 기호에서 유래했으며 최고 등급을 상징한다.

4) 브레인코(強脑科技)

브레인코(BrainCo)는 2015년 설립한 뇌-컴퓨터 인터페이스(BCI, Brain-Computer Interface) 전문 기업으로, 2024년 CES 2024에서 BCI 기술을 적용한 제품의 성과가 회사의 기술적 역량과 시장 적응력을 입증했다. BCI는 외과 수술 없이 뇌 신호를 읽고 인공신체(예: 사지)를 제어하는 기술로, 대표 제품인 '브레인링크 프로'는 비침습식(非侵入式) 고밀도 전극 설계를 채택하면서도 299달러라는 가격으로 출시되어, 고가의 이식형 BCI 장비와 차별화된 접근성을 보여준다. 이 제품은 일론 머스크의 뉴럴링크(Neuralink)와는 달리 상용화 전 단계에 머물러 있지만, 미국 FDA의 의료기기 등록과 2023년 기준 누적 투자 유치액 2억 위안 이상을 기록하였고, 기술 잠재력과 시장 확장성 면에서 주목받고 있다.

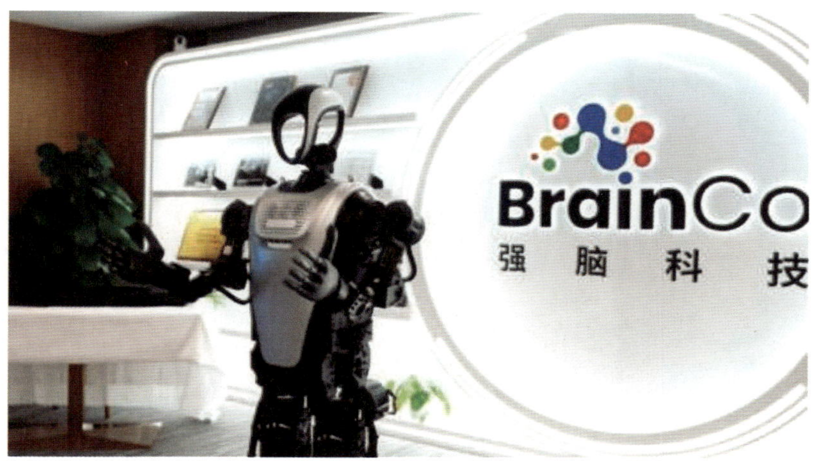

[그림 II-14] 브레인코

(출처: 바이두)

5) 딥로보틱스(云深处科技)

딥로보틱스는 ‘절영 X20(绝影X20)’ 로봇을 통해 혁신적인 관절 설계와 동적 균형 알고리즘을 구현하였으며, 해당 로봇은 45도 경사에서도 초당 2.5m 속도로 이동 가능하고 복잡 지형에서 98%의 통과율을 기록했다. 국제로봇연맹(IFR, International Federation of Robotics)의 공식 발표에 따르면, 딥로보틱스는 중국 내 유수의 연구기관과 협력하며 4족 보행 로봇의 평가 지표를 재정립함으로써, 해당 분야의 기술 표준을 새롭게 정의하는 데 있어 선도적 역할을 수행 중이다. 이는 단순한 제품 경쟁을 넘어 중국 로봇 산업 전반의 국제적 신뢰와 영향력을 강화하는 결과로 이어지고 있다.

[그림 II-15] 재난현장 수색 중인 절영 X20

(출처: 바이두 바이커)

6) 매니코어(群核科技)

매니코어(Manycore)는 세계 최대 규모의 3D 모델 데이터베이스를 보유하고 있으며, 데이터 총량은 3억 2000만 개를 초과했다. 월간 활성 사용자 수는 7780만 명을 넘고 있으며, 자체 개발한 광자 스캐너와 AI 기반 모델링 기술을 통해 1㎡당 0.3달러의 비용으로 0.1㎜ 수준의 정밀도를 구현하고 있다. 이 기술은 테슬라 상하이 기가팩토리의 디지털 트윈 공정에도 적용되어 생산 조정 기간을 기존 8주에서 11일로 단축하는 데 기여하였다.

[그림 II-16] 매니코어 3D모델

(출처: 매니코어 공식 홈페이지)

7) 칠룡주(七龙珠)로의 확장 가능성

최근에는 '신6소룡' 체계가 새로운 기업의 부상과 함께 '칠룡주'로 확대될 가능성도 제기되고 있다. 대표 사례는 지전커지(智诊科技, Wise Diag)

로, 이 기업은 차세대 인공지능과 임상의학의 융합을 기반으로 한 하이테크 의료 솔루션을 개발하고 있다. 정밀의료, 진단 자동화, 의료영상 분석 등 다양한 분야에서 독자 기술을 보유하고 있어 향후 항저우 스마트 헬스케어 산업의 중추로 성장할 것으로 기대된다.

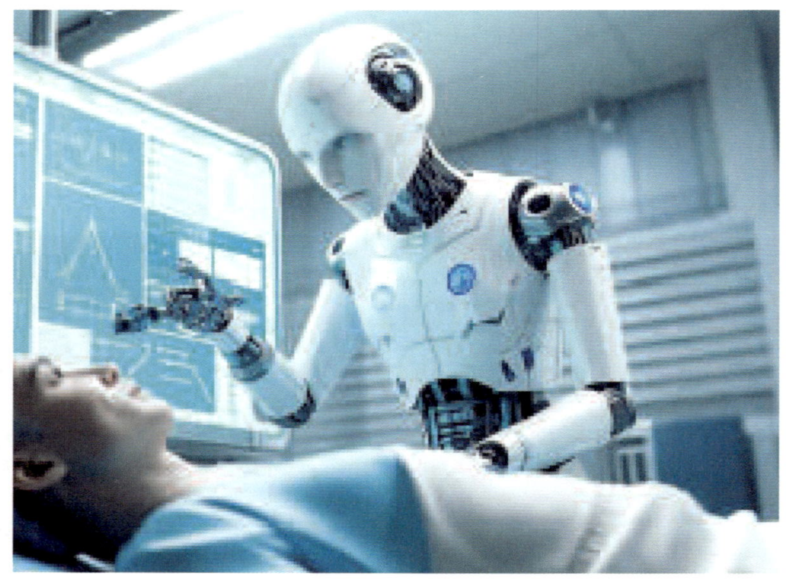

[그림 II-17] 지전커지 로봇 AI 치료 모습
(출처: 지전커지 공식 홈페이지)

항저우시는 이러한 AI 기업들을 중심으로 산업 응용과 도시 관리 기술을 통합한 실증 사업을 본격적으로 추진하고 있으며, 나아가 도시 전체를 하나의 지능형 플랫폼으로 전환하는 전략을 구체화하고 있다. 이처럼 항저우의 신6소룡은 디지털 경제의 다음 국면을 이끄는 핵심 동력으로 부상하고 있다.

(2) 알리바바(阿里巴巴, Alibaba)

[그림 II-18] 지전커지 로봇 AI 치료 모습

(출처: 바이두)

알리바바는 1999년 마윈(马云)이 중국 항저우에서 설립한 글로벌 디지털 플랫폼 기업이다. 중소기업이 인터넷을 통해 세계 시장과 연결될 수 있도록 하겠다는 목표로 출발했으며, 이후 전자상거래를 넘어 금융, 물류, 클라우드, 디지털 콘텐츠까지 아우르는 거대 기술 기업으로 성장했다.

알리바바의 핵심 사업은 전자상거래 플랫폼이다. B2B 거래를 중심으로 한 Alibaba.com, 중국 내 최대 온라인 쇼핑 플랫폼인 타오바오(Taobao)와 티몰(Tmall)을 통해 수억 명의 소비자와 수천만 개의 판매자를 연결하고 있다. 이 플랫폼들은 중국 내 소비 시장의 디지털화를 주도하며, Alibaba를 세계 최대 전자상거래 기업 중 하나로 자리매김하게 했다.

물류 부문에서는 차이냐오(Cainiao) 네트워크를 통해 데이터 기반의 스마트 물류 시스템을 구축했다. 이를 통해 주문 처리 속도를 단축하고, 중국 전역은 물론 글로벌 배송 효율성을 크게 높였다. 금융 분야에서는 알리페이(Alipay)로 대표되는 핀테크 생태계를 기반으로 디지털 결제, 소액 대출, 자산 관리 서비스를 제공하며 중국의 현금 없는 사회 전환에 중요한 역할을 했다.

기술 측면에서 알리바바는 알리바바 클라우드(Alibaba Cloud)를 통해 아시아 최대 규모의 클라우드 서비스 사업자로 성장했다. 클라우드와 인공지능 기술은 전자상거래, 물류, 금융 등 그룹 전반의 사업 경쟁력을 뒷받침하는 핵심 인프라로 작동하고 있다.

알리바바는 단순한 온라인 쇼핑 기업을 넘어, 플랫폼과 데이터, 기술을 기반으로 한 디지털 경제 생태계 구축자를 지향한다. 중국 내수 시장을 넘어 글로벌 시장으로 사업을 확장해 왔으며, 세계 디지털 상거래와 플랫폼 비즈니스의 발전 방향을 제시한 대표적인 기업으로 평가받는다.

(3) 센스타임(商汤科技, SenseTime)

[그림 II-19] 상하이센스타임유한회사

(출처: 바이두)

민간 AI 선도기업 센스타임(Sence Time)은 홍콩 본사와 더불어 상해에 전략적 연구개발 거점을 운영하며, 2023년 상해 내 연구인력은 600명 이상으로 성장하였다. 센스타임은 컴퓨터 비전과 얼굴 인식 기술을 바탕으로 스마트 시티, 헬스케어, 보안 등 분야에 AI 솔루션을 제공하며, 상해 내 다양한 산학연 협력 프로젝트에 참여하여 혁신 생태계 구축에 이바지하고 있다.

또한, 센스타임은 '서생(书生)'이라는 대규모 AI를 자체 개발하였으며, 이 모델은 한국어 및 중국어를 포함한 다양한 언어를 이해하고 다중 모달(Task) 처리 가능한 기술을 적용한 시스템이다. 자연어 처리(NLP), 컴퓨터 비전(Computer Vision) 등 다양한 AI 분야에서 활용되며, 상하이의 AI 생태계 발전에 기여한 것으로 알려져 있다.

(4) 테슬라(特斯拉, Tesla) 상하이공장

[그림 Ⅱ-20] Tesla 상하이 슈퍼팩토리

(출처: 바이두)

Tesla 상하이 슈퍼팩토리는 상하이 린강(临港) 신구(新片区)에 위치해 있으며, 면적은 86만 제곱미터로 중국 최초의 외국인 독자적 완성차 제조 프로젝트 이자 테슬라의 첫 해외 공장이다. 2022년 8월 13일 , 상하이 슈퍼팩토리에서 100만 번째 완성차 가 생산 라인을 통과한 것을 시작으로, 2024년 5월에는 72,573대 , 같은 해 8월에는 86,697대, 11월은 79,000대 출고하였으며, 중국승용차시장정보연합회(CPCA) 은 슈퍼팩토리의 매월 출고량이 전월 대비 10% 이상씩 증가한다고 밝혔다.

린강 자유무역구에 총 40억위안을 투자했던 테슬라의 첫 배터리 에너지저장장치(ESS)[36]건설은 중국캉푸국제리스유한공사(中国康富国际租赁

36) ESS: 전기 생산이 수요보다 많을 때 전기를 우선 충전해뒀다가 전기 수요가 많을 때 전기를 공급하는 설비다.

股份有限公司)와 협력하였으며, 메가팩 배터리를 활용한 GWh급 전력망 측 독립 ESS 발전소를 설립하였다.

테슬라는 지난해 전체 자동차 판매량이 1.1% 감소한 가운데에도 중국에서는 전년도 대비 8.8% 증가한 65만7000대를 판매했다. 테슬라 매출에서 중국이 차지하는 비중은 약 36%로 미국에 이어 두 번째로 크다. 이 공장은 테슬라가 자사 에너지 저장 제품으로 중국 본토에 배터리 ESS 건설을 처음 시도한 것으로 미중 관계를 볼 때 매우 이례적이라는 평가를 받고 있다.

(5) 화웨이 롄치우후(华为练秋湖) R&D센터

[그림 II-21] 화웨이 롄치우후 R&D센터

(출처: 바이두)

화웨이의 롄치우후 R&D센터는 화웨이의 글로벌 최대 규모 R&D 기지로, 상하이시 칭푸구(青浦区)에 자리 잡고 있다. 이곳은 총 약 160만 ㎡의 부지에 건축 면적 206만~227만 ㎡ 규모로 조성되었으며, 총 투자액은 100억 위안을 상회하는 대형 프로젝트이다.

2024년 7월 완공을 마치고 같은 해 10월 14일 정식 가동에 들어간 이 연구 단지는 104개의 독립 건물로 구성되어 있다. 연구동과 실험실을 비롯해 회의 센터, 식당 등이 들어섰으며, 내부에는 소형 열차 노선과 고가도로가 설치되었다. 특히 롄추후 호수를 가로지르는 달 다리와 무지개 다리 등 경관 교량이 눈에 띄는 특징이다.

이곳에서는 주로 터미널 칩, 무선 네트워크, 사물인터넷(IoT) 등 첨단 분야 연구가 진행되며, 3만 명 이상의 연구 인력이 활동할 예정이다. 이 연구 단지는 장삼각 통합 시범구의 핵심 프로젝트로 꼽히며, 주변 지역에 상당한 경제적 파급 효과를 불러일으키고 있다. 이미 주변 월세가 50% 이상 오르는 등 지역 경제가 활성화되고 있으며, 음식점과 유통업 등 서비스업도 함께 성장하고 있다. 앞으로 시캉 과학기술 혁신센터와의 연계를 통해 세계적 수준의 과학기술 단지로 발전할 것으로 기대된다.

(6) 상하이 AI 연구원(上海人工智能研究院)

[그림 II-22] 상하이AI연구원

(출처: 바이두 바이커)

상하이 AI 연구원은 2017년에 설립된 중국 내 대표적인 AI 연구기관으로, 2024년 기준 연구 인력 500여 명을 보유하고 있으며, 정부의 '신인공지능 발전 계획'에 핵심 거점으로 지정되었다. 이 연구원은 자연어 처리 컴퓨터 비전 대규모 신경망 모델 개발에 집중하며 2023년까지 20여 개의 AI 응용 프로젝트를 완성해 냈다. 자율주행 스마트 제조 의료 영상 분석 등 산업별 AI 적용 사례를 국내 최초로 상용화했으며, 중국 내 30여 개 대학 및 연구소와 협력 체계를 구축해 산학 연계 연구 개발을 활성화하고 있다. 글로벌 협력 측면에서도 10여 개 해외 연구기관과 공동 프로젝트를 수행하며 중국 AI 기술의 국제 경쟁력 강화에 기여 중이다.

7 장강삼각주 지역 고등교육기관의 혁신 창업 환경

(1) 푸단대학교 국가과학기술단지

[그림 II-23] 푸단대학교 국가과학기술단지

(출처: 바이두)

1) 단지 기초 상황

《국가대학교과학기술단지15발전계획》(国家大学科技园十五发展规划)의 지도하에 단지 소재지인 양푸구(楊浦区)의 '3구 융합(三区融合)', '연동 발전(联动发展)'[37]의 전략적 조치를 긴밀히 결합해 몇 년 동안의 끊임없는 노력을 거쳐 푸단대학교(復旦大学)[38] 국가 과학기술단지는 하드웨어 규

37) 연동 발전: 도시가 발전함에 따라 지역의 경제, 테크 등 방면이 연동되어 같이 발전해 도시 규모가 점점 커지는 것.

모, 서비스 체계, 과학기술 산업 집적 등 분야에서 비교적 큰 발전을 이룩했으며 국내의 일류 대학교 과학기술단지를 위해 매진하고 있다. 현재는 투자유치부, 과학기술서비스부, 물류관리부, AI 산학협력부, 글로벌 혁신사업부, 지식재산권 관리센터 총 여섯 개의 부서를 보유하고 있다. 단지 내 인큐베이팅, 연구 개발, 산업 등 기능을 갖춘 약 48만 ㎡의 장소에 1200여 개소의 기업 입주가 이루어져 있으며, 업계가 주목하는 첨단기술 기업과 혁신 창업 인재들이 단지 내에서 빠르게 성장하고 있다. 상하이푸단커지위안주식유한공사(上海復旦科技园股份有限公司)는 푸단대학교 국가대학교 과학기술단지의 운영기구로서 과학기술단지의 건설과 관리를 담당하고 있다.

2) 단지 목표 확정

과학기술형 중소기업과 창업 인재를 육성하는 기지로 바이오 의약품 성장형 과학기술 기업의 집적지가 된다. 바이오 의약품 과학기술 기업 및 관련 기업, 자체적 지식재산권 프로그램 개발이 있는 기업 및 현대 서비스업[39] 기업을 중점적으로 유치한다.

3) 단지 발전 상황

단지의 비전은 '혁신 요소 집적', '신흥 산업 인큐베이팅', '산업금융 결합체계'의 융합을 뚜렷한 특징으로 하는 대학교 과학기술단지로 거듭나는 것이다. 푸단과학기술단지의 업무 중 3대 주요 분야(산업단지 운영, 산업

38) 푸단대학교: 중국 상하이의 국립 연구 중심 종합대학교. 1905년에 설립되었으며 상하이에 4개의 캠퍼스와 35개의 대학 및 독립학과, 17개의 부속 병원을 보유하고 있다. 중국 9개의 명문대학 중의 하나이다.
39) 현대 서비스업: 정보통신망 등의 현대 과학기술을 기반의 새로운 상업을 기반으로 새로 등장한 서비스산업.

지주, 금융 서비스)를 확장하여 영향력 있는 산업 금융 지주 그룹을 구축해 세계 일류 고등교육기관 산업 금융 지주 운영 플랫폼으로 건설한다. 또한 과학기술과 생활, 대학교와 도시를 각각 연결하며, 혁신 인큐베이팅 능력, 브랜드 영향력, 산업 집적력, 자원 생산력과 종합 서비스력을 향상한다.

(2) 저장대학교 국가과학기술단지

[그림 II-24] 저장대학교 국가과학기술단지

(출처: 바이두)

저장대학교(浙江大学)[40] 국가과학기술단지는 저장성에서 최초로 고등교육기관이 주도하는 국가 전문화 대중창업공간(众创空间)이다. 저장대학교 국가과학기술단지는 서비스 스마트 제조 산업 분야에 집중하고 있으며, 고등교육기관, 산업, 정부 3자 간의 협력을 구축하는 혁신 플랫폼으로 저장대학교 학과와 인재의 우위를 바탕으로 '1+X+Y' 패러다임[41]을 혁신

40) 저장대학교(浙江大学): 중국 저장성 항저우에 있는 공립 연구 중심 종합대학교이다. 1879에 설립되고 중국 명문대 중 하나이며, 태평양연안대학연합과 세계대학네트워크, 국제대학협회, 글로벌대학혁신네트워크의 회원으로 활발하게 활동하고 있다.

적으로 운영한다. 또한 학교 각지에서 파견한 연구원의 대중창업공간과 혁신 및 인재 양성의 사슬을 형성하여 전문화된 인큐베이팅과 성장을 위한 서비스 체계를 구축하도록 노력한다. 지금까지 저장대학교 국가과학기술단지는 항저우스커테크유한공사(杭州视氪科技有限公司), 츠투로봇(赤兔机器人)[42] 등 총 65개의 프로젝트를 인큐베이팅했으며 분야는 인공지능, 첨단 제조, 클라우드 컴퓨팅, 빅데이터 등을 아우른다.

현재 과학기술단지는 대중 창업과 기업 입주를 장려하기 위하여 다음과 같은 장려 정책을 제출했다:

(1) 저장대학교 과학기술단지에 입주한 기업은 동등한 조건으로 항저우시 첨단기술 성과 전환 기금을 최대 300만 위안 지원, 과학기술 대출 이자 보조, 리스크 투자, 융자 담보 등의 형식으로 우선으로 받을 수 있다.

(2) 기업이 과학기술 주관 부서를 거쳐 국가 첨단기술 기업으로 인정되면, 인정되고부터 3년 이내에 기업 소득세 징수를 면제받을 수 있으며, 3년 뒤에는 기업 소득세의 7.5%를 감면받을 수 있다.

(3) 저장대학교 과학기술단지에 입주한 청람기업(青蓝企业)[43]은 동등한 조건으로 50만~150만 위안의 프로젝트 관련 인센티브를 우선으로 받을 수 있다.

---

41) '1+X+Y' 패러다임: 방과 후 학습 서비스 방안 중 하나. '1', 'X', 'Y'은 각각 학교 선생님들이 학습 서비스를 제공하는 커리큘럼, 'X'는 학교 선생님, 지원자, 공익단체에서 제공하는 확장형 커리큘럼, 'Y'는 교외 훈련기구에서 제공하는 비학술 확정형 커리큘럼을 뜻함.

42) 츠투로봇(赤兔機器人): 저장대 츠투로봇은 NI Global Student Design Showcase Winner(미국 국립계기공사 글로벌 학생 디자인 전시상)를 수상했으며, 전 세계 학생 디자인 선정에서 가장 높은 1관왕을 차지했다.

43) 청람기업: 대학교 교수, 연구소 전문가들이 설립한 기업. 2011년 6월 1일(포함) 이후 혹은 반년 이내에 항저우에 등록 및 납세한 과학기술기업.

(4) 저장대학교 과학기술단지에 입주한 대학생 창업 기업은 동등한 조건에서 5만 이상의 창업 장려금을 우선 지원받을 수 있으며, 연속 5년간 매년 4만 위안의 집세 보조금을 지원받을 수 있다. 한편 AI와 바이오 분야 한정으로 7만 위안을 추가 지원 하고 있다.

웨강아오 대만구의 과학기술 혁신 발전 보고

1 웨강아오 대만구 역사적 배경

(1) 문명 발상지와 무역 중심지

웨강아오 대만구는 고대부터 현대까지 긴 역사적 발전 과정을 거쳐 오늘날에 이르렀다. 선진 시대부터 명청 시대까지 이 지역은 영남 문명의 발상지이자 무역 중심지로 발전했다. 선전시(深圳市)의 함터우링(咸头岭) 유적[44]과 홍콩의 용랑유적(涌浪新石器遗址)에서 발견된 신석기 시대 유물들은 이 지역의 오랜 역사를 증명한다. 진한 시대에는 광둥 지역에 남해군이 설치되고 교주에 편입되면서 중원 문화와 해외 무역이 발전하기 시작했으며, 명청 시대에는 서양의 활자 인쇄술과 의학 기술이 홍콩과 마카오를 통해 중국 본토에 전파되었다.

1840년부터 1949년까지의 근대 시기는 대만구에 큰 변화를 가져왔다. 홍콩은 1842년 난징조약으로 할양된 후 점차 영국 식민지가 되었고, 마카오는 1887년 중포조약으로 포르투갈의 영유권이 확정되었다. 이에 대항하여 삼원리 항영 운동과 성항대파업 같은 민중 저항 운동이 일어났다.

(2) 경제 협력과 전략적 도약

1949년부터 2019년까지의 현대 시기에는 경제 통합과 전략적 발전이 이루어졌다. 1979년 개혁 개방 이후 '앞점 뒤공장' 모델이 형성되어 홍콩

44) 함터우링(咸头岭) 유적은 선전시(深圳市) 동남부 다펑 가도판사처(大鹏街道办事处) 함터우링촌(咸头岭村)에 위치하며, 면적은 30,000㎡이다. 이 유적은 1981년 고고학 조사 중 발견되었으며, 신석기 시대와 상(商) 시대의 유물이 출토되었는데, 그중 신석기 시대 유적이 가장 중요하다. 탄소-14 측정 결과, 이 유적은 약 7,000~6,000년 전으로 추정된다.

과 마카오의 제조업이 주강삼각주로 이전했고, 2000년대에는 대주삼각 협력이 확대되면서 인프라가 연결되었다. 2017년에는 대만구 건설 프레임워크 협약이 체결되었고, 2019년에는 대만구 발전 계획 강요가 발표되면서 홍콩, 마카오, 광저우, 선전이 4대 핵심 도시로 지정되었다.

(3) 통합 및 혁신 주도

2019년부터 현재까지 웨강아오 지역은 혁신과 통합의 중심지로 발전하고 있다. 2023년 GDP는 14조 위안을 돌파했으며, 심중 해저터널과 홍콩-주하이-마카오 대교가 완공되어 '1시간 생활권'이 구축되었다. 또한 235개의 '대만구 표준'이 제정되고 R&D 투자가 증가하면서 8조 위안 규모의 산업 클러스터가 형성되었다. 문화적으로는 44개의 문화유산 투어 코스가 개발되어 영남 문화를 계승하고 있다.

[그림 Ⅲ-1] 심중 해저터널

(출처: 搜狐/央视新闻)

[그림 Ⅲ-2] 홍콩-주하이-마카오 대교

(출처: 搜狐/央视新闻)

웨강아오 지역의 역사적 의의는 중화 문명의 확장, 국가 통일을 위한 투쟁, 개혁 개방의 성과를 집약적으로 보여준다는 점이다. 이 지역은 '일국양제'의 성공적인 실험장이자 중국식 현대화를 선도하는 첨단기술 혁신의 중심지로 자리매김하고 있다. 중국 국무원의 2024 대만구 발전 백서(白皮書)에 따르면, 대만구는 앞으로도 지속적인 발전을 이어갈 것으로 전망된다.

2 웨강아오 대만구의 기본 배경

(1) 글로벌 베이 에어리어(Bay Area) 벤치마킹

[그림 Ⅲ-3] 4대 중심 도시 홍콩, 마카오, 광저우, 선전

(출처: 바이두 바이커)

웨강아오 대만구 건설은 중국의 개혁 개방에 있어 중대한 발전 전략으로, 나라가 혁신적인 발전을 실시하고 개혁 개방을 지속하는 데에 있어서 중대한 의의가 있다. 개혁 개방 40여 년의 여정을 돌이켜보면 웨강아오 대만구(주장삼각주 지역)는 줄곧 개혁 개방의 최전선에 있었다. 나라의 거시적 전략과 미시적 경제 운영의 연결 부분이자 당과 나라가 통치 체계 및 통치 능력 현대화를 추진하는 중요한 사항이기도 하다.

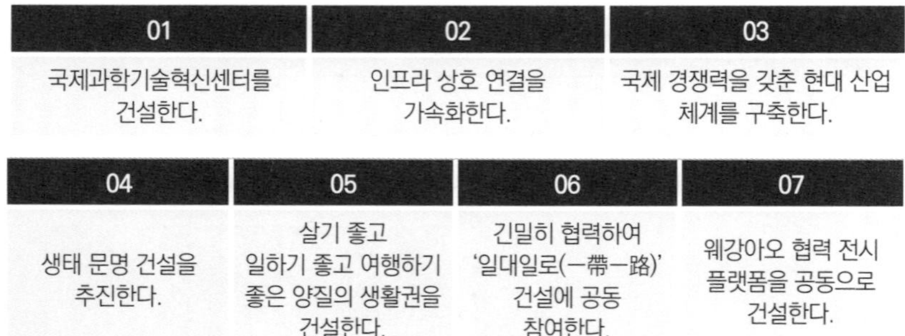

01
국제과학기술혁신센터를 건설한다.
02
인프라 상호 연결을 가속화한다.
03
국제 경쟁력을 갖춘 현대 산업 체계를 구축한다.
04
생태 문명 건설을 추진한다.
05
살기 좋고 일하기 좋고 여행하기 좋은 양질의 생활권을 건설한다.
06
긴밀히 협력하여 '일대일로(一帶一路)' 건설에 공동 참여한다.
07
웨강아오 협력 전시 플랫폼을 공동으로 건설한다.

[그림 Ⅲ-4] 웨강아오 대만구 7대 중점 발전 과제

(출처: 중웬지환왕)

웨강아오 대만구는 세계 3대 베이 에어리어인 도쿄(东京) 베이 에어리어, 뉴욕 베이 에어리어와 샌프란시스코 베이 에어리어의 장점을 모두 갖추는 것을 목표로 하고 있다. 웨강아오 대만구의 전략적 포지셔닝은 활력 넘치는 세계급 도시군, '일대일로(一帶一路)'[45] 건설의 중요한 버팀목, 살기 좋고 일하기 좋고 여행하기 좋은 양질의 생활권, 글로벌 영향력을 가진 국제 과학기술혁신센터, 내륙과 홍콩·마카오의 심층 협력 시범구로 건설하는 것이다.

45) 일대일로(一帶一路): 대일로란 중국 주도의 '신(新) 실크로드 전략 구상'으로, 내륙과 해상의 실크로드 경제벨트를 지칭한다. 35년 간(2014~2049) 고대 동서양의 교통로인 현대판 실크로드를 다시 구축해, 중국과 주변국가의 경제, 무역 합작 확대의 길을 연다는 대규모 프로젝트다. 2013년 시진핑 주석의 제안으로 시작되었으며, 2025년 현재 140여개 국가 및 국제기구가 참여하고 있다. 내륙 3개, 해상 2개 등 총 5개의 노선으로 추진되고 있다.(출처: 네이버 지식백과)

(2) 도시 계획과 지역 발전

[그림 Ⅲ-5] 웨강아오의 지급시 및 특별행정구

(출처: 바이두)

웨강아오 대만구는 9개의 주장삼각주 지급시(地级市)[46] '광저우, 선전, 주하이, 포산, 후이저우(惠州), 둥관(东莞), 중산(中山), 장먼(江门), 자오칭(肇庆)'과 2개의 특별행정구 즉 홍콩, 마카오를 포함한다. 웨강아오 대만구의 면적은 전국에서 약 0.6%를 차지하며 2024년 연말 상주인구가 전국 인구에서 차지하는 비중은 5.2%였다.

4대 중심 도시 즉 홍콩, 마카오, 광저우, 선전을 지역 발전의 핵심 구역으로 삼아 지역 간 고유의 장점을 발휘해 주변 지역에도 긍정적 영향을 미

46) 지급시: 중국 행정구획 중 하나. '지구'와 같이 편제되었으며, 성과 자치구의 관할임.

쳤다. 주하이, 포산, 후이저우, 둥관, 중산, 장먼, 자오칭 등 도시들이 지역 장점을 충분히 발휘하고 개혁 혁신을 심화시키며 도시 종합 실력을 증가시키며 뚜렷한 특색과 상호 보완된 기능, 경쟁력이 있는 중요한 절점(节点) 도시를 만들도록 서로 지지해 준다. 또한 발전의 조화성을 높이고 중심도시와의 상호 협력을 강화하여 주변 특색 도시의 발전을 리드하고 도시군의 발전의 질을 함께 향상한다.

(3) 경제 구조

경제 수준으로 볼 때, 웨강아오 대만구의 경제 수준은 중국 상위에 속한다. 2012년부터 웨강아오 대만구의 중국 전국 경제 총량에 대한 기여도가 12% 안팎으로 안정되어 있으며, 경제 총량과 성장률에 있어서는 이미 국제 톱 수준으로 부상했다.

산업구조로 볼 때, 웨강아오 대만구는 현재 전반적으로 공업 경제에서 서비스 경제로 전환하는 단계에 있다. 주장삼각주 지역은 제조업 기반이 탄탄하여 현재 첨단기술 산업과 선진적인 제조업을 크게 발전시키고 있다. 홍콩, 마카오 지역은 서비스업이 고도로 발전한 동시에 각각 금융업과 서비스업, 복권업이 주력 분야이다.

과학기술 혁신으로 볼 때, 웨강아오 대만구에서의 연구 개발 투입 강도는 중국 내 선도적인 수준으로, 과학기술 산출 성과가 풍부하고 발명 특허 수량이 높은 성장률을 유지하고 있으며 국제특허협력조약(PCT: Patent Cooperation Treaty) 수량이 중국 내에서 선도적인 지위를 유지하고 있다.

금융 능력으로 볼 때, 2020년 발표된 '제27차 글로벌 금융센터 지수 보고'에 따르면 그레이터 베이 에어리어의 홍콩, 선전, 광저우가 20위 안에 위치했다. 최근 몇 년간 웨강아오 대만구의 금융업 구조가 홍콩 단일 중심에서, 차츰 국내외 금융을 포함한 이중 중심으로 발전하고 있다. 베이 에어리어 내의 홍콩, 선전, 광저우 등 도시는 금융업이 비교적 발달하여 웨강아오 대만구가 중요한 금융 중심지로 정해졌다.

3 웨강아오 대만구의 경제 발전 현황

[그림 Ⅲ-6] 강주아오(港珠粤) 대교(홍콩-주하이-마카오 대교)

(출처: 바이두 바이커)

(1) 중국 제1 베이 에어리어(Bay Area)

2024년 웨강아오 대만구(홍콩 마카오 지역 포함)의 경제 총량은 14.8조 위안에 달하는데, 이는 뉴욕 베이 에어리어에 가까우며 2020년보다 28.7%가 증가한 수치이다. 전국 GDP 생산 총액의 11%를 기여하고 인구는 약 7200만 명이며, 1인당 평균 생산 총액이 20.3만 위안이다.(글로벌 공인 준칙에 따르면 1인당 GDP가 2만 달러를 넘으면 선진국 행렬에 오른 셈이다.) 웨강아오 대만구는 중국 국토 면적의 0.6%에 불과하나 전국 11%의 GDP를 창출했으며 중국 내 다른 지역의 경제체(经济体)에 비해서도 그 발전 잠재력이 엄청난 수준이다.

(2) 전면적인 산업구조

'포춘'이 2024년 8월에 발표한 세계 500대 기업에는 총 133개소의 중국 기업이 순위에 올랐으며, 이 중 22개소가 웨강아오 대만구에 위치하고 있다. 기업의 산업 분포 및 매출 이익 등의 지표를 분석한 결과, 웨강아오 대만구의 산업 협동이 전반적으로 장점과 고품질의 발전 추세가 뚜렷하다는 것을 발견했다. 〈표 Ⅲ-1〉과 같이 웨강아오 대만구의 '세계 500대 기업의 산업구조' 후보 기업에 전자설비, 가전제품, 부동산, 인터넷 및 금융보험 등 주요 산업이 포함되는 반면, 건강, 식품, 오락 등 소비 분야는 언급되지 않는다.

〈표 Ⅲ-1〉 '포춘' 세계 500대 기업 중 웨강아오 대만구 기업 순위

(단위: 백만 달러)

기업 이름	본사 도시	업종	영업이익	순이익
중국핑안보험(中国平安保险(集团)股份有限公司)	선전	보험&금융	145759.1	12100.9
화룬그룹(中国华润有限公司)	홍콩	투자자산관리	126169.5	3797.5
중국남방전망(中国南方电网有限责任公司)	광저우	에너지공급	118813.5	2342.2
화웨이(华为投资控股有限公司)	선전	전자통신서비스	99470.3	12274.4
텐센트(腾讯控股有限公司)	선전	통신설비	86028.3	16275.2
BYD(比亚迪股份有限公司)	선전	차량제조	85082	4243.5
중국초상은행(招商银行股份有限公司)	선전	금융	71514.6	20708.7
광저우자동차그룹(广州汽车工业集团有限公司)	광저우	차량제조	71386.1	345.4

기업 이름	본사 도시	업종	영업이익	순이익
완커그룹(万科企业股份有限公司)	선전	부동산	65789.4	1718.1
Lenovo(联想集团有限公司)	홍콩	가전제조	56863.8	1010.5
메이디그룹(美的集团股份有限公司)	포산	가전제조	52789.6	4763.2
광저우건설그룹 (广州市建筑集团有限公司)	광저우	건설	42403.2	152
선전투자홀딩스 (深圳市投资控股有限公司)	선전	투자자산관리	41025.2	1412.5
광저우 GIIHG (广州工业投资控股集团有限公司)	광저우	투자자산관리	38345.2	150.7
광둥GIG (广东省广新控股集团有限公司)	광저우	투자자산관리	36608.9	86
순펑(顺丰控股股份有限公司)	선전	운송	36502.4	1163.2
광저우 GPG(广州医药集团有限公司)	광저우	의약 제조	36309.8	324
이화양행(怡和集团)	홍콩	전자설비기기제조	36049	686
CEC (中国电子信息产业集团有限公司)	선전	전자설비기기제조	35390.9	26.8
우방보험(友邦保险控股有限公司)	홍콩	보험	34851	3764
럭스쉐어 (立讯精密工业股份有限公司)	선전	전자설비기기제조	32758.5	1547.2
주하이거리 (珠海格力电器股份有限公司)	주해	전자설비기기제조	28960.6	4099

(출처: 바이두)

4 웨강아오 대만구의 산업 현황

[그림 Ⅲ-7]에서와 같이 웨강아오 대만구의 각 도시는 다년간의 발전을 거쳐 이미 특성화된 산업 클러스터를 형성했다. 홍콩, 마카오는 서비스업이 고도로 발달하였으며 주장삼각주의 9개 도시는 전략적인 신흥 사업을 선도로 선진적인 제조업과 현대 서비스업을 주체로 하는 산업구조를 형성했고 아울러 각 산업 분야에서 우수한 성과를 보이는 일련의 상장기업들을 다수 보유하고 있다.

제3차 산업 구조상 그레이터 베이 에어리어는 전반적으로 서비스 경제 위주이며 도시마다 산업 발전 단계가 상이하다. 웨강아오 대만구는 제3차 산업이 GDP에서 차지하는 비중이 2011년의 1.5 : 35.8 : 62.7에서 2023년의 0.8 : 29.5 : 69.7로 조정되었으며, 이는 제2차 산업 비중이 천천히 하락하고 제3차 산업 비중이 해마다 향상되고 있음을 의미한다. 도시 차원에서 홍콩, 마카오는 제3차 산업을 위주로 하며 제3차 산업의 비중이 전부 90% 이상이다. 광저우, 선전은 전형적인 '321'형 산업구조[47]를 보이며 제3차 산업의 비중이 두드러지고 있다. 둥관, 주하이, 장먼, 중산은 제2차 산업과 제3차 산업의 비중에 큰 차이가 없다. 후이저우, 포산, 자오칭은 제2차 산업이 비교적 지배적인 위치를 차지한다.

47) '321'형 산업구조: 산업구조의 발전 단계 중 한 단계로, 고효율 고수익의 종합적인 발전 단계.

[그림 Ⅲ-7] 웨강아오 대만구의 도시별 산업 분야

(출처: 바이두)

공업 구조로 볼 때, 웨강아오 대만구는 신구 동력(动能) 전환이 빨라지고 선주후이완(深珠惠莞) 첨단기술 제조업 발전이 신속하다. 2018~2023년, 그레이터 베이 에어리어의 주요 도시 첨단기술 제조업이 빠른 성장을 유지했는데 그중 선전, 주하이, 후이저우, 둥관 관련 첨단기술 제조업 증가치의 연간 복합 성장률이 각각 12.3%, 8.9%, 10.2%와 18.1%이다. 2023년, 4 지역의 첨단기술 제조업 증가치가 공업 증가치에서 차지하는 비중이 별도로 68.5%, 30.9%, 42.1%와 41.8%이며 전국 평균 수준보다 54.6%, 17%, 28.2%와 27.9% 높다. 그중 주장(珠江) 동안은 선전, 둥관, 후이저우를 대표로 점차 전자정보 기술, 바이오 의약품, 신소재 등의 새로운 산업 클러스터를 형성했다. 주장 서안 지역은 포산, 중산, 주하이, 장먼을 대표로 자동차 제조, 가전제품 제조 등 전통적인 산업 개조를 중점적으로 추진했다. 자오칭은 상대적으로 산업 기반이 약하여 현재 신에너지차, 전자정보 등의 산업 배치에 박차를 가하고 있다.

서비스업의 구조로 볼 때, 그레이터 베이 에어리어는 서비스업 발전이 빠르고 홍콩, 마카오, 선전은 생산 서비스업에서의 성과가 뚜렷하다. 2017~2023년, 그레이터 베이 에어리어의 도시 생산 서비스업 증가치가 GDP에서 차지하는 비중이 꾸준히 상승했는데 그중 홍콩, 광저우, 선전이 별도로 3.2%, 3.3%, 4.4%가 향상되었다. 2023년 홍콩, 광저우, 선전은 생산 서비스업 증가치가 GDP에서 차지하는 비중이 별도로 62.3%, 49.8%, 45.1%이다. 세부 업종별로 볼 때 홍콩은 금융업, 임대 및 상업용 서비스업이 발달했으며 GDP에서 차지하는 비중이 각각 18.2%, 11.1%이다. 광저우는 도매 및 소매업, 금융업이 차지하는 비례가 비교적 높으며, 그 비율은 각각 15.3%, 9.8%이다. 선전은 금융업, 도매 및 소매업이 차지하는 비율은 각각 14.5%, 11.2%이다.

5 웨강아오 대만구의 과학기술 혁신

웨강아오 대만구의 과학기술 혁신은 다음과 같은 특징을 나타낸다. 첫째, 웨강아오 대만구의 과학기술 혁신이 긴박하게 추진되고 있으며 아울러 국가 정책의 대대적인 지지를 받고 있다. 둘째, 웨강아오 대만구 전체가 과학기술 혁신 자원의 융합을 적극 추진하여 도시 간 경계를 넘나드는 플랫폼을 만드는 데에 힘쓰고 있다. 셋째, 다중심(多中心)이 네트워크화된 대만구의 패턴하에 과학기술 혁신 플랫폼과 과학기술 혁신 네트워크가 더없이 중요한 연결과 지지 역할을 수행하고 있다.

(1) 과학기술 혁신의 발전 현황

1) 글로벌 경제와 과학기술 혁신

세계로 눈길을 돌려보면 전 세계적으로 유명한 베이 에어리어는 글로벌 혁신 네트워크의 중추이기도 하다. 특허 출원, 연구개발기관 분포 등의 분석에서 볼 수 있듯이 글로벌 혁신 네트워크도 글로벌 도시 체계 및 과학기술 혁신 체계와 고도로 결합하여 있다. [그림 Ⅲ-8]과 같이 현재 베이 에어리어의 경제는 경제 발달 지역의 최고 모델로, 항구 경제의 출발과 공업 경제, 서비스 경제, 그리고 혁신 경제까지의 과정을 거쳐 확장된 더욱 고급화된 단계이다.

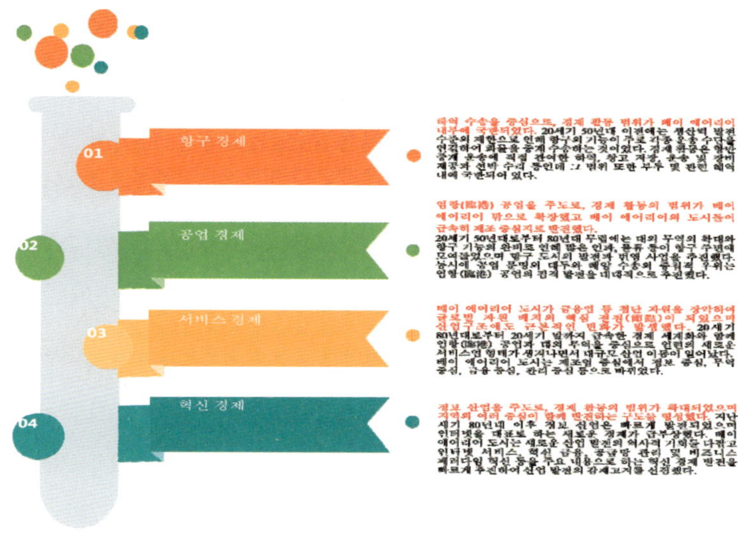

[그림 Ⅲ-8] 베이 에어리어 경제의 부동한 발전 단계

(출처: 중화인민공화국 국무원 中华人民共和国国务院)

2) 혁신 도약

2015년부터 지금까지 중국 정부와 광둥성 차원에서 줄곧 혁신 도약 전략을 추진하고 있다. 특히 2019년 2월에 중국공산당중앙위원회, 국무원에서 《웨강아오 대만구 발전 계획 요강》을 발표한 후, 웨강아오 대만구를 '국제 과학기술 혁신센터'로 건설해야 한다는 종합적인 요구를 제기했다.

2020년 7월 국가발전개혁위원회, 과학기술부는 둥관숭산호과학시티와 선전광밍과학시티가 웨강아오 대만구 관련 종합성 국가 과학기술센터 선행 가동 구역을 공동 건설할 것에 동의했다. 2021년 9월 "헝친웨아오(横琴粤澳) 심도(深度) 협력구 건설 총체적 방안"과 "첸하이선강(前海深港) 현대 서비스업 협력구를 전면적으로 심화하는 데에 관한 개혁 개방 방안"

을 대표로 하는 정책이 잇따라 발표되었는데, 이는 '일국양제(一国兩制)[48]' 라는 중대한 정책 실천 분야에서의 중국의 지속적인 추진을 상징한다. 특히 베이 에어리어의 과학기술 혁신 계획 정책이 점진적으로 실시되고 있는 태세이다. 2023년《헝친웨아오 심도협력구 조례》시행으로 제도화를 가속화시켰다. 2024년에는 R&D 투자 규모 4200억 위안 달성으로 2015년 127% 성장을 이뤄냈으며, 국가 데이터 요소 종합 실험구 승인으로 디지털 전환을 심화시켰다. 2025년까지 R&D 투자 강도 3.8% 달성을 목표로 지속적인 성장을 이어가고 있다.

3) 협동 추세

《웨강아오 대만구 발전 계획 요강》에서는 웨강아오 대만구를 글로벌 영향력이 있는 국제 과학기술 혁신센터로 발전시켜 지역 협동과 혁신의 공동체를 만들어야 한다고 명시했다. 2017년,《광선과학기술혁신회랑계획》(广深科技创新走廊规划)에서는 광저우, 둥관, 선전만 언급했다가 후에 '광선강(廣深港)'으로 증가했으며 마지막 요강에서 '광선강아오(廣深港澳) 과학기술 회랑'을 명확하게 제시했다. 웨강아오 대만구의 과학기술 혁신이 주장, 동안(东岸)에 국한될 뿐만 아니라 홍콩, 마카오에도 포함되었음을 명시하며, 이는 [그림 Ⅲ-9]에서와 같이 웨강아오가 동서 양안(兩岸)이 연동 발전하는 과학기술 전환의 새로운 패러다임임을 나타낸다. 국제 과학기술 혁신센터를 건설하는 과정에서 최상층 설계는 다음과 같은 세 가지 측면을 중점적으로 주목해야 한다.

48) 일국양제: 하나의 국가, 두 개의 제도. 덩샤오핑이 제창한 것으로, 중화인민공화국 내에서 대륙은 사회주의 제도를, 대만, 홍콩, 마카오는 자본주의 제도를 허락하는 제도.

첫째는 협동 혁신의 공동 목표 수립, 둘째는 플랫폼 매개체의 제공, 셋째는 혁신 환경을 최적화하는 정책 메커니즘과 정책 구역의 제안이다. 2019년에 웨강아오 대만구는 국제 과학기술 혁신센터로 확정되었으며 현재 웨강아오 대만구의 과학기술 혁신 구도는 나라의 전략 배치에 따라 점진적으로 추진 및 강화되고 있다.

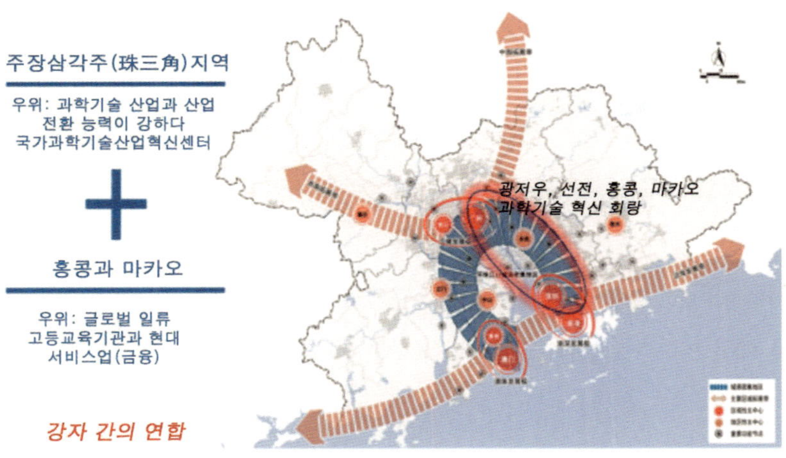

[그림 Ⅲ-9] 개방형 지역 협동 혁신 공동체

(출처: 중웬지퇀왕)

(2) 과학기술 혁신 구도의 변화

과학기술 혁신 구도의 변화는 베이 에어리어의 과학기술 혁신 발전 관련 내재적 논리를 제시했으며 전반적으로 '주축 + 클러스트'의 혁신 공간 구도를 형성하여 과학기술 혁신 매개체로 해 기업 응용 혁신 + 고등교육기관 최초 혁신의 과학기술 혁신 네트워크로, 국제 기초 연구 개발 + 지역

크로스오버 협력의 과학기술 혁신 메커니즘으로 지역 분야를 뛰어넘고 국경을 넘나드는, 다원화·다층적인 협력을 실현함으로써 지역 협동 혁신이 새로운 주류 추세를 만들어냈다.

1) 과학기술의 혁신 매개체

《웨강아오 대만구 발전 계획 요강》에서는 강선(港深) 혁신 및 과학기술단지, 중신광저우지식타운(中新广州知识城), 난사칭성과학기술혁신산업기지(南沙庆盛科技创新产业基地), 헝친웨아오협력중의약과학기술산업단지(横琴粤澳合作中医药科技产业) 등 중대한 혁신 매개체의 건설을 지원해야 한다고 중점적으로 지적했다. 베이 에어리어는 '주축 + 클러스터'의 혁신 공간 구도를 만드는 데에 힘쓰고 있으며 [그림 Ⅲ-10]와 같이 교통과 과학기술 창업 기업을 따라 한 줄에 꿴 것 같은 회랑(走廊)을 형성해, 웨강아오 대만구의 주요한 혁신 자원과 가장 핵심 경쟁력을 갖춘 혁신기업을 집결시키고 있다.

[그림 Ⅲ-10] 웨강아오 대만구의 혁신 공간 분포

(출처: 바이두)

2) 과학기술 혁신 네트워크

과학기술 혁신 구도는 변화 중의 변화로 주로 두 분야 즉 다원(多元)과 크로스오버에서 나타난다. 소위 말하는 다원은 전통 제조업의 기초 연구 개발이 아니라 제조 + 정보, 과학연구 + 생산, 서비스 + 혁신 및 금융 + 과학기술의 연동 등과 같이 국가 정책상의 가치를 부여할 수 있는 과학기술 연구 개발로, [그림 Ⅲ-11]과 같이 지역 협동과 혁신 요소가 다원적으로 융합되고 연동되는 새로운 구도를 나타낸다.

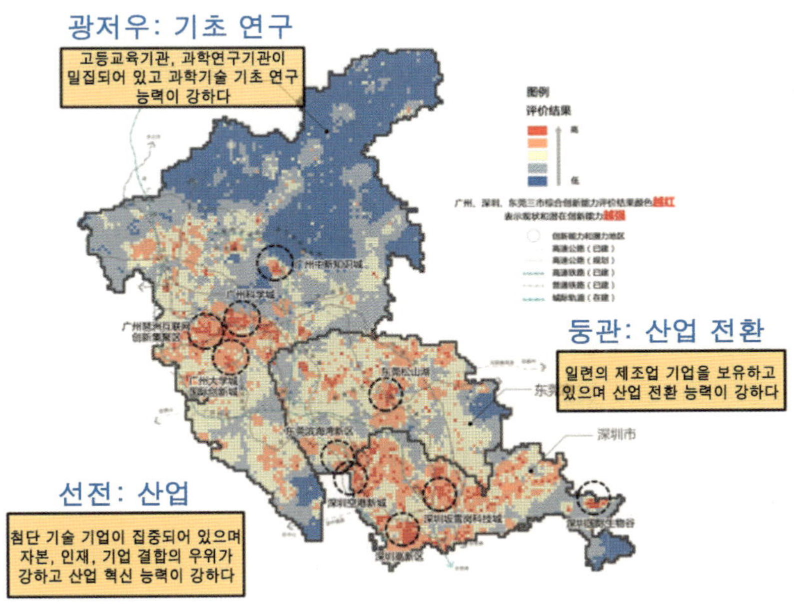

[그림 Ⅲ-11] 지역 혁신 공간의 종합 능력과 잠재력 분석도

(출처: 바이두)

3) 과학기술 혁신 메커니즘

웨강아오 대만구는 현재 선강 접경의 뤄마저우허타오지역(落马洲河套地区), 선관(深莞) 접경이 이룩한 국가과학센터, 광포(廣佛) 접경의 산룽완(三龙湾) 지역을 포함한 다원적인 크로스오버 지역을 계획 및 추진하고 있다. 웨강아오 대만구는 영역과 경계를 넘나드는 협력 차원에서 다원적, 다층적인 특징을 나타내며 점차 '전점후창(前店后厂)'[49]에서 '협동 혁신'으로 바뀌고 있다. 지역 협동 혁신은 이미 주류 트렌드가 되었으며 홍콩의 지식 혁신과 주장삼각주의 기술 혁신 결합을 충분히 발휘하며 '1+1 〉 2'의 개념을 증명한다.

내륙의 크로스오버 협동의 수요 아래에 광선과학기술혁신회랑(廣深科技创新走廊)이 점차 [그림 Ⅲ-11]과 같이 광저우의 고등교육기관, 과학연구원, 선전의 과학기술 기업과 둥관의 제조업 기업으로 모인 혁신 지대를 구성해 가고 있다. 주장삼각주의 첸하이(前海), 헝친, 숭산호 및 난사 등 지역에서도 강아오단지(港澳园区) 등 영지 경제 플랫폼이 계획되어 있어 같은 크로스오버 과학혁신 기능이 담겨 있다. 이를 위해 지역 간 혁신 플랫폼의 구축을 추진했으며 과학 연구 자금을 국경을 넘어 홍콩 마카오에서 사용하는 등 일련의 웨강아오 과학기술 혁신 협력의 정책적 메커니즘 혁신도 추진했다.

49) 전점후창: 주장삼각주와 강아오의 경제협력 모델을 가리킴. '전점'은 강아오를, '후공'은 주장삼각주를 뜻하며, 이들은 상호 보완하며 이득을 챙기는 관계.

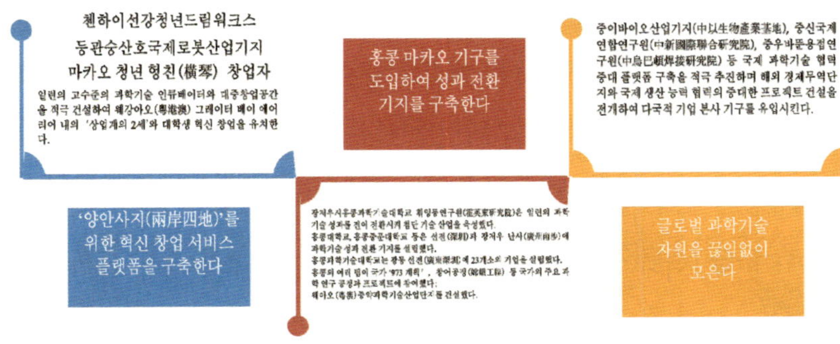

[그림 Ⅲ-12] 지역 간 혁신 플랫폼 구축[50)]

(3) 과학기술 거점 네트워크 구축

웨강아오 대만구의 과학기술 혁신 구도 변화 추세에 대응하기 위하여 국가와 광둥성에서는 웨강아오 대만구에 중요한 혁신 공간을 마련했다. 그중 베이 에어리어의 혁신 플랫폼에는 송산호과학타운(松山湖科学城)과 광밍과학타운(光明科学城)이 함께 건설한 국가급 과학센터, 난사과학타운(南沙科学城)과 광저우과학타운(广州科学城), 홍콩과 심천의 협력으로 건설된 뤄마저우허타오지역(落马洲河套地区), 헝친웨아오 심층 협력구와 쳰하이선강 현대 서비스업 협력구가 포함된다. 2021년 광둥성이 잔장(湛江), 주하이-장문, 산터우(汕头) 등 지역에 3개의 대형 산업단지를 건설하겠다고 발표했는데 그중 주하이-장문의 대형 산업 플랫폼은 주장삼각주 서안 지역의 과학기술 혁신에 강력한 동력을 불어넣을 것으로 보인다.

50) 973계획: 국가전략 중 발생하는 과학기술 문제를 해결하고, 인류에게 앞으로 발생할 과학 문제에 대한 중요한 작용을 함. '전략적 기술 요구에 대한 응답, 과학기술 목표 설정, 인재 개발, 과학기술의 피크, 중점 돌파, 서비스의 발전'를 주 개념으로 삼고 있음.

1) 혁신 플랫폼의 발전

(1) 숭산호과학시티(松山湖科学城)와 광명과학시티(光明科学城)가 함께 건설하는 국가급 과학센터

[그림 Ⅲ-13] 둥관숭산호과학시티

(출처: 바이두)

[그림 Ⅲ-14] 선전광밍과학시티

(출처: 바이두)

2020년 7월 국가발전개혁위원회, 과학기술부는 둥관숭산호과학시티와 선전광밍과학시티가 웨강아오 대만구 관련 종합성 국가 과학기술센터 선행 가동 구역을 공동 건설할 것에 동의했다. 교통 네트워크 공동 구축, 생태계 기반 유지에서 지력그룹(智力集团)[51]에 이르기까지 과학기술그룹의 입주는 숭산호라는 이 '혁신 플랫폼의 굴기(崛起)'를 달성했다. 숭산호와 광밍과학시티가 국가급 과학센터를 함께 건설하는 것은 국가 정책의 도움으로 이루어진 하나의 연동 플랫폼이다. '광명과학시티-숭산호과학시티' 구역은 웨강아오 대만구 관련 종합성 국가 과학기술센터 선행 가동 구역 구성에 힘쓸 것이며 주로 정보, 생명, 신소재 분야에 초점을 맞춰둔다.

(2) 특색 협력구 조성에 힘쓰는 헝친웨아오 구역과 첸하이선강 구역

헝친웨아오 심층 협력구의 개발은 "웨강아오 대만구 발전 계획 요강"을 깊이 있게 실시하는 중점적인 조치이며 '일국양제' 실천을 위한 중대한 배치이다. 이는 마카오 경제가 적절하게 다원 발전할 수 있는 새로운 플랫폼 개발을 촉진할 것이며 또한 이 조치는 웨강아오 대만구 건설의 새로운 고지를 추진하며 마카오 주민의 생활 취업에 편리함를 도모하는 새로운 공간이다. 발전이 시급한 일련의 과학기술 인프라를 배치 건설할 것이며, 국제 대과학 계획과 대과학 공정을 구성하여 기술 혁신 및 전환 센터를 구축하고 협력구를 웨강아오 대만구 관련 국제 과학기술 혁신센터의 거점으로 만들도록 추진할 것이다.

첸하이선강 현대 서비스업 협력구의 개발은 웨강아오의 협력 수준을 높이고 대외 개방의 새로운 구도를 구축하는 중요한 조치로 웨강아오 대만

51) 홍콩의 한 회사명

구의 건설을 추진하는 데에 중요한 의의가 있다. 개혁 혁신을 전면적으로 심화하는 시험 플랫폼을 구축하여 고수준의 대외 개방 문화 중추를 건설한다. 인공지능, 건강 의료, 핀테크, 스마트시티, IoT, 에너지 신소재 등 홍콩-마카오의 우위 분야에 초점을 맞추어 웨강아오 협력의 신형 연구 개발 기관을 대대적으로 발전시키며 혁신적인 과학기술 협력 관리 체제를 조성하고 홍콩-마카오와 내륙의 혁신 사슬의 연계를 촉진하며 과학기술 성과가 기술 표준으로 전환하도록 추진한다.

2) 광둥 대형 산업단지

2021년 광둥성의 《정부 업무 보고》에서는 '잔장, 주하이-장먼, 산터우 등 지역에 3개의 대형 산업단지를 조성할 계획'이라고 밝혔다. 3개의 대형 산업단지는 웨강아오 대만구 구역 내의 주하이, 장먼과 중산 동부 연해 지역에 있는데 서안 복지 중심부의의 공백을 메웠으며 서안 지역의 과학기술 혁신에 강력한 동력을 불어넣었다. 그중 주하이-장먼 대형 산업단지는 [그림 Ⅲ-15]에서와 같이 헝친, 첸하이, 난사와 연동하여 혁신 + 제조 분업 및 동서 양안 연동의 새로운 구도를 형성했으며 웨강아오 대만구 관련 국가 전략 배치에 적극 호응하여 세계적인 혁신센터를 함께 건설한다.

주하이-장먼 산업단지는 2023년 완공되었으며, 헝친 심도협력구 인프라와 연계 운영 중에 있으며, 첨단제조업 클러스터로 전환되어 2024년 기준 52개 초국경 연구실이 가동되고 있다. 산터우 산업단지는 2024년 상반기 완공 후 반도체 산업 중심지로 기능하고 있으며, 연간 1.2조 위안 규모의 산업 생산량을 기록하고 있다.

잔장산업단지는 2025년 6월 현재 해양스마트기술 시범구로 확장 공사가 진행 중이며, 자율주행 선박 테스트 시설 등 신규 인프라 추가 건설에 들어갔다. 이 프로젝트들은 원래 계획보다 1년 앞당겨 2023년부터 단계적 완공되었으며, 현재는 웨강아오 대만구 R&D 투자 규모 4,800억 위안 달성(2025년 상반기 기준) 등 광역 경제 효과를 창출하고 있다. 특히 주하이-장먼 단지는 헝친·첸하이와의 연동을 통해 혁신-제조 분업 시스템을 완성했으며, 이는 2025년 현재 광둥성 GDP의 3.5%를 차지하는 성장 동력으로 작용하고 있다.

[그림 Ⅲ-15] 산업단지와 혁신 플랫폼 연동

6 웨강아오 대만구 기업 분석

(1) 화웨이(华为, Huawei)

[그림 Ⅲ-16] 화웨이

(출처: 바이두)

화웨이는 1987년 중국 광동성 선전시에서 설립된 글로벌 ICT 기업으로, 창업자 런정페이(任正非)가 2만 1천 위안의 자본금으로 출발하였다. 초기에는 사설 교환기(PBX) 대리점으로 사업을 시작했으나, 1990년대 들어 자체 연구개발에 본격적으로 나서 디지털 교환기 'C&C08'을 개발하면서 통신장비 제조업체로 자리매김하였다.

사업 부문은 크게 연결(통신), 컴퓨팅, 클라우드, 터미널(스마트폰·웨어러블 기기 등), 디지털 에너지, 지능형 자동차 솔루션으로 구성되어 있다. 2024년 기준 매출 비중은 연결 사업이 45%로 가장 크며, 컴퓨팅 20%, 터미널 18%, 클라우드 8%, 디지털 에너지 5%, 자동차 솔루션 4%를 차하였다. 특히 지능형 자동차 솔루션 부문은 2024년 처음으로 손익분기점을 넘어 흑자 전환에 성공하며 신성장 동력으로 부상하였다.

글로벌 네트워크 측면에서 화웨이는 36개의 공동 혁신센터와 14개의 연구개발(R&D) 연구소를 운영하고 있으며, 유럽연합, 동남아시아, 중동, 아프리카 등 주요 시장에 현지화된 기술 지원 조직을 구축하고 있다. 미국의 제재로 인해 스마트폰 사업에서는 구글 모바일 서비스(GMS)를 사용할 수 없지만, 자체 모바일 운영체제인 하모니OS(HarmonyOS)를 중심으로 독자적인 생태계를 구축하였다. 그 결과 2024년 기준 하모니OS를 탑재한 기기 수는 8억 대를 넘어섰다.

향후 화웨이의 전략은 '근본 기술'에 대한 지속적인 투자와 AI, 클라우드, 반도체, 운영체제(OS)를 중심으로 한 자체 생태계 강화에 초점이 맞춰져 있다. 2025년에는 AI 모델 학습 비용을 업계 대비 약 35% 절감한 '펑텅(鹏腾) AI 컴퓨팅 센터'를 선전에 구축하는 등 고성능 컴퓨팅 인프라 확장에도 속도를 내고 있다. 화웨이는 제조업 중심 기업을 넘어 '디지털 세계의 기반 인프라 공급자'로의 전환을 선언했으며, 2030년까지 탄소중립 달성과 함께 매출의 50% 이상을 소프트웨어와 서비스 부문에서 창출하는 '소프트웨어 중심 기업'으로의 변신을 목표로 하고 있다.

(2) 텐센트(腾讯,Tencent)

[그림 Ⅲ-17] 텐센트 본사

(출처: 바이두)

텐센트는 선전 도시군을 대표하는 인터넷 기반 종합 플랫폼 기업으로, 중국의 디지털 경제와 글로벌 기술 산업을 주도하고 있다. 1998년 설립 이후, 메신저 서비스 QQ와 모바일 메신저 위챗(微信)을 통해 중국인의 일상 커뮤니케이션 방식을 혁신하였으며, 이후 게임, 콘텐츠, 핀테크, 클라우드 컴퓨팅 등 다양한 분야로 사업을 확장해 왔다. 특히 텐센트는 게임 산업에서 《왕자영요》와 《리그 오브 레전드》(League of Legends) 등을 통해 세계 최대 게임 매출을 기록하며 세계적 영향력을 보여주고 있다.

텐센트는 디지털 생태계 전반을 연결하는 플랫폼 전략을 채택하고 있다. 위챗 페이를 통한 모바일 결제 시스템은 금융과 소비를 융합하고 있으며, 위챗 미니프로그램은 다양한 생활 서비스를 통합하여 플랫폼 안에서 모든 활동이 가능하도록 설계되어 있다. 동시에 클라우드 컴퓨팅, 인공지능, 빅데이터 기술을 활용해 헬스케어, 교육, 정부 업무 등 공공영역에도 진출하고 있다.

또한 텐센트는 창업 기업에 대한 광범위한 투자를 통해 스타트업 생태계의 중심으로 자리 잡고 있으며, 디지털 콘텐츠 기업, 제조 기업, 헬스케어 기업 등과 전략적 파트너십을 체결하여 산업 간 경계를 넘는 확장을 지속하고 있다. 텐센트의 본사가 위치한 선전 난산구(南山区)는 이 기업의 성장과 함께 '중국의 실리콘밸리'로 부상하였고, 이는 드시 전체의 기술 역량과 인프라 수준 향상에 크게 기여하고 있다.

텐센트는 앞으로도 기술 중심의 플랫폼 전략을 바탕으로, 디지털 경제 전반에 걸쳐 '연결'의 가치를 확장해 나갈 계획이다.

(3) 비야디(比亚迪,BYD)

[그림 Ⅲ-18] BYD

(출처: 바이두)

비야디는 1995년 중국 광둥성 선전에서 왕촨푸(王传福)에 의해 설립된 글로벌 친환경 기술 기업이다. 설립 초기에는 휴대전화용 2차전지 제조업체로 출발했으며, 축적한 배터리 기술을 바탕으로 전기차와 에너지 저장 분야로 사업을 확장해 왔다. 현재 비야디는 배터리, 전기차, 반도체, 에너지 솔루션을 아우르는 세계 최대 수준의 친환경 기술 기업 중 하나로 성장하였다.

비야디의 성장 전환점은 2003년 중국 국영 자동차 기업 친촨자동차를 인수하며 자동차 산업에 본격 진출한 시점이다. 이후 내연기관 차량과 전동화를 병행하다가, 2022년부터 내연기관 차량 생산을 완전히 중단하고 전기차와 플러그인 하이브리드(PHEV) 차량만을 생산하는 전략적 결단을 내렸다. 이 결정은 BYD를 글로벌 자동차 산업의 전동화 흐름을 선도하는 기업으로 부각시키는 계기가 되었다.

비야디 경쟁력의 핵심은 배터리 내재화에 있다. 자체 개발한 리튬인산철(LFP) 기반의 '블레이드 배터리'는 안전성과 내구성을 동시에 확보한 기술로 평가받으며, 화재 위험을 크게 낮춘 것이 특징이다. 배터리 설계부터 셀, 팩, 차량 통합까지 수직계열화를 완성해 원가 경쟁력과 공급 안정성을 동시에 확보하였다. 이 배터리 기술은 자사 차량뿐 아니라 외부 완성차 업체에도 공급되고 있다.

기술 전략 측면에서 비야디는 '전동화 + 지능화 + 에너지 통합'을 장기 비전으로 삼고 있다. 전기차 구동 시스템, 전력 반도체(IGBT·SiC), 차량용 소프트웨어, 자율주행 보조 시스템을 자체 개발하며 기술 자립도를 높이고 있다. 동시에 태양광 발전, 에너지 저장 시스템(ESS), 전력 관리 솔루션을 결합해 차량과 에너지 산업을 연결하는 통합 생태계 구축을 추진하고 있다.

비야디는 단순한 자동차 제조사를 넘어, 배터리와 에너지 기술을 중심으로 한 종합 친환경 기술 기업을 지향한다. 탄소중립과 에너지 전환이 전 세계적 과제로 부상한 가운데, 전기차 산업의 확산을 넘어 미래 에너지 시스템 전반을 설계하는 기업으로 자리매김하고 있다.

(4) 핑안테크(平安科技,Ping An Tech)

平安科技
PINGAN TECHNOLOGY

[그림 Ⅲ-19] 핑안테크(平安科技) 기업
(출처: 바이두 바이커)

스마트시티 건설에 뛰어든 거물 중 하나인 핑안테크는 '1+N'의 스마트시티 시스템 즉 1개의 '스마트시티 클라우드' 플랫폼에 의지하여 N개의 스마트시티 분야를 만들어냈고 과학기술로 새로운 도시를 구현한다. 그중 핑안π는 AI 기술을 기반으로, 도시 공간에서 중점적으로 역량을 발휘하는 스마트 인지 플랫폼이다. 상가 건물, 강의실, 슈퍼마켓 등 다양한 상황에 응용할 수 있다.

핑안π는 클라우드 + 엔드 패러다임을 중점으로 산업 사슬의 업스트림과 다운스트림을 협력 협동하여 알고리즘, 하드웨어, 집성, 솔루션 등을 포함하여 AI 생태를 조성한다. 클라우드 역량 출력은 외부 파트너에게 빠른 액세스 능력을 효과적으로 제공하여 클라이언트가 얼굴 인식, 소리 인식, 표정 인식 등 다중 감지 방식을 채택하도록 함으로써 수집 장치의 지능화를 실현할 수 있다. [그림 Ⅲ-20]에서와 같이 최종적으로 하나의 플랫폼에 여러 개의 업무 시스템이 접속되어 응용 차원에서 보안, 통행, 차량 관리 등 복합 기능을 실현한다.

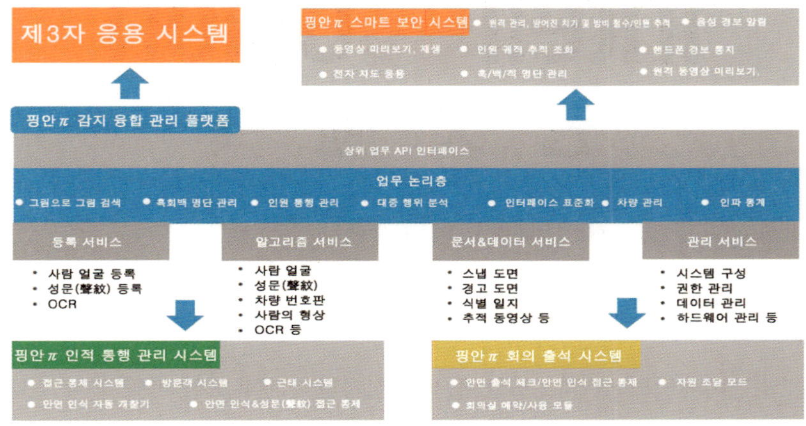

[그림 Ⅲ-20] 핑안π 시스템 절차[52)]

인텔리전트 빌딩(최첨단 전자시설로 관리·운영되는 빌딩)의 경우, 이미 성공적으로 선전핑안금융센터에 정착하여 전통적 빌딩 시스템의 분산, 지능화 수준 저하 등 문제를 원스톱으로 해결함으로써 빌딩 관리의 일체화와 집성화를 실현했으며 방문객 예약, 방문 등록, 안면 인식 게이트, 행위 궤적 분석 지능화 보안, 회의 출석, 내부 슈퍼마켓, 안면 인식 결제 등 다각도로 전 프로세스를 지능화했다. 현재 핑안π의 AI 생태는 이미 전국 20개소의 유명 기업과 심도 있는 협력을 진행 중이다.

52) 성문: 보이스 프린트.

(5) 윈텐리페이(云天励飞,Intellif)

intellifusion
云天励飞

[그림 Ⅲ-21] 윈텐리페이 기업

(출처: 바이두)

윈텐리페이는 스마트 보안 분야 혁신기업의 대표로서 이미 전국 최대 규모의 동적 안면 인식 시스템 윈텐 '선무'(雲天'深目')를 구축하여 도시를 위해 5위1체(五位一体)(칩+알고리즘+데이터+응용+서비스) 방식의 솔루션을 제공하고 있다. 윈텐리페이가 최초로 창조한 '엔드 투 클라우드' 기술은 동적 안면 식별 도시급 시스템을 구축하여 대규모의 인물 정보 수집, 검색, 감시 배치와 데이터 발굴을 실시하여 '억만 안면, 초 단위 포지셔닝'[53]을 실현한다. 2015년 윈텐 '선무' 플랫폼은 선전 룽강구(龙崗区)에서 본격적으로 출시되었으며 출시 후 지금까지 공안(중국의 경찰)과 협조하여 각종 유형의 사건 11,500여 건을 적발했고 120여 명에 달하는 실종 아동과 노인을 되찾았다.

53) 억만 안면, 초 단위 포지셔닝(亿万人脸, 秒级定位): 억만 개의 얼굴 데이터 수집, 초 단위의 위치 추적.

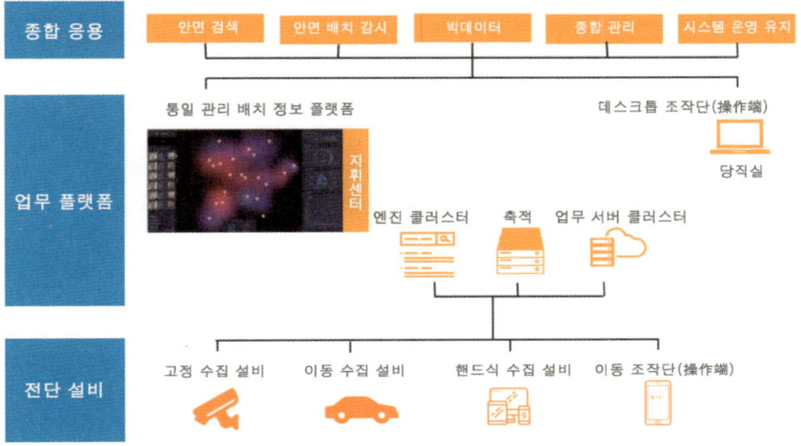

[그림 Ⅲ-22] 윈텐리페이 업무 절차도

현재 '선무' 시스템은 선전의 모든 구역에 정착하여 인터넷 전단 설비(前端设备) 12,500개 이상을 구축했다. 동시에 베이 에어리어의 기타 도시로 확장되고 있다. 둥관에는 1200여 개의 인터넷헤드엔드[54] 설비를 건설할 예정이고 650개 이상을 이미 건설했다. 후이저우에는 2500개 이상의 인터넷 전단 설비를 건설할 계획이며 이미 70% 이상을 건설한 상태이다.

54) 헤드엔드(headend): 방송 시설에서 주 전송장치라고 하며, 일반적으로 주 간선에서 방송 신호를 송출하기 전까지, 이에 관련된 모든 설비를 말함.

(6) 디제이아이(大疆创新, DJI)

[그림 Ⅲ-23] DJI기업

(출처: 바이두 바이커)

DJI는 선전 도시군을 대표하는 세계 최대의 민간 드론 제조 기업으로, 항공 촬영 기술과 무인비행 시스템의 대중화를 이끌어 낸 혁신기업이다. 2006년 선전에서 설립된 DJI는 정밀한 비행 제어 기술과 카메라 안정화 시스템을 기반으로 소비자용 드론 시장에서 세계 점유율 70%를 차지하고 있으며, 전문 산업용 드론 분야에서도 선도적 위치를 점하고 있다.

대표 제품으로는 팬텀 시리즈, 매빅 시리즈, 인스파이어 시리즈 등이 있으며, 영화 촬영, 농업, 구조, 측량, 환경 모니터링 등 다양한 산업 분야에서 활용되고 있다. DJI는 고해상도 항공촬영, 자율 비행, 실시간 영상 송출 등의 기술을 독자적으로 개발하여 드론을 하나의 공중 데이터 플랫폼으로 진화시켰다.

[그림 Ⅲ-24] DJI FlyCart 100

(출처: DJI 공식 홈페이지)

DJI의 성공 배경에는 선전의 강력한 하드웨어 제조 기반과 스타트업 친화적 환경이 자리 잡고 있다. DJI는 생산, 설계, 조립, 테스트에 이르는 전 과정을 지역 내에서 해결할 수 있어 고도의 제품 개발과 빠른 시장 대응이 가능하다. 또한 선전 정부는 DJI를 전략적 신흥 산업 기업으로 지정하고 정책적 지원을 아끼지 않고 있다.

최근 DJI는 인공지능, 영상 인식, 자율 비행 등과 결합한 산업용 솔루션을 확대하고 있으며, 모빌리티와 로보틱스 분야로도 사업 영역을 넓히고 있다. 앞으로 DJI는 드론 기술을 넘어, 공간 데이터를 활용한 새로운 산업 생태계를 주도해 나갈 것으로 전망된다.

IV

청위 지역 과학기술 혁신 발전 보고

1. 청위 지역 역사적 배경
2. 청위 지역 기초 배경
3. 청위 지역 경제 발전 상황
4. 청위 지역 산업 현황
5. 청위 지역 기업 분석
6. 청위 지역 고등교육기관 혁신 창업 환경

1 청위 지역 역사적 배경

(1) 고대 파촉(巴蜀) 문명의 기초

청위 지역의 문명은 신석기 시대 보둔 문화와 같은 취락에서 비롯되었다. 진나라가 파촉을 정복한 후 성도(촉군)와 충칭(파군)에 성곽을 건설하며 행정 중심지로 발전했다. 한대에는 성도가 전국 제2의 상공업 도시로 번영했고, 당대에는 "양주 제1, 성도 제2(扬一益二)"로 불리며 경제적 위상을 드러냈다. 한편 충칭은 양쯔강과 자링강의 교통 요충지로 군사적·상업적 중요성을 키웠다. 고대 역로인 동대로와 민강-양쯔강 수로를 통해 초기 연결망이 형성되며 두 도시의 협력 기반이 마련되었다.

(2) 근대 교통 변혁과 저항 운동

청 말부터 민국 시기까지 성도-충칭 철도 건설 계획이 여러 차례 추진되었으나 전쟁과 혼란으로 실현되지 못했다. 그러나 1933년 노성도-충칭 고속도로가 개통되며 최초의 육상 직통 교통로가 탄생했다. 중일전쟁 시기 충칭이 임시 수도로 지정되며 쓰촨 분지의 천연 요새 역할을 했고, 성도와 함께 전략적 후방 기지로 기능했다.

(3) 현대 산업 협력과 교통 발전

1952년 신중국 최초의 성도(청두와 충칭의 합성 약칭, 成渝) 철도가 개통되며 두 도시 간 이동 시간이 13시간으로 단축되고 연선 경제가 활성화되었다. 1964~1978년 삼선 건설 기간 동안 이 철도를 따라 기계·에너지 산업이 집중 배치되며 산업 기반이 구축되었다. 1997년 충칭이 직할시로 승격되면서 본격적인 '성도 경제 회랑' 협력이 시작되었고, 2015년《성도 도시군 발전 계획》발표로 인프라·산업·문화 등 다각적 협력이 추진되었다.

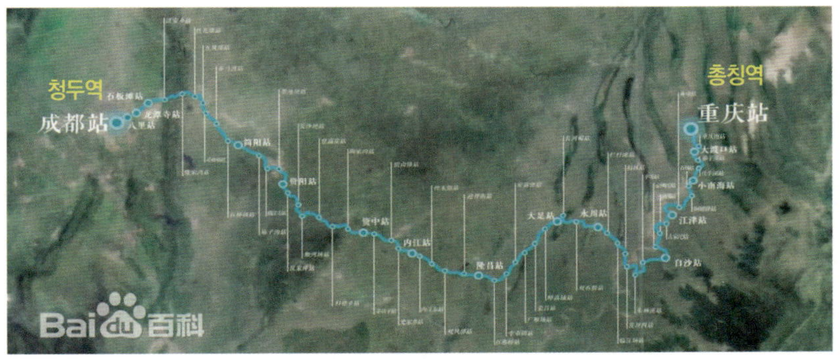

[그림 Ⅳ-1] 청두-충칭 철도 노선도

(출처: 바이두 바이커)

(4) 국가 전략 주도의 쌍성 경제권

2020년 중앙재정경제위원회에서 '성도 쌍성(双城) 경제권'이 국가 전략으로 확정되며 서부 개발의 핵심 축으로 부상했다. 2021년《계획 강요》발간을 통해 체계적인 발전 청사진이 제시되었고, 2024년 상반기 기준 GDP 4.04조 위안(전국 6.5%)을 기록하며 경제적 영향력을 확대 중이다. 교통 인프라 측면에서는 2025년 개통 예정인 중간고속철도(50분 소요)와 공항군 건설이 가속화되고 있으며, 8개 조 위안 규모의 산업 클러스터와 서부 금융 중심지 조성 등 산업 혁신도 진행 중이다. 문화적으로는 다쭈석각(大足石刻) 등 유산을 활용한 '1시간 문화관광권' 구축으로 지역 정체성을 강화하고 있다.

2 청위 지역 기초 배경

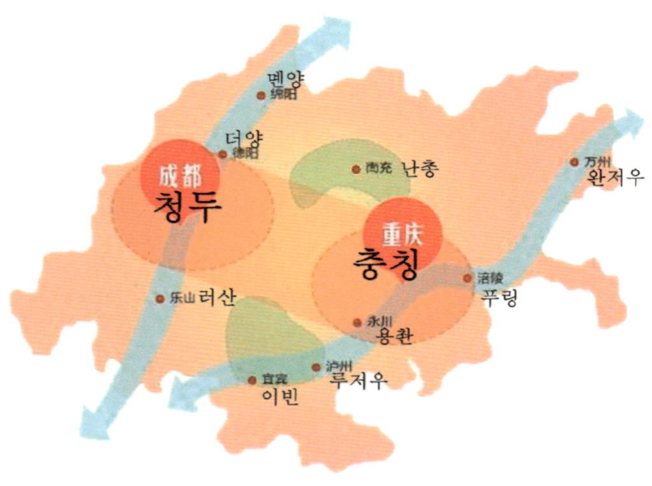

[그림 Ⅳ-2] 청위 쌍성 지역[55] 및 주변 도시

(출처: 바이두)

《청위 지역 쌍성 경제권 건설 계획 요강》이 정식으로 실시됐다. 청위 지역의 질 높은 발전을 위한 임무서(任务书)와 시공도를 제정했으며 충칭과 청두 중심 도시의 선도 역할을 강화했다. 청두는 전국적인 영향력을 가진 과학기술 혁신센터의 건설을 가속하여 전국의 질 높은 발전을 이끄는 중요한 그로스 폴[56]과 새로운 동력원을 만들고 있다.

55) 청위 쌍성 지역: 청위 지역 쌍성 지역 또는 경제권은 '일대일로'와 장강(长江) 경제벨트가 만나는 지점에 위치하며 서부 육해신통로의 기점으로 서남서북을 연결하고 동아시아와 동남아시아, 남아시아를 소통하는 장점을 가지고 있다. 지역 내 생태적 소질이 우수하고 에너지 및 광물이 풍부하며 도시가 밀집되어 있으며 중국 서부에서 인구가 가장 밀집되어 있고 산업 기반이 가장 풍부하고 혁신 능력이 강하며 시장 공간이 넓고 개방도가 높은 지역으로 중국 발전의 전반적인 국면에서 독특하고 중요한 전략적 위치를 가지고 있다.

[그림 Ⅳ-3] 청두 가오신구(高新区) 징룽후이(菁蓉汇)

(출처: 바이두)

기술, 자본, 인재 등 요인이 모여 청두 경제가 급속히 발전함과 더불어 무한한 혁신, 창업의 역량을 분출하여 창업혁신 발전을 위해 양호한 생태를 조성했다. 청두 가오신구(高新区)[57] 핵심 구역에 있는 징룽후이(菁蓉汇)는 왕성하게 발전한 청두 '창업혁신'의 축소판이다. 징룽후이는 국제 혁신 창업을 중점으로 신기술 인큐베이팅, 신업태 육성, 신가치 실현을 핵심으로 하며 올 체인의 과학기술 창업 인큐베이팅 시스템을 구축하고 고

---

56) 그로스 폴: 지역 발전에 있어서 지역 내 어떤 특정 지구의 발전에 영향을 받아 다른 지구가 종속적으로 발전하는 경우에 주도적 발전의 중심이 되는 지구를 말한다.(출처: 네이버 지식백과)

57) 가오신구(高新區): 청두 하이테크 산업 개발구(Chengdu Hi-Tech Industrial Development Zone)라고도 하며 청두 가오신 남구와 청두 가오신 서구로 구성되어 있다. 청두시 중심도시의 남부와 서부에 위치한다. 2016년 청두 가오신구는 과학기술부 횃불센터(火炬中心) 국가가오신구의 종합 순위가 베이징 중관촌, 상하이 장장(张江)에 이어 전국 3위에 올랐다.

에너지급 창업혁신 서비스 플랫폼을 영입했다. 또한 스마트화 데이터 구동 서비스 시스템을 구축하고 중서부에서 가장 대표적인 창업혁신 업그레이드 신공간을 만들어 국제 일류의 혁신 창업생태체계 구축에 전력을 다하고 있다.

3 청위 지역 경제 발전 상황

충칭시의 2024년 GDP 총액은 3.21조 위안으로 전년도 동기 대비 5.7% 증가했고 2년 평균 5.9% 증가했다. 인구 조사 데이터에 따르면 1인당 GDP가 10만 위안을 돌파했다. 청두시 2024년 GDP 총액은 2.35조 위안으로 전년도 동기 대비 5.7% 증가했다. 인구 조사 데이터에 따라 계산하면 1인당 GDP가 약 11만 위안이다.

산업 분야에서 청위 쌍성의 데이터를 대조하면 다음과 같다. 충칭시 1차 산업은 2135억 위안으로 전년도 동기 대비 2.4% 증가했고 청두 1차 산업은 540억 위안으로 전년도 동기 대비 1.9% 증가했다. 충칭시 2차 산업은 1.16조 위안으로 전년도 동기 대비 4.6% 증가했고 청두시 2차 산업은 6,752억 위안으로 동기 대비 5.4% 증가했다. 충칭시 3차 산업은 1.83조 위안으로 동기 대비 6.8% 증가했고 청두시 3차 산업은 1.62조 위안으로 동기 대비 6% 증가했다. 2024년 GDP 총액은 충칭시가 청두시보다 8600억 위안 높으며 2023년 청두 2.23조, 충칭 3.06조이며 2024년에는 충칭이 3.21조이며 청두가 2.35조이다. 1인당 평균으로 볼 때, 청두는 1인당 10.97만 위안, 충칭은 1인당 10.09만 위안이므로 두 지역 1인당 GDP의 차이는 0.88만 위안으로, 청두가 1인당 평균이 더 높다. 충칭의 경제 성장 주력은 2차, 3차 산업이다. 청두의 경제 성장은 주로 3차 산업에 있다.

〈표 Ⅳ-1〉 청위 지역 2024년 GDP 상황

	2024 GDP 총량 (억 위안)	전년 동기 대비 증가	전국 GDP 순위	1인당 GDP (만 위안)
충칭	32193.15	5.7%	4위	10.09
청두	23511.3	5.7%	7위	10.97

(출처: 충칭시 인민정부 공식 웹사이트)

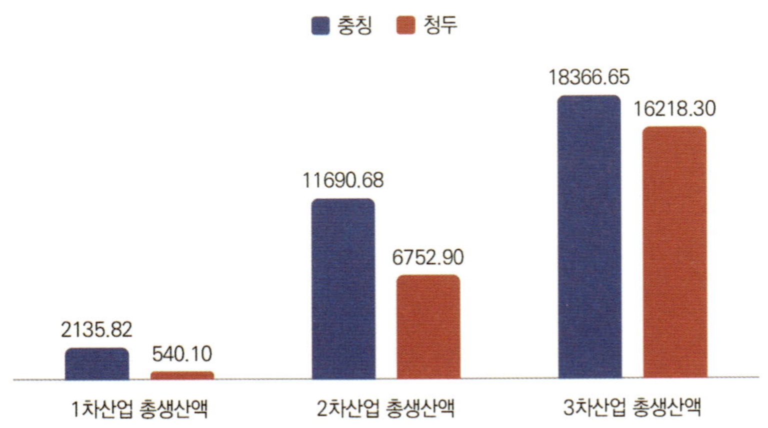

[그림 Ⅳ-4] 청위 지역 1,2,3차 산업 GDP(단위: 억 위안)

(출처: 충칭시 인민정부 공식 웹사이트)

4 청위 지역 산업 현황

(1) 디지털 산업

1) 융합 발전을 통한 도약

《청위 지역 쌍성 경제권 건설 계획 요강》에서는 힘을 합쳐 청위 지역에 디지털 산업 신고지(新高地)를 구축하고 집적회로, 신형 디스플레이, 스마트 단말, 소프트웨어와 정보 서비스 등 산업 우위를 발휘하며 '칩·액정 패널·지능형 단말·핵심 부품·사물 간 인터넷' 관련 모든 산업 사슬을 육성하여 '클라우드 플랫폼·네트워킹·빅데이터·연산력·응용' 관련 모든 요소군(要素群)을 구축하고 '주업유락구(住业游乐购)'[58]의 모든 상황의 집성을 조성해 빅데이터, 인공지능, 블록체인, 디지털 콘텐츠, 초고화질 동영상 등 디지털 산업을 육성하여 국제 경쟁력이 있는 전자정보 산업 클러스터를 조성해야 한다고 주장했다.

58) 주업유락구(住业遊樂購): 주, 주택. 업, 창업 창신. 유, 관광업. 락, 앤터 문화. 구, 쇼핑 소비.

[그림 Ⅳ-5] 충칭시에서 개발한 '위콰이판'(愉快办) 모바일 서비스[59]

(출처: 바이두)

59) '위콰이판'(愉快办) 모바일 서비스 앱: '인터넷 + 정부 서비스'를 촉진하기 위해 '위콰이판' 플랫폼의 서비스 기능과 서비스 능력을 지속적으로 최적화하고 개선하기 위해 '위콰이판'의 정부 서비스 플랫폼 휴대폰은 최근 '위웨라이프'(愉悦生活) 서비스 구역을 혁신적으로 출시했다. 이 서비스는 시 정부의 관련 부서와 기관의 정무 서비스, 생활 편의 서비스 사항을 모아 '주업유락구(住业遊樂購)'의 모든 상황을 포함해 충칭 시민에게 세심한 정무 서비스와 생활 편의를 제공한다.

데이터 자원의 가치를 빨리 방출하여 서부 데이터 자원과 디지털 자산 거래 플랫폼을 건설하여 데이터 요소 시장을 육성해야 한다. 차세대 정보 기술과 실물 경제의 심도 있는 융합을 추진하여 플랫폼 경제와 디지털 비즈니스를 발전시키고, 크로스보더 데이터 흐름과 디지털 무역을 혁신적으로 전개하며 씨투엠(C2M)[60]산업기지 구축을 모색하고 국가 디지털 경제 혁신 발전 시험구, 국가 차세대 인공지능 혁신 발전 시험구와 국가 디지털 서비스 수출기지를 건설해야 한다. 충칭 소프트웨어 파크와 청두 톈푸(成都天府) 소프트웨어 파크의 심도 있는 협력을 가속 추진하여 청위 소프트웨어 명성(名城)을 함께 창조해야 한다. 지급(地级) 이상 도시에 디지털 관리 플랫폼을 세워 정무 데이터와 공공사업 데이터, 사회 데이터의 융합 공유를 추진하고 통신 네트워크, 중요 정보 시스템과 데이터 자원 보호를 강화해야 하며 충칭과 청두의 중요 DR(재해복구시스템)센터의 기능을 향상해 '쌍성다원'의 국가급 사이버 안전 산업단지를 조성해야 한다.

2) 디지털 경제권

《쓰촨성 빅데이터 산업 백서》에 따르면 현재 쓰촨 지역의 빅데이터 산업 발전 종합 순위 지수가 전국 7위라고 언급했다. 백서에 따르면 2020년에 쓰촨은 빅데이터 기초 인프라 분야에서 보완을 가속했으며 계속해서 광대역 도시군, 대형 데이터센터, 슈퍼 컴퓨팅센터 등 중대한 공정 건설을 전개했다. 그 외 전성(全省)의 네트워크 인프라 건설 또한 빅데이터 업무의 발전을 위해 밑거름이 되고 있다. 2025년 상반기까지 전성에 건설한 4G 기지국이 총 29.5만 개, 5G 기지국이 439.5만 개에 달한다.

60) C2M: customer-to-manufacturer. 고객과 공장을 직접 연결하는 이커머스 시장의 새로운 산업모델.

산업 생태 분야에서 촨시빅데이터단지데이터센터(川西大数据园区数据中心), 롄퉁톈푸신구데이터센터(联通天府新区数据中心), 슈퍼 컴퓨팅센터 등 중대한 혁신 플랫폼을 건설했다. 현재 쓰촨 지역의 빅데이터 산업 발전은 5대 방면의 도전 즉 정책 지원의 세분화가 필요하고 핵심 기술 연구의 강화가 필요하며 응용 시나리오 착지에 대한 깊이 있는 추진도 필요하고 데이터 보안은 지속적인 강화가 필요하며 산업 발전 루트는 혁신적인 탐색이 필요하다. 또한 쓰촨성 빅데이터 산업의 발전은 톱 레벨 설계를 가속화 및 보완해야 하며 데이터 공유 관련 메커니즘을 제정해야 하고, 빅데이터 산업의 건강한 발전을 유도해야 한다. 이와 동시에 쓰촨은 디지털자산 거래센터를 세워 빅데이터 산업의 협동 발전을 종합 추진해야 한다.

[그림 Ⅳ-6] 촨시빅데이터단지데이터센터와 롄퉁톈푸신구데이터센터

(출처: 搜狐/人文云)

다음 절차로는 쓰촨이 충칭과 손잡고 4개 분야에서 청위 지역 빅데이터 산업의 협동 발전을 추진해야 한다. 첫째, 전국 일체화 빅데이터센터 체계 청위 중요 절점을 공동으로 건설하여 청위 지역 데이터센터의 건설을 총괄한다. 둘째, 청위 지역 국가급 공업 인터넷 일체화 발전 시범구를 건설

하여 청위 지역 제조업에 디지털 전환 기능을 부여한다. 셋째, 촨시빅데이터단지를 기반으로 청위 지역 빅데이터 산업기지를 구축함으로써 지역 강점이 뚜렷한 다저우(达州), 루저우 등 시의 빅데이터 산업이 청위 쌍성 경제권 건설에 융합되도록 추진한다. 넷째, 두 지역의 블록체인 전략적 협력 협의를 구체화하여 청위 지역의 블록체인 분야 협력을 추진한다.

(2) 금융 산업

1) 공급 사슬 금융

《청위 지역 쌍성 경제권 건설 계획 요강》에서는 청위 서부 금융센터를 함께 건설하여 충칭, 청두의 금융 요소 집결과 실체 경제 발전 서비스 능력을 향상시켜 현지 금융기관을 발전시켜야 한다고 제시했다. 지역 금융 개혁 혁신을 추진하고 과학혁신 금융, 녹색 금융, 포용적 금융(普惠金融)[61] 등 분야에서 선행선시(先行先試)를 전개하며 소비 금융, 상업 무역 금융, 지혜 금융(智慧金融)[62], 공급 사슬 금융의 발전을 가속화하고 국경 간 인민폐, 본외화 합일 계좌(本外币合一账户)[63] 등 시범 업무 혁신을 전개하고 '일대일로' 금융서비스센터를 함께 건설해야 한다고 제시했다. 자유무역시험구에서 위안화 해외 투자 신용 펀드의 설립을 모색하고 중신(충칭) 전

61) 포용적 금융(普惠金融): 기회 평등 요구와 비즈니스 지속 가능성의 원칙에 입각하여, 부담 가능한 비용으로 금융 서비스 수요가 있는 사회 각 계층과 집단에 적절하고 효과적인 금융 서비스를 제공하는 것을 말한다.

62) 지혜 금융(智慧金融): 스마트 금융(AiFinance)이라고도 하며 인터넷 기술에 의존하여 빅데이터, 인공지능, 클라우드 컴퓨팅 및 기타 핀테크 수단을 사용하여 금융 산업이 비즈니스 프로세스, 비즈니스 개발 및 고객 서비스 측면에서 포괄적인 지능을 향상시키고 금융상품, 바람 제어, 고객 및 서비스의 지능화를 실현하는 인터넷 금융 기술.

63) 본외화 합일 계좌: 자금의 성질이 같다는 전제하에 하나 이상의 서로 다른 통화의 자금을 결제하는 은행 결제계좌를 취급한다.

략적 상호 접속 시범 프로젝트하의 P2P 금융 협력을 심화시키며 서부 지역과 아세안 국가 간의 '맨투맨 상호연동(互联互通)'을 선도해야 한다고 제시했다. 충칭에서 지역성 지분시장 제도와 업무 혁신을 전개하고 청두에서 블록체인 기술 기반의 지식재산권 융자 서비스 플랫폼을 건설하며, 금융 인프라 상호연동(互联互通)을 추진하고 금융 리스크를 대비, 해소하며 금융 시장과 감독 관리 구역의 일체화를 추진하고 담보, 부실자산 처분 등 분야에서의 지역 간 협력을 추진해야 한다고 제시했다.

2021년 12월 24일 중국인민은행, 국가발전개혁위원회 등 여러 부서에서 연합하여 "청위 서부 금융센터 공동 건설 계획"을 인쇄 배포했는데 2025년까지 서부 금융 중심 기초를 건설하고 2035년까지 서부금융센터 지위를 더욱 공고히 한다는 목표를 세웠다. 《계획》은 서부금융센터의 '6 체계 1 기반' 정책의 틀을 명확히 했으며 금융기관의 조직체계, 금융 시장 체계, 금융 서비스체계, 금융 혁신체계, 금융 개방체계, 금융 생태체계, 금융 인프라 등 7 개 방면에서 28가지 세부 정책 조치를 제시했다. 《청위 서부 금융센터 공동 건설 계획》의 출범은 금융 개혁 개방을 진일보로 추진하는 데에 유리하며 청위를 서부에 입각하여, 동아시아와 동남아시아 및 남아시아를 대상으로 하는 '일대일로' 국가와 지역을 함께 건설해 서비스를 제공하는 서부 금융센터로 만들 것이며, 청위 지역을 추진하여 쌍성 경제권 건설에 박차를 가하도록 하여 고품질 발전의 중요한 그로스 폴과 새로운 동력원을 이룩하도록 한다.

2) 성과 확대와 협력 강화

[그림 Ⅳ-7] 쓰촨 농촌진흥금융혁신시범구

(출처: 시각중국)

2021년 10월 14일, 전국 최초의 농촌진흥금융혁신시범구[64]가 쓰촨에 정착했으며 2025년 연말에 이르러 금융 생태 환경의 현저한 최적화, 금융 인프라의 부단한 완비, 금융 제품 체계의 인큐베이터, 금융 서비스의 지속적 확대, 금융 서비스 수준의 현저한 향상을 이룩하여 금융 서비스 빈곤 퇴치, 난관을 돌파한 성과와 농촌진흥의 '쓰촨 패러다임'을 형성한다. 2021년 2월 5일에 충칭은행(重庆银行)이 상하이증권거래소 메인보드에

64) 중국 농촌 활성화(진흥)를 위한 금융 고품질 서비스의 효과적인 방법을 모색하고 쓰촨을 농촌 활성화를 위한 금융 고품질 서비스의 시범구로 만들었다. 쓰촨성은 농촌 사업을 중시하고 빈곤 퇴치를 위해 농촌 활성화를 전면적으로 추진하여 2020년 쓰촨 1차 산업의 부가가치가 전국 1위로 도약하고 쓰촨 차, 쓰촨 음식, 쓰촨 과일 등이 국내외에서 명성을 얻었으며 1차, 2차, 3차 산업의 통합 발전과 농업 농촌 개혁 방면에서 전국 시범 선도자가 되었다.

상장하여 서부 지역에서 최초로 'A+H'[65]를 상장한 도시상업은행이 되었다. 11월, 충칭시금융감독관리국과 궈왕핀테크그룹(国网金融科技集团)은 '클라우드 계약'의 방식으로 전략적 제휴 협정을 체결했는데 '뎬e진푸(電e金服)' 플랫폼을 응용해 궈왕핀테크그룹 서부 핀테크센터를 설립하고 국가 중점 핀테크실험실을 함께 건설하며, 핀테크 표준 제정을 공동으로 진행하고 핀테크 혁신 감독 시행 부처에 참가하는 등 일련의 내용을 깊이 있게 협력할 예정이다.

2021년 6월, 쓰촨증권감독관리국과 충칭증권감독관리국은《서부 금융센터를 공동 건설하여 청위 지역 쌍성 경제권 건설을 추진에 관한 협력각서》를 체결했다. 이에 앞서 두 지역의 여러 금융 감독 관리 부처, 각종 금융기관, 업계 협회 사이에서도 쌍성 경제권 협력 협의 등을 달성했으며 공동 건설이 이미 두 지역의 공통된 의견이 되었다. 청위 두 지역의 과학기술 창업 투자 분야의 협력도 더욱 심화할 것이다. 2020년 9월에 청위가 공동으로 총규모 50억 위안의 '청위 쌍성 경제권 과학기술 혁신 모펀드'를 설립 후, 2021년 9월에 두 지역은 또 '청위 지역 쌍성 경제권 과학기술 창업 투자 협동 발전 연맹'을 설립하여 두 지역의 혁신, 창업, 창업 투자 합력을 결집했다. '2021 창업 투자 청위·금종자 발견'[66] 기업 선발 행사를 공동 개최하여 촨위(川渝) 기업이 융자를 받을 수 있는 자본 시장 방안을 제공했다.

65) 'A+H': A주와 H주의 약칭. 어떤 기업이 상하이(혹은 선전) 증권 교역소와 홍콩연합교역소의 원칙에 따라 동시에 동일한 가격으로 각각 A주와 H주를 발행하는 것.

66) 금종자 기업: 전략적 신흥 산업 분야에서 정보 기술, 비즈니스 모델, 혁신 능력, 창업 팀 및 행정 구조 등 측면에서 강한 발전 잠재력을 보이는 스타트업을 말한다.

(3) 물류 산업

1) 국제적 물류 허브 건설

《청위 지역 쌍성(双城) 경제권 건설 계획 요강》에서는 청위 지역에 내륙 국제 물류 중추를 함께 건설해야 한다고 제기했다. 청위 지역의 항공, 해상 운송, 철도 등 자원을 통합하여 '통로 + 중추 + 네트워크'의 현대 물류 운영 체계의 구축에 박차를 가해야 한다고 밝혔다. 또 충칭, 청두의 국가 물류 중추 기능을 향상 및 보완시켜 국제화물 운송센터를 함께 건설하고 모든 화물 항공사가 청위 지역에서 기지를 설립하도록 추진해야 한다고 제기했다. 완저우(萬州), 푸링(涪陵), 창서우(长寿), 장진(江津), 쑤이닝(遂宁), 다저우, 루저우, 쯔궁(自贡) 등 지역 물류센터도 건설해야 한다고 말했다. 국제 항공 물류와 창장항운(长江航运), 중국-유럽 간 화물 열차, 서부 육해의 새로운 통로 톄하이롄윈(铁海联运) 화물 열차와 국경 간 도로 운송을 조화시켜 도로-철도-해륙-항공의 연합 운송 조직 효율과 운송 서비스 일체화 수준을 높여야 한다.

[그림 Ⅳ-8] 중국-유럽 간 화물 열차[67)]

(출처: 바이두 바이커)

청위 지역 내륙 국제 물류 중추를 건설하는 전략적 목표는 두 가지이다. 첫째, 2025년까지 서부 금융중심의 기초를 건설한다. 둘째, 2035년까지 서부 금융센터 지위를 더욱 공고히 한다. 금융 자원 배치 능력과 영향력이 비교적 강한 지역 금융 시장의 지위 기초를 확립하고, 지역 산업 발전을 뒷받침하며 전국 고품질 발전을 선도하는 서부 육해 무역과 국내 국제 이중 순환을 위한 내륙 금융 개방 서비스 체계를 형성하며, 금융 서비스 '일대일로' 기능이 더욱 완비하고 서부 금융 중심의 국제 영향력을 확연히 증가한다.

2) 다국 간 물류 네트워크 확대

서부 내륙이 개방고지(开放高地)로 변신했다. 충칭도로물류기지의 획기적 성장은 국가 전략을 융합하고, 자신의 장점을 깊이 파고들며, 산업사슬을 연장하고, 산성(产城)[68]을 융합 발전시키는 것이다. 2025년 상반기 충칭도로물류기지가 실현한 거래액은 1,285억 위안으로 전년도 동기대비 약 62.3% 증가했으며 연간 시장 거래액은 약 2,700억 위안을 실현할 것으로 예상된다. 현재 이미 중남반도에서의 전면적 구축을 실현했으며 아울러 충칭과 중앙아시아 지역의 육상 운송 통로의 상호 연결을 개통해 다국 간 도로 운송을 위주로 하고 공철(公铁)와 육해(陸海)를 보조로 하

67) 중국-유럽 간 화물 열차: 중-유럽 열차(청위)호는 충칭과 청두가 공동으로 설립한 새로운 중유럽 열차 브랜드이자 전국 최초로 두 곳에서 합작한 중-유럽 열차 브랜드이다. 중-유럽 열차 발전의 새로운 장을 열었고, 청위(成地区) 지역의 쌍성(城城) 경제권 건설에 새로운 동력을 불어넣었다.
청위 지역은 중-유럽에서 가장 먼저 출발하고 가장 안정적으로 운영되며 영향력이 큰 지역이다. 2020년 충칭과 청두의 중-유럽 열차 개행량은 거의 5,000열로 전년 대비 거의 60% 증가했으며, 역대 누적 개행량은 14,000열에 달하여 전국 개행량의 40% 이상을 차지한다.

68) 산성(產城): '산성 융합'이란 산업과 도시의 융합 발전을 말하며, 도시를 기반으로 산업 공간을 적재하고 산업 경제를 발전시키며, 산업을 담보로 도시의 업그레이드와 서비스 완화를 구동해 토지 가치를 더욱 높여 산업, 도시, 사람간의 역동적이고 지속적으로 발전하는 모델을 말한다.

는 복합운송 국제물류체계를 구축하여 서부 육해 신도로의 중요한 운반체가 되었다. '14·5 계획'[69] 시기, 충칭도로물류기지는 계속 '일대일로' 건설에 깊이 참여해 보세(保税)[70], 세관 감독 관리 등 기능을 확장하고 도로운송의 새로운 업무를 개척할 것이며 산업 및 공급 사슬에 최적화되도록 업그레이드를 추진하고 충칭국제상업무역물류센터, 서부 육해의 새로운 통로 중요 적재지(西部陸海新通道重要承載地), 청위 쌍성 경제권 도로 물류 중추, 아세안 무역 서비스 본사 기지를 건설하는 데에 지속해 전력을 다할 것이다.

[그림 Ⅳ-9] 충칭 도로물류기지

(출처: 바이두)

69) 14·5 계획: 중국의 '국민경제와 사회발전 14차 5개년 규획', 중국의 5개년 계획이란 한 국가의 발전 계획을 수립하고 집행한 후 이를 분석해 다시 차기 회자 중기 계획을 수립하는 것을 말한다.

70) 보세: 국제 통행의 해관 제도 중 하나. 해관을 통과하는 모든 수입물품은 해관의 감시가 닿는 곳에서 저장 및 가공하고 납세해야 함.

(4) 정보 산업

1) 첨단 디지털 생태계 조성

《청위 지역 쌍성 경제권 건설 계획 요강》에서는 청위 지역 차세대 정보 인프라를 공동으로 건설해야 한다고 제안했다. 사물인터넷, 블록체인, 산업인터넷, 위성인터넷 등 신형의 인프라를 구축하고 5G와 광섬유 초광대역 '더블 기가바이트' 네트워크 건설을 가속하며 6G 네트워크 시험 검증에 박차를 가해야 한다고 말했다. 대중도시(大中城市)의 IPv6 기반 차세대 인터넷 전면 배치를 실현하고, 국가급 인터넷 중요 직결 기능을 강화해야 한다고 제안했다. 지역성 국제데이터센터, 전국 일체화 빅데이터센터 국가 중추 절점, 중신(충칭) 국제 인터넷 데이터 전용 채널과 국제 정보 통신 중추, 국가 양자 통신 네트워크 '청위 간선'을 공동 건설해야 한다고 제안했다. 동시에, 청위 중축 요소 자원 집중 구역, 산업 협동 발전 구역에서 대형 클라우드 컴퓨팅과 에지 컴퓨팅[71] 데이터센터를 총괄 배치한다고 제안했다. 도시 스마트 감지 네트워크를 적극 건설하여 스마트 교통, 스마트 항로와 항구 등 혁신 응용 건설을 뒷받침하고 자동차 인터넷 5G 전용망 건설을 모색해야 한다고 제안했다.

2) 산업 사슬 보완

2020년 충칭 정보 통신업은 청위 통신 서비스 요금 일체화 업무를 대대적으로 추진했으며 5G 네트워크 규모화 건설과 응용을 공동으로 추진하

71) 에지 컴퓨팅: 중앙 클라우드 서버가 아니라 이용자의 단말기 주변(edge)이나 단말기 자체에서 데이터를 처리하는 기술. 기존 클라우드 컴퓨팅에 비해 인터넷을 통한 데이터 전송을 줄일 수 있어 보안성이 뛰어나다.(출처: 네이버 지식백과)

여 전시(全市) 중점 지역의 5G 네트워크 전면 커버리지를 실현했다. 산업 인터넷은 지속해 속도를 높여 품질을 향상했으며 2025년 상반기까지 산업 인터넷 식별 해석 관련 최상위 절점 등록량이 28.5억에 달하고 해석량이 9.8억 회에 달하며 2급 절점(节点) 연결이 53개이고 기업 절점이 4,200개소이다. 기초 네트워크 능력 향상에 박차를 가했는데 현재 24,500개 단지에 대한 1천 기가바이트 커버리지를 완성했으며 720만 가구가 언급된다.

현재 및 향후 일정 기간의 성(省)의 전자정보 산업 발전 경로를 보면 메모리, 센서 등 중점 분야에 초점을 맞추고 있으며 '칩-액정 패널-메모리-센서-첨단 소프트웨어-지능형 단말-정보 네트워크-스마트 단말' 업종별 산업 사슬 도면을 정리하여 성(省)의 전자정보 산업의 질 높은 발전을 위한 '라이닝'을 더욱 다져준다. 쓰촨, 저장 전자정보 산업의 비교우위와 상호 보완적 수요를 충분히 발휘하기 위해 두 성(省)의 경제정보부처에서는 두 지역 산업 협력 관련 구체적인 실행 방안을 연구하고 있으며 전자정보 분야에서의 전방위적이고도 광범위한 교류 협력을 심화하고 있다. '쓰촨 전자정보산업집결구 산업인터넷 플랫폼 시험 테스트'를 건설했으며 해당 플랫폼은 쓰촨청에서 최초로 국가공업정보화부의 비준을 받아 건설된 전자정보 산업 인터넷 플랫폼이다. 현재 서비스 기업 사용자가 24.6만 개소이며 운영을 지탱하고 있는 스마트 단말기 설비가 8,720만 대에 달한다.

(5) 서부과학도시충칭고신구(西部科技城重庆高新区集成)

[그림 Ⅳ-10] 서부과학도시충칭고신구

(출처: 바이두)

서부과학도시충칭고신구는 청위 지역 쌍성경제권 건설의 핵심 과학 창조 엔진으로서 '과학의 도시, 혁신고지'를 차세대 정보기술, 인공지능, 생물의약 등 신흥 산업을 중점적으로 발전시키고 국가급 과학기술혁신센터를 건설하는 데 주력한다. 그 핵심에는 산학연의 협동 혁신, 완벽한 산업생태와 강력한 정책 지원이 존재한다. 산학연 협동 혁신 측면에서 충칭대학교, 중국과학원 등 최고 과학연구기구와 연합하여 국가실험실 등 중대한 과학연구 플랫폼을 건설하였고 산업생태 측면에서는 이미 화웨이, 중과서광(中科曙光) 등 선두 기업을 집결하여 '기초연구-기술개발-산업전환'의 완전한 혁신 사슬을 형성하였으며 정책 지원 측면에서 서부대개발 세제 혜택, 인재 유치 특별 지원 계획 등의 다양한 정책 혜택을 누릴 수 있다.

서부과학성은 최근 5년간 실리콘 기반 광전자 칩 양산 기술로 글로벌 시장에서 경쟁력을 확보하며, 중국 내 자율주행 테스트 도로 거리 3위를 달성했다. 특히 2024년에는 R&D 투자 비중 6.8%를 유지하며, 첨단기술 기업 1,500개 이상을 유치하는 등 과학기술 혁신에 주력하고 있다. 2030년까지는 '미래산업 시험구'로 발전할 계획으로, 양자통신, 공중과학기술, 인공지능 등 선두 분야를 중심으로 1조 위안 규모의 투자를 확정했으며, 국제 협력 네트워크 구축과 고급 연구 인재 양성을 통해 글로벌 수준의 혁신 허브로 구축될 예정이다. 이에 더해, 산학협력 강화, 그린 기술 도입, '일대일로' 정책과의 연계 등 지속 가능한 발전 전략을 추진하고 있다.

(6) 베이더우(北斗) 응용 산업 클러스터

충칭 위베이구(渝北区)의 베이더우[72] 응용 산업 클러스터는 중국 공신부가 2023년 지정한 국가급 중소기업 특화 클러스터로, 연간 생산액 115억 위안(2022년 기준)을 기록하며 85개 중소기업이 모여 있는 산업 중심지이다. 이곳에는 베이더우 제품 개발부터 부품 공급, 항해 알고리즘 설계까지 전 주기를 아우르는 기업들이 입주해 있으며, 특히 창안자동차·지리자동차 등에 기술을 공급하는 베이더우싱톈즈롄 같은 유력 기업들이 자리잡고 있다.

72) 베이더우(北斗, BDS): 중국이 독자 개발한 글로벌 위성항법시스템(BeiDou Navigation Satellite System). 2020년 전 세계 서비스 개시 이후 정밀도(민간용 10m 이내)와 GPS 대비 저궤도 위성 강점으로 교통·물류·스마트시티 등 분야에서 산업화 가속화 중. 정저우시 클러스터는 BDS 기술의 상용화를 위한 R&D·제조·응용 서비스 기업 집적지로 주목받음.

[그림 Ⅳ-11] 베이더우 산업구

(출처: 바이두)

이 클러스터는 '베이더우 + 지능형 자동차' 시범 프로젝트를 통해 1000만 대 이상의 신에너지차에 기술을 적용했을 뿐만 아니라, 선타오(仙桃) 데이터 밸리[73]와 베이더우싱톈(北斗星天) 지능 산업단지를 거점으로 혁신 생태계를 구축하고 있다. 충칭시는 2025년까지 베이더우 산업 규모를 500억 위안으로 확대한다는 목표 아래, AI와 위성 인터넷 기술을 접목한 차세대 위치기반 서비스 개발에 박차를 가하고 있다.

---

73) 2014년 충칭시 정부 제40차 상무회의에서 계획이 확정된 선타오 빅데이터 산업단지는 빅데이터, 클라우드 컴퓨팅, 크로스보더 전자상거래 등 신흥 산업을 중심으로 조성되었다. 이곳은 데이터 수집·저장·분석·응용을 아우르는 빅데이터 전 산업 공급망 생태계 구축을 목표로 하며, 이미 협약을 체결한 주요 기업들의 안정적인 입주와 성장을 지원할 예정이다. 빅데이터와 크로스보더 전자상거래 플랫폼의 집중적 배치를 통해 집약적 발전을 도모하는 동시에, 빅데이터 관련 벤처캐피털(VC), 사모펀드, 물류 기업들을 유치해 산업 클러스터 효과를 창출할 계획이다.

특히 이 지역 기업들은 누적 173건의 발명특허를 보유하는 등 기술 혁신에 주력하고 있으며, 24개의 '전정특신'(특화·전문화) 중소기업이 성장 동력을 이끌고 있다. 최근에는 항공우주 정보 산업 국제 생태연맹에 참여하며 글로벌 기술 협력 네트워크도 확장해 나가고 있다.

5 청위 지역 기업 분석

(1) 청위 유니콘 기업 특징: '3+3+3'

《중국유니콘기업발전보고서(2025년)》에 따르면 2024년 중국 유니콘 기업 수가 372개소에 달하며 총 추정 가치가 1.2조 달러를 초과했으며, 그중 11개의 슈퍼 유니콘 기업이 전체 가치의 49%를 차지하고 있다. 47개 도시에 분포되어 있는데 그중 청위 지역에 16개소가 있다. 또한 청위 지역에서 5개소의 잠재적 유니콘 기업을 발굴했는데 이는 해당 지역 혁신 창업 생태의 왕성한 활력을 한층 더 과시한다. 유니콘이 일반적으로 사용하는 세 가지 차원, 즉 서킷, 발전 출처, 창업자로부터 우리는 청위 지역 유니콘 기업의 '3대 서킷, 3개 출처, 3류 창업자'의 특징을 볼 수 있다.

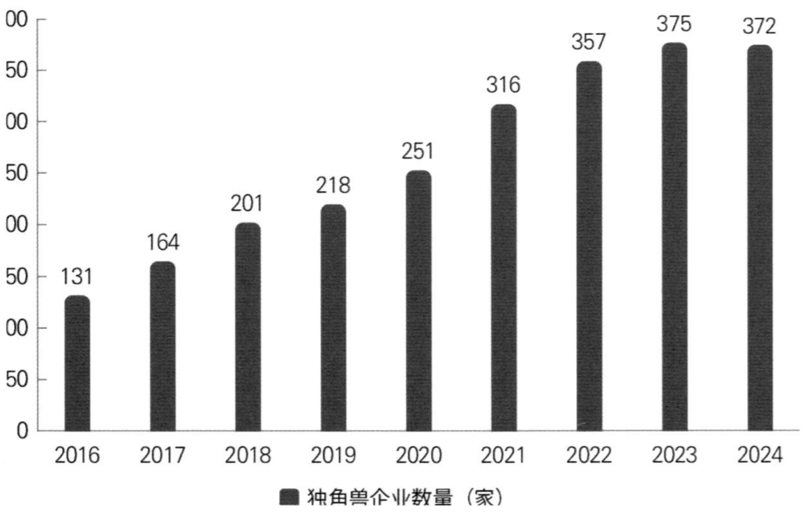

[그림 Ⅳ-12] 2016년~2024년 중국 전체 유니콘 기업 수

(출처: 新材料研报)

〈표 Ⅳ-2〉 2024년 중국 전체 유니콘 기업 내 칭위 기업 순위

순위	기업명	설립 시기	분야	가치 평가 (단위: 억 달러)
23	马上消费	2015	金融科技	52
31	阿维塔科技	2018	新能源汽车	43
37	医联	2015	数字医疗	40
68	特斯联	2015	物联网平台	29
137	深蓝汽车	2018	新能源汽车	19
145	江小白	2015	网红爆品	18
145	谊品生鲜	2017	新零售	18
159	新生活冷链	2016	智慧物流	17
166	威斯克生物	2020	创新药	16
178	Fiture	2019	旅游体育	15
198	腾盾科创	2016	智能飞行	14
217	易府医疗	2021	创新医疗器械	13
230	芯联微电子	2023	集成电路	12
249	锐石创芯	2017	集成电路	11
273	国星宇航	2018	商业航天	10
273	象帝先	2020	集成电路	10

(출처: 新材料研报)

2024년 중국 유니콘 기업은 비교적 높은 분야의 집중도를 보이며 전체 372개 중 56.4%의 유니콘 기업이 5대 분야 즉 스마트 물류, 의료 건강, 인공지능, 뉴레크리에이션, 뉴리테일에 분포되어 있다. 칭위 지역에 있는 16개소의 유니콘 기업은 3대 서킷 즉 스마트 물류, 뉴리테일, 인터넷 의료에 균일하게 분포되어 있다. 구체적으로 분석하면 첫째로 AI, 반도체, 신에너지 분야가 새로운 유니콘 창출의 핵심 동력으로 부상하였다. 기준의

인터넷 플랫폼 중심에서 벗어나 첨단기술 기반 기업이 급증하고 있으며, 특히 AI 관련 기업은 전체의 약 1/3을 차지한다. 둘째, 2·3선 도시의 부상으로 유니콘 기업의 영향력이 지역적으로 확산되었다. 중국에서 유니콘 기업 수 증가가 가장 빠른 도시에 안후이성의 허페이가 뽑혔으며, 광저우, 항저우, 쑤저우가 그 뒤를 이었다. 중국 정부의 기술 인프라와 정책 지원이 지역 발전을 이뤄냈다고 평가할 수 있다. 셋째, 생태계 협력 강화와 글로벌이다. 현재 중국은 혁신을 가속화하기 위해 약 100여 개 글로벌 파트너와 협력하고 있으며, 삼성전자 파운드리(반도체 위탁 생산) 사례로 잘 알려진 설계 자산(IP), 반도체 후공정(OSAT) 등 분야의 협력이 기술 경쟁력 확보의 핵심 요소로 작용하고 있다.

새로운 산업 혁명과 기술 변혁에 직면하여 청위 지역의 혁신 생태가 점차 최적화되어 유니콘, 잠재 유니콘, 너자기업(哪吒企业)[74] 성장률이 향상되었다. 유니콘 기업 육성에 대해서는 다음과 같은 제안이 있다. (1) 유니콘의 영향을 넓힌다. (2) 고에너지급 창업팀을 만든다. (3) 플랫폼형 대기업의 인큐베이팅 혁신을 격려한다. (4) 유니콘 기업 서비스 체계를 보완한다. (5) 신경제제도 혁신을 강화한다.

74) 너자기업: 창업 초기에 1억 위안 이상의 투자를 받고, 창립된 시기가 짧으며, 성장 기점이 높고, 배경 혁신력이 강하며, 분야가 참신한 신경제기업을 뜻함.

(2) 워페이창공(沃飞长空, AEROFUGIA)

[그림 Ⅳ-13] 워페이창공 본사

(출처: 바이두)

워페이창공(AEROFUGIA)은 저장성 길리지주그룹유한회사(浙江吉利控股集团有限公司) 산하의 브랜드로 본사는 청두에 위치해 있다. 워페이창공은 글로벌 저공중 스마트 모빌리티 비행체의 연구 개발과 상업화 운영에 진력하고 있으며 무인기, 비행자동차의 연구 개발 생산과 운영을 주요 업무로 하고 있다. 또한, 농업, 환경 감시, 재난 대응 등 여러 분야에 적합한 맞춤형 드론 솔루션을 제공하고 있으며, 특히 농업 분야에선 연간 수백 대 규모의 기체를 지역별로 배치, 작물별 병해충 방제 효과 80~90% 및 작업 효율 80배 이상 향상을 실현시켰다.

워페이창공은 2020년 아오스 X-카이메라 25(Aoseu X-Kaimera 25) 드론을 시작으로 2021년에 타이리 TF-1(Taili TF-1) 비행차량이 세계 최초로 미국 연방항공청(FAA) 항공기 인증을 획득했으며, 2024년 2월, 미국 항공 주간지가 발표한 Mark Moore가 eVTOL[75] 연구 개발에 종사하는 전 세계 회사에 대한 순위에서 워페이창공은 9위를 차지했으며, 같은 해 3월 SMG 컨설팅이 내놓은 ARI에서 워페이창공은 8위를 차지했다.

워페이창공은 정부 연구기관 및 대학과의 산학 협력을 통해 지속적으로 기술 혁신을 추구하고 있으며, 자체 개발한 비행 제어 소프트웨어와 하드웨어 통합 플랫폼은 중국 무인 항공 분야에서 주목받고 있다. 앞으로도 지능형 항공 기술을 바탕으로 스마트 교통과 도시 안전, 산업 자동화 등 다각적 영역에서 영향력을 확대할 계획이며, 2026년까지 도심형 VTOL(수직이착륙) 드론 상용화를 목표로 로드맵 수립 중이다.

75) eVTOL: 'Electric Vertical Take-Off and Landing'의 약자로, 전기 동력으로 수직 이착륙이 가능한 항공기이다.

(3) 중창신항(中创新航, CALB)

[그림 Ⅳ-14] 중창신항 본사

(출처: 바이두)

CALB은 장쑤성 창저우시에 본사를 두고 있는 글로벌 신에너지 기술 기업으로, 2024년 중국 시장 점유율 6.7%로 3위를 기록했다. CALB는 저가 전략과 한국 및 유럽 시장 진출을 통해 크기를 키웠으며, 리튬이온 동력전지, 배터리 관리 시스템(BMS), 에너지 저장 전지 및 관련 통합 제품, 리튬전지 소재의 연구 개발, 생산, 판매, 응용 시장 개발을 주력으로 한다.

CALB의 핵심 기술은 고안전성 3원계 리튬전지, 원스톱 전지 기술, 열차단 보호 기술(TPP 2.0)으로 구성되어 있으며, 연구 개발 역량은 다수의 국가급 R&D 과제 수행 을 통해 입증되고 있다. 고안전성 3원계 리튬전지 기술은 고전압 기술로 안전성을 강화하고 구조 혁신을 통해 에너지 밀도와 수명을 동시에 향상시켜 승용차·상용차 등에 적용되어 업계 선도적 위치를 확보했으며, 원스톱 배터리 기술[76]은 시스템 설계 간소화로 비용을 절감하면서도 높은 안정성과 신뢰성을 유지해 다수 생산 기지에 적용됐고, TPP 2.0 열 차단 보호 기술은 배터리 팩 전체 화재 방지를 구현해 실사용 환경의 위험 요소를 해결하며 업계 대비 강화된 안전성 검증 기준을 충족했다. 또한 4건의 국가 중점 연구 개발 계획과 6건의 국가 863 프로젝트[77]를 주관하며 전지 소재, 구조, 스마트 제조 분야를 포괄한 기술 성과를 대량생산에 성공적으로 적용했다. 특히 2025년 '본질적 안전 고에너지 밀도 리튬이온 동력전지 시스템' 국가 과제를 통해 항공 모빌리티용 실린더형 전지 기술을 진화시키고 있다.

---

76) 원스톱 배터리 기술은 중창신항(中创新航)이 2021년 개발한 통합형 배터리 시스템으로, 모듈·팩·시스템을 단일 공정으로 통합해 생산 효율성을 혁신했다.

77) 중국 과학기술부 주관의 첨단기술 연구 개발 국가 중점 계획으로, 1986년 3월 제안된 배경으로 명칭이 확정되었으며, 신소재·에너지·생명과학 등 전략적 분야의 기초 연구 및 산업화 촉진을 목표로 한다. 주요 성과로는 직접 메탄올 연료전지(DMFC) 기술 개발이 있으며, 이는 공기 산화제 활용·순수 메탄올 연료 공급 시스템 구현으로 기존 대비 전지 스택 부피당 출력 5배 향상 및 배기 가스 처리 효율성을 달성했고, 전기 자전거·노트북 전원 등으로 실증 적용되었다.

(4) 싸이리스(塞力斯, SERES)

[그림 Ⅳ-15] 싸이리스

(출처: 바이두)

2016년 1월 설립된 싸이리스는 신에너지 자동차 브랜드로 신에너지 전기차 분야의 연구 개발, 제조 및 생산에 집중하고 있으며, 전 세계 사용자들에게 고성능 스마트 전기차 제품 및 즐거운 스마트 운전 경험을 제공하기 위해 노력하고 있다.

2021년 1월, 싸이리스는 세계 최초로 항속 1000㎞ 초과 양산 증정 전기차인 싸이리스 SF5 자유원정판을 발표하였고, 같은 해 4월, 싸이리스와 화웨이는 정식으로 협력하며 SF5 차종을 출시하였다. 또, 2022년 9월에는 싸이리스와 화웨이가 공동으로 설계한 아이토(AITO) M5 EV가 정식으로 발표되었다. 같은 해 8월, 싸이리스그룹은 중국 중앙방송총국(CCTV) 2024 브랜드 강국 전략에 가입하여 화웨이와 협력을 심화하고 기대회사에 투자했다. 2024년 한 해 동안 싸이리스의 신에너지 자동차 판매량은 426,885대로 전년 동기 대비 182.84% 증가했다.

(5) 창안자동차(长安汽车, Changan Automobile)

[그림 Ⅳ-16] 창안자동차 본사

(출처: 바이두)

창안자동차는 중국을 대표하는 국유 자동차 기업으로, 중국 자동차 산업의 역사와 함께 성장해 온 전통 완성차 업체다. 그 기원은 1862년 청나라 말기 군수 공장으로 거슬러 올라가며, 자동차 제조 기업으로서의 본격적인 출발은 20세기 중반 이후 이뤄졌다. 현재 창안자동차는 중국 국유자산감독관리위원회(SASAC) 산하 중앙 국유기업 계열로, 본사는 충칭(重庆)에 위치해 있다. 창안자동차는 오랜 기간 중국 내수 시장을 기반으로 승용차와 상용차를 생산해 왔으며, 중국 자동차 대중화 과정에서 중요한 역할을 수행했다. 특히 2000년대 이후에는 합작 브랜드 중심 구조에서 벗어나 자체 브랜드 역량 강화에 집중하며 독자적인 기술과 제품 경쟁력을 키워 왔다. 현재 창안은 중국 4대 자동차 그룹 중 하나로 꼽히며, 연간 수백만 대 규모의 생산 능력을 갖춘 대형 완성차 기업이다.

사업 구조는 크게 자체 브랜드 승용차, 합작 브랜드 사업, 신에너지차 및 스마트카 부문으로 나눌 수 있다. 자체 브랜드 부문에서는 '창안(长安)', 'CS' 시리즈, 'UNI' 시리즈 등을 통해 중국 소비자 시장에서 폭넓은 제품 라인업을 구축했다. 합작 사업으로는 창안-폭스바겐, 창안-포드 등이 대표적이며, 이를 통해 글로벌 완성차 제조 경험과 품질 관리 체계를 축적해 왔다.

최근 창안자동차의 전략 중심은 전동화와 지능화다. 중국 정부의 신에너지차 정책과 맞물려 전기차(EV), 플러그인 하이브리드(PHEV), 주행 보조 시스템을 핵심 성장 동력으로 설정했다. 이를 위해 '신에너지 전환 전략'을 공식화하고, 전용 전기차 플랫폼과 배터리 관리 시스템, 차량용 소프트웨어 개발에 투자를 확대하고 있다. 특히 스마트 콕핏, 주행 보조 기능, 차량-클라우드 연동 기술을 차세대 경쟁력으로 강조하고 있다.

글로벌 시장에서도 창안은 점진적인 확장을 추진하고 있다. 중동, 동남아, 중남미, 유럽 일부 국가를 중심으로 수출과 현지 판매를 확대하고 있으며, 단순 완성차 수출을 넘어 현지화 생산과 기술 협력 가능성도 모색하고 있다. 다만 글로벌 브랜드 인지도 측면에서는 아직 도전 과제가 남아 있어, 중장기적 관점의 단계적 확장을 택하고 있다.

창안자동차는 전통 국유 자동차 기업이라는 기반 위에서, 전동화·지능화 전환을 통해 새로운 정체성을 구축하려는 과도기에 있다. 합작 경험을 통해 축적한 제조 역량과 중국 내수 시장의 규모를 바탕으로, 향후 중국 신에너지차 산업의 중요한 한 축으로 남을 가능성이 크다. 창안의 향후 성과는 중국 자동차 산업이 기존 추격형 구조에서 기술 주도형 구조로 전환할 수 있는지를 보여주는 하나의 지표가 될 것이다.

(6) 코코두 애니메이션(可可豆动画影视, Kekedou Animation)

[그림 Ⅳ-17] 코코두 애니메이션

(출처: 바이두)

코코두 애니메이션은 중국 청두소재의 애니메이션 제작 기업으로, 고품질 3D 애니메이션 영화의 기획·제작을 중심으로 사업을 전개하는 디지털 콘텐츠 기업이다. 코코두 애니메이션은 3D 캐릭터 제작, 시각효과(VFX), TV 및 극장용 애니메이션 제작을 핵심 사업으로 삼고 있다. 2015년 이후에는 베이징의 차이탸오우(彩条屋)와 전략적 파트너십을 맺고, 극장용 장편 애니메이션 제작에 집중해 왔다.

대표작인 〈나타: 마동강세(哪吒之魔童降世)〉(2019)는 약 60억 원의 제작비로 중국 내에서 50억 4천만 위안(약 9천억 원)의 흥행 수익을 거두며 중국 애니메이션 영화 흥행 1위에 올랐다. 이어 2025년 1월 개봉한 속편 〈나타: 마동요해(哪吒之魔童闹海)〉는 개봉 29일 만에 136억 위안(약 2조

4천억 원)을 돌파하며, 세계 애니메이션 영화 흥행 사상 최고 기록을 세웠다. 두 작품의 누적 흥행 수익은 150억 위안을 넘어, 중국 단일 애니메이션 IP로는 전례 없는 성과로 평가된다.

제작 인프라는 청두 하이테크 산업단지에 위치한 약 4,000㎡ 규모의 스튜디오를 중심으로 구축돼 있으며, 200여 명의 제작 및 기술 인력이 상주한다. 캐릭터 디자인, 모델링, 리깅, 애니메이션, 조명, 합성까지 전 공정을 내부 파이프라인으로 일원화한 것이 특징이다.
2025년 3월에는 중국 국가광전총국으로부터 방송·TV 프로그램 제작 및 발행 허가를 취득해, 영화 외에도 드라마·예능·라디오·게임 콘텐츠의 제작과 유통이 가능해졌다. 현재 캐릭터 상표 30여 종, 3D 모델 저작권 150여 건을 등록하며 IP 확장 기반을 구축하고 있다.

향후 전략의 핵심은 '제작–발행–IP 파생 상품'으로 이어지는 일관된 수직 구조의 완성이다. 회사는 2026년 상반기 〈나타 3〉의 프리프로덕션에 착수하는 한편, 〈아오빙전(敖丙传)〉 스핀오프 영화와 시즌제 TV 애니메이션을 동시에 기획 중이다. 또한 캐릭터 상품, 테마파크, 게임 연동을 통해 연간 1,000억 원 규모의 IP 수익화를 목표로 하고 있으며, 청두 외에 포산(佛山)에 약 2만㎡ 규모의 신규 콘텐츠 스튜디오를 2027년까지 추가로 구축할 계획이다.

청두 코커더우는 중국 정부의 문화산업 진흥 정책과 연계해 베이징·톈진·허베이, 장강삼각주, 주강삼각주를 잇는 애니메이션 산업 클러스터 조성에도 참여하고 있다. 단일 흥행작 제작사를 넘어, 중국을 대표하는 3D 애니메이션 IP 보유 기업이자 글로벌 애니메이션 스튜디오로의 도약을 준비하고 있다.

6 청위 지역 고등교육기관 혁신 창업 환경

(1) 충칭대학교 국가과학기술단지

1) 창업기지 기본 상황

[그림 Ⅳ-18] 충칭대학교 국가과학기술단지

(출처: 충칭대학교 국가과학기술단지, 바이두)

충칭대학교 학생과학기술창업실습기지는 창업 플랫폼 구축, 학생들의 혁신 창업 정신 육성, 창업 능력 향상을 중점으로 대학생의 성공적인 창업을 촉진하기 위한 교육 패러다임 및 창업 프로젝트의 운영, 관리 패러다임과 메커니즘을 단계적으로 모색하여 창업 교육, 지도와 서비스 체계를 부단히 완비하고 창업 성공률을 향상하며 학생 취업 통로를 넓히고 학교 과학기술 성과 전환을 촉진하며 지역 경제 발전을 추진한다.

학교는 산하에 '충칭대학교 과학기술창업양성센터'를 두었는데 취업 지도 과정 및 전공과목을 통하여 교육과정 중에 혁신, 창업 내용을 융합하여 학생들에게 창업 이념을 주입하고 창업 이론 지식을 해석하며 창업 실무 조작 기능을 가르치고 자신의 종합 소질을 전면적으로 향상해 창업의 기초를 닦도록 한다. 별도로 학생 과학기술 창업 실습기지를 설치했는데 충칭대학교의 기업 자원, 플랫폼 자원을 이용하여 기존의 혁신 창업 플랫폼을 통합하여 창업 서비스 체계를 보완함으로써 전문화된 과학기술 창업 기지를 형성하는 것을 주요 업무 내용으로 삼고 있다.

2) 창업기지 지원 정책

(1) 창업 교육: 창업기지는 우수 기업가, 관리 전문가, 중개 기관 책임자 등이 모여 충칭대학교 내에서 창업을 지도하는 선택 수료 과목을 개설하거나 또는 정기적으로 창업 관련 과외 활동을 전개하여 학생들에게 창업 이념을 심어주고 창업 이론 지식을 해석하며 창업 실무 운영 기능을 가르치고 전면적으로 학생들 자신의 창업 종합 자질을 향상해 창업의 기초를 닦는다. 2024년부터 AI·빅데이터 활용 창업 전략 교육이 필수 커리큘럼으로 추가되었으며, 중한 청년 창업 포럼과의 연계를 통한 실전 사례 분석 비중이 40% 증가했다.

(2) 창업 실천: '커후이컵(科慧杯)' 대학원생의 혁신, 창업 대회를 개최하여 창업팀을 발굴하고 창업 프로그램을 육성하며 창업 기업을 인큐베이팅한다. 대학원, 시(市) 과학기술위원회 생산력과의 연합을 통해 센터 및 관련 기업이 매년마다 '커후이컵' 대학원생 창업계획대회를 진행하도록 장려하는데 한편으로는 대학생들이 창업 실천을 할 수가 있고 다른 한 편

으로는 해당 과정을 통해 우수한 창업 아이템을 선별하여 중점적으로 육성할 수 있다.

(3) 창업 서비스: 창업기지는 대학교 과학기술단지의 '원스톱' 종합 서비스 플랫폼을 활용하여 창업 대학생들을 위한 기업들에 상공, 세무, 재무 등 분야의 종합적인 서비스를 제공한다. 동시에 대학교 과학기술단지의 단지 기능을 활용하여 창업 기업이 국가 각 부처 및 충칭시의 관련 특별자금 지원과 '쌍고(双高), 쌍연(双软)' 기업 인정을 신고하는 것을 지도 및 조직한다.

(4) 창업 지도: 창업기지는 단지 내의 우수 기업인들을 대학생 창업 멘토로 초빙하여 대학생 창업자들을 위해 다양한 창업 멘토링을 제공하고 창업자들이 국가 관련 특혜 정책을 운용하도록 지도하여 중국 사회주의 시장경제 환경을 익히고 창업자의 관리 수준과 자금 운용 능력을 향상해 창업자의 성장을 촉진하도록 한다.

(2) 쓰촨대학교 국가과학기술단지

1) '1234백(佰)' 패러다임

쓰촨대학교 과학기술단지는 다년간의 실천과 탐색을 거쳐 전문적인 고효율 서비스 이념을 가지고 '1234백(1234佰)' 인큐베이팅 서비스 뉴패러다임([그림 Ⅳ-19]과 같음)을 형성했다. 1개의 플랫폼, 2륜 구동, 3개의 새로운 돌파, 4개 사슬의 융합, 백가부능(百家赋能)이다.

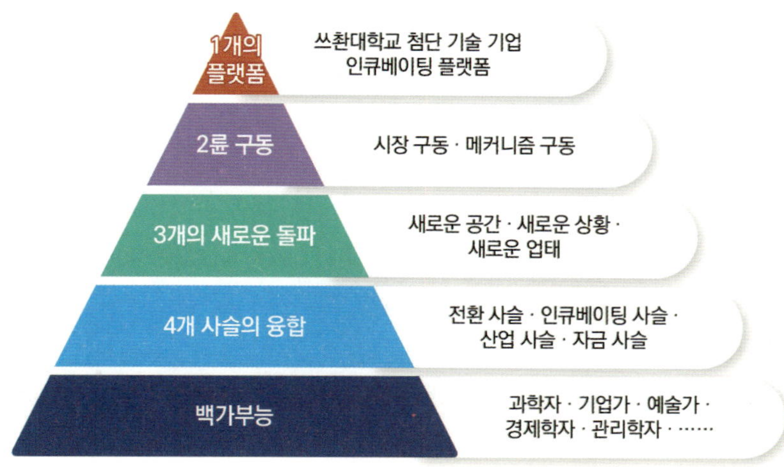

[그림 Ⅳ-19] 쓰촨대학교 과학기술단지 창업혁신 생태 피라미드

(출처: 쓰촨대학교 과학기술단지)

쓰촨대학교 과학기술단지는 쓰촨대학교 국가 창업혁신 시범기지-첨단 기술 기업 인큐베이팅 플랫폼을 기반으로, 인큐베이팅 기업의 실제 수요를 인큐베이팅 서비스가 직면한 시장으로 간주하며 아울러 내·외부 인센티브 시스템을 총괄하고 인큐베이팅 서비스팀의 내부 활력과 제3자 등 협력 기관의 서비스 동력을 활성화하고 시장과 메커니즘의 2륜(两轮) 구동을 실현한다.

2) 첨단기술 기업 인큐베이팅 플랫폼

[그림 Ⅳ-20] 쓰촨대학교 첨단기술 기업 인큐베이팅 플랫폼

(출처: 쓰촨대학교 과학기술단지)

쓰촨대학교 첨단기술 기업 인큐베이팅 플랫폼은 2018년 연말에 건설되었으며 첨단인재 창업 기업 인큐베이팅 구역, 글로벌 청년 대학생 창업 기업 인큐베이팅 구역, 과학기술 성과 거래 서비스 구역과 공공 창업 서비스 구역을 포함한 고품질 과학혁신 공간으로 행정 서비스 플랫폼, 투융자 서비스 플랫폼, 인터넷 + 공유 서비스 플랫폼과 경영 효율화 서비스 체계를 구축했다. 쓰촨대학교 첨단기술 기업 인큐베이팅 플랫폼은 구축 비용이 낮고 편리한 개방식 인터넷 + 공유 서비스 플랫폼이다. C-Fab Lab[78], 사물인터넷 응용 클라우드 플랫폼, 인터넷 지능로봇 시스템 등을 포함하며 기업의 디지털 제조, 전기제품 연구 개발 및 테스트, 서버 및 네트워크 정보, 원격회의 등의 수요를 충족시킨다.

78) C-Fab Lab: 쓰촨대학교 과학기술단지에서 지도하는 학생 동아리.

3) 과학기술 성과 전환 유도

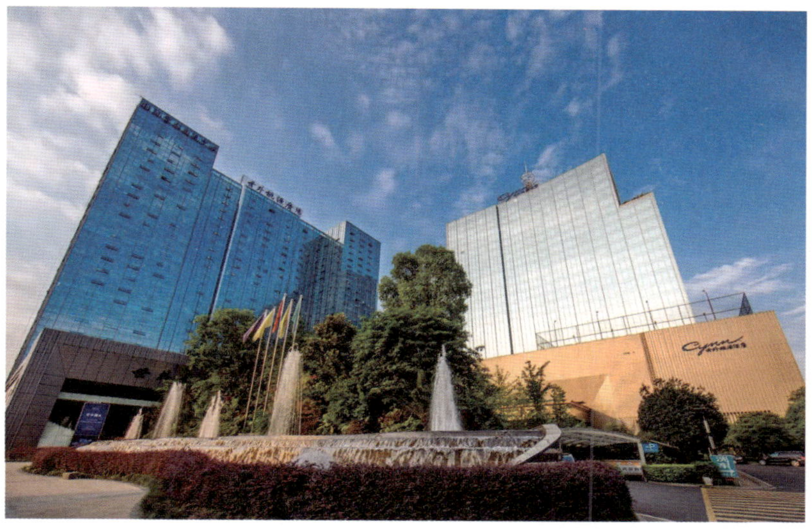

[그림 Ⅳ-21] 쓰촨대학교·우후구(武侯区) 협동 혁신 창업 인큐베이터

(출처: 쓰촨대학교 과학기술단지)

2017년 쓰촨대학교 과학기술단지는 지방 정부와 함께 5000㎡에 달하는 '쓰촨대학교·우후구(武侯区) 협동 혁신 창업 인큐베이터'를 건설했으며 우후구 관련 직능 부문의 매개체 건설, 정무 서비스, 정책 지원 및 쓰촨대학교가 학술 연구, 인재 배양, 혁신 창업 실천 등 분야에서의 우위를 살려 쓰촨대학교 교수 및 연구진의 기술 성과 전환을 유도하고 있다.

4) 혁신 창업 건설 지원

'창업서부·유재쌍성(创业西部·留在双城)' 청위 지역의 쌍성(双城) 경제권 유학생 혁신 창업대회는 촨위 두 지역의 인적자원 및 사회보장부, 교육부에서 2020년에 공동 모색하여 론칭한 신생 국제화 브랜드 행사로서 지금까지 이미 2회 차 개최되었다. 촨위 두 지역의 유학 귀국자와 외국 유학생들이 전문성과 글로벌한 아이디어 등 독특한 장점을 살려 국가 중점 전략에 적극 접목하여 청위 지역 쌍성 경제권 건설을 위해 강인한 인재 보장을 제공하는 것에 목적을 둔다.

V

장강중류 지역 과학기술 혁신 발전 보고

1 장강중류 지역 역사적 배경

장강중류 지역은 중국 역사에서 중요한 문화와 경제 중심지로, 수천 년 간의 역사를 통해 독특한 발전을 이루었다. 고대부터 현대까지 다양한 문화와 사회 변천이 이어져 중국 전통 문화와 근현대 발전의 중요한 축으로 자리 잡았다.

(1) 문명의 발상과 전통 문화의 성장

고대 시기에 장강중류 지역은 중국 신석기 문화의 핵심 지역으로서 중요한 역할을 하였다. 굴가령(屈家岭) 문화는 강력한 문화적 영향력을 보이며, 벼 재배 기술과 세련된 도기 제작 공예로 유명하다. 이 시기에 제작된 도기들은 독특한 문양과 형태로, 당시 생활 문화와 예술 감각을 반영하고 있다.

주나라 시대에는 초나라가 장강중류를 기반으로 발전해 중국 남방의 강력한 국가로 성장했다. 초문화는 독특한 철학, 예술, 문학으로 표현되는데, 대표적인 문학 작품인 '초가(楚辞)'는 중국 문학사에서 중요한 자리를 차지했다. 또한 초나라는 철기 제작 기술과 청동기 공예에서 뛰어난 수준을 보여주었으며, 이는 현재 발굴된 증후을편종(曾侯乙编钟)과 같은 유물을 통해 확인할 수 있다.

(2) 경제 중심지로서의 부상

당나라와 송나라 시기에 장강중류 지역은 '천하식량창고(天下粮仓)'로 불릴 만큼 곡물 생산의 중요한 지역으로 자리 잡았다. 동정호(洞庭湖)와 발양호(鄱阳湖) 주변의 전지 개발로 농업 생산이 급증했으며, 이로 인해 상업과 교통도 활성화되었다. 특히 우한 지역은 수상교통의 요지로서 중요한 상업 도시로 발전해, 국내외 상인들이 모여 활기찬 상권이 조성되었다.

명나라와 원나라 시대에는 행성 제도가 도입되면서 장강중류 지역은 호광행성(湖广行省)과 강서행성(江西行省)으로 체계화되었다. 이 기간 동안 강서첨호광(江西填湖广) 인구 이동 운동으로 강서 지역의 많은 사람들이 호북과 호남으로 이주해 토지 개발과 경제 발전에 기여하였다. 이로 인해 한구(汉口)는 '사대명진(四大名镇)' 중 하나로서 상업과 공예의 중심지로 떠올랐다.

(3) 변혁과 발전

청나라 후기부터는 외국 세력의 개입과 근대화 추세에 따라 장강중류 지역도 많은 변화를 겪었다. 1861년 한구개항(汉口开港)으로 외국 상인들이 유입되면서 근대적인 산업과 상업이 발전하기 시작하였다. 그리고 1911년 무창기의(武昌起义)로 시작된 신해혁명은 중국 역사의 전환점이 되었으며, 이 역사적 사건은 장강중류 지역에서 일어났다.

중화인민공화국 시대에 들어서면서 장강중류 지역은 대규모 수리 공사와 개발 프로젝트를 통해 새로운 발전 단계에 접어들었다. 싼샤댐(三峡大坝) 건설은 전력 생산과 홍수 방지에 크게 기여했으며, 동시에 지역 경제 발전과 관광 산업 확대에도 긍정적인 영향을 미쳤다. 최근에는 중부각기전략(中部崛起战略)으로 우한 도시군과 장주담(长株潭) 도시군이 중국 내수 시장에서 중요한 위치를 차지하고 있으며, 정보기술, 제조업, 문화산업 등 다양한 분야에서 활발한 발전을 보이고 있다.

(4) 문화유산과 현대 가치

장강중류 지역은 수천 년간의 역사를 통해 다양한 문화유산을 보유하고 있다. 고대 유적, 전통 공예, 문학 작품 등은 현대 사회에서도 중요한 문화적 자산으로 여겨지며, 이는 관광 산업과 문화유산 보호 분야에서도 큰 가치를 지니고 있다. 특히 초문화(楚文化)는 중국 전통 문화의 중요한 구성 요소로, 현재 많은 학자들이 연구하고 있으며, 전통 예술, 철학, 문학 등 다양한 분야에 영향을 미치고 있다.

현대 사회에서 장강중류 지역은 역사와 전통을 바탕으로 지속 가능한 발전을 추구하고 있다. 문화유산 보호와 함께 새로운 기술과 산업 발전을 병행하는 노력으로, 과거의 전통과 미래의 발전이 어우러진 지역으로 성장하고 있다.

2 장강중류 지역 기초 배경

(1) 장강 경제벨트의 중심지

[그림 V-1] 장강중류(长江中游) 지도

(출처: 바이두)

2024년, 장강중류 3개 성(후베이, 후난, 장시)의 총 GDP는 약 14조 위안으로, 중국 전체 GDP의 10.9%를 차지했다. 장강 경제벨트의 중추 지역으로, 제조업(자동차, 중장비), 농업(쌀, 담수산업), 첨단 산업(반도체, 신에너지)이 균형 있게 발전하고 있다. 주요 도시별로는 우한이 약 3.6조 위안의 GDP로 후베이성 GDP의 36%를 차지하고 있으며, 창사와 난창 지역 또한 각각 2.2조 위안, 7,800억 위안의 GDP를 점유하고 있다. 특히 이 지역의 제조업 비중은 40%로 전국 평균 35%를 상회하며, 우한의 자동차 산업은 연간 200만 대 생산량을 기록하고 있다. 2024년을 맞아 장강중류 3개 성은 5.5~6%의 GDP 성장률 목표를 설정했는데, 이는 전국 평균 목표치(5%)를 뛰어넘는 수치이다. 이 같은 높은 목표 설정은 지역 내 첨단 제조업과 신에너지 산업의 지속적인 성장세, 정부의 적극적인 투자 유치 정책, 그리고 내수 시장 확대에 대한 기대감을 반영한 것이다. 그중에서도 우한을 중심으로 한 반도체 클러스터와 창사의 AI 산업단지, 장시성의 녹색 에너지 프로젝트 등이 지역 경제 성장을 견인할 주요 동력으로 꼽히고 있다.

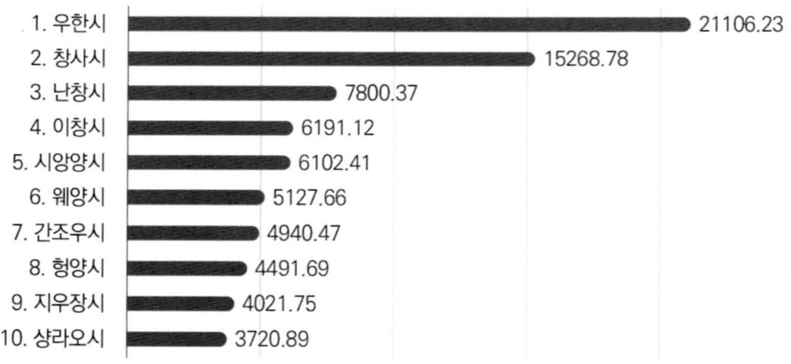

[그림 V-2] 2024년 장강중류 주요 도시별 GDP(단위: 억 위안)

(2) 장강의 가교 도시

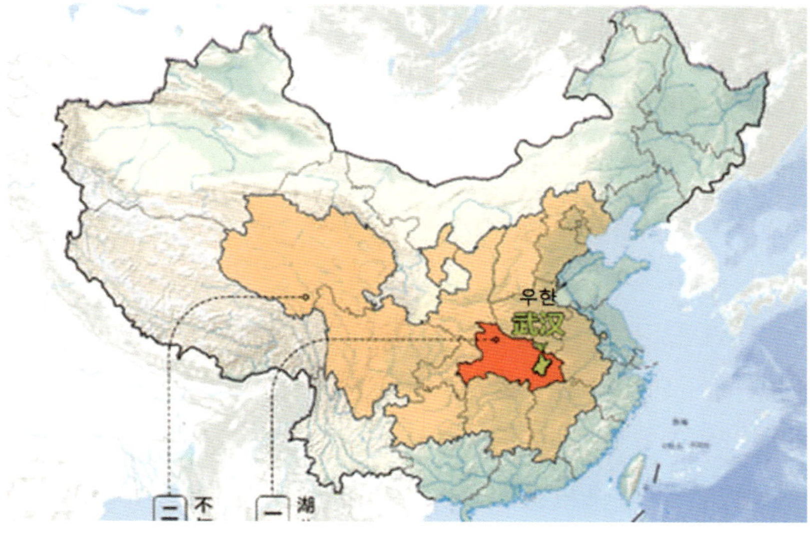

[그림 V-3] 우한 지도

(출처: 바이두)

우한은 '중국의 중심(中国之心)'으로 불리며, 양쯔강 수운과 고속철도가 교차하는 전략적 요충지로서 베이징·상하이 등 주요 도시와의 거리가 고속철도 기준 약 4시간 내외로 연결되어 물류와 교통의 핵심 허브 역할을 하고 있다. 충칭·쓰촨 등 상류 지역의 자원·에너지, 우한·창사 등 중류의 제조업, 그리고 상하이·장쑤 등 하류의 금융·무역이 장강중류를 중심으로 긴밀하게 연계되며, 특히 우한은 상하이에서 서쪽으로 4시간, 베이징에서 남쪽으로 4시간 거리에 위치해 동서남북을 아우르는 물류 중심지로서 입지를 공고히 하고 있다. 또한 장강중류는 상하이에서 내륙으로 진출하는 물류의 관문이자 생태 복원 프로젝트의 중간 관리 구간으로서, 우한을 중심으로 한 4시간 경제권이 중국 내륙과 연해 지역의 균형 발전을 이끄는 동력으로 작용하고 있다.

(3) 경제 협력 촉진

최근 동부 연해 지역(광둥·저장)의 노동집약적 산업이 장강중류로 점진적인 이전을 진행하고 있다. 2024년, 5,400여 개의 기업이 광둥성, 베이징, 상하이 등 도시에서 우한으로 이전했으며, 후난성은 4,200여 개의 고장비·전자정보 등 첨단기업 유치에 성공하였다. 또한, 후난성 창사에 광둥-후난 협력 산업단지가 조성되어 양 지역 간의 산업 연계를 강화하고 있다. 이러한 산업 이전과 협력 확대에 힘입어 2024년 장강중류 후베이성, 후난성, 장시성의 대외 무역액은 각각 7058억 위안, 5636억 위안, 4707억 위안을 돌파했고 그중 후베이성은 전년 대비 9.6%의 증가를 보였다.

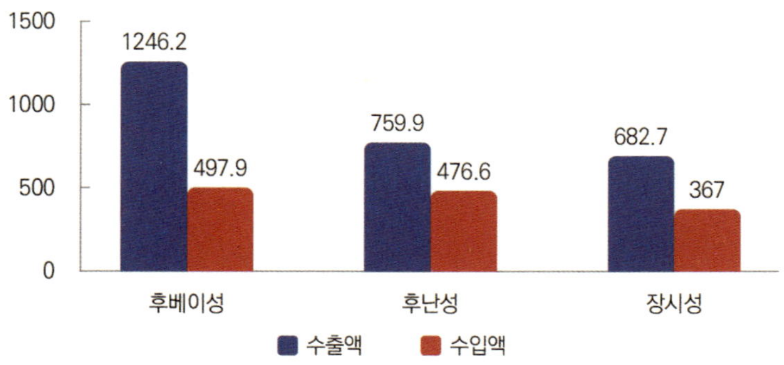

[그림 V-4] 2025년 1분기 장강중류 주요 성 수출입 총액(단위: 억 위안)

(출처: 중화인민공화국중앙인민정부, 장시성 통계국)

인프라 측면에서는 교통 및 물류 네트워크 확충이 활발히 진행되고 있다. 우한-광저우, 창사-선전 등 연해 도시와의 고속도로·철도 연결을 통해 3시간 경제권을 구축하였다. 또한 금융 분야에서는 상하이·선전과의 크로스보더 결제 시스템 도입을 통해 외자 유치를 확대하고 있으며, 이는 장강중류의 금융 인프라를 한층 더 고도화하는 계기가 되고 있다.

[그림 V-5] 우한-광저우 고속철도

(출처: 바이두 바이커)

이러한 인프라 투자와 협력 강화는 장강중류가 내륙과 연해를 잇는 핵심 경제 허브로 자리매김하는 데 기여하고 있으며, 향후 더 많은 기업 유치와 경제 성장을 이끌 것으로 기대된다. 특히 우한을 중심으로 한 물류 인프라와 창사의 산업단지는 지역 간 협력의 중심지로서 역할을 수행하며, 장강중류의 경쟁력을 지속적으로 높여나갈 전망이다.

(4) 정부 지원 정책

1) 세제 혜택과 재정 지원

중국 정부는 첨단기술 기업에 일반 법인세율(25%) 대비 혜택인 15%의 특별 법인세율을 적용하고 있다. 2023년 후베이성은 중소기업 및 첨단기업을 대상으로 총 1,200억 위안 규모의 세제 감면 정책을 시행했다. 이는 지역 경제 활성화와 기업 경쟁력 강화를 위해 추진된 주요 지원 정책의 일환으로, 해당 연도 지역 내 기업 부담 완화에 크게 기여했다. 특히 우한을 중심으로 한 광곡 과학기술 단지 입주 기업들이 이러한 세제 혜택의 주요 수혜자로 나타났다. 우한을 비롯한 장강중류에서는 기업의 연구 개발 비용에 대해 정부가 30~50%를 지원하고 있으며 특히 우한의 반도체 산업은 이러한 정책의 혜택을 크게 받으며 성장하고 있다.

2024년 우한 동후첨단산업개발구(东湖新技术开发区)의 연구 개발 투자 총액은 500억 위안을 기록했고, 이는 항저우, 쑤저우, 청두, 허페이 등 다른 고신기술 개발구를 앞지르는 수치이다. 이 지역에서 출원된 특허 건수는 1.6만 건에 달하는 등 기술 혁신의 중심지로 자리매김하고 있다. 대학생 및 청년 창업자들을 위해 무담보 대출과 초기 사무실 공간 제공 등의 지원 정책 또한 시행되고 있으며, 이는 청년들의 창업 진입 장벽을 낮추고 지역 내 스타트업 생태계를 활성화하기 위한 목적을 가지고 있다.

〈표 V-1〉 전국 가오신구별 2025년 1분기 투자총액 및 주요항목[79)]

가오신구 (高新区)	2025년 1분기 주요 투자항목 투자총액 (억 위안)	연구 개발 주요항목
우한 동후 (武汉东湖)	353.1	AI, 차세대 정보기술, 생물의학
항저우 빈장 (杭州滨江)	88	초저자장 의료기기, 데이터 거래 플랫폼
쑤저우 (苏州)	6	AI, 차세대 기술 혁신
허페이 (合肥)	114.7	신에너지, 반도체
청두 (成都)	178.5	전자정보, 생물의약, 항공우주

2) 정책의 전면적 적용

우한시는 인재 유치를 위해 호적 정책을 대폭 완화했다. 특히 중급 기술 인력부터 고학력자까지 폭넓은 계층을 대상으로 조건을 완화했는데, 중급 전문기술 인재나 고숙련 기능 인재의 경우 기존 1년 이상의 취업 조건을 없애 즉시 호적 신청이 가능해졌다. 또한 35세 미만 인재에게는 고졸 학력만으로도 호적을 허용하는 등 문턱을 크게 낮췄다. 지역별로는 황피구(黄陂区)가 박사에게 월 2,000위안, 석사 1,500위안, 학사 1,000위안의 생활비를 최대 3년간 지원하는 등 차별화된 인재 보조금 정책을 펼치고 있다. 기업 설립 지원 측면에서 우한은 행정 절차 간소화에 주력하고 있다. '일망통반[80)]' 시스템 도입으로 기업 설립에 소요되는 시간을 4시간으

79) 각 고신구의 관리위원회의 공개 통계 자료를 근거로 작성.

80) '일망통반(一网通办)'은 통합 데이터 공유 플랫폼과 행정 서비스 플랫폼을 기반으로, 각급 정부 부처와 다양한 업무 시스템에 분산되어 있는 행정 서비스 항목들을 표준화하여 통합한 시스템이다. 이를 통해 기업과 일반 시민들은 단일 접점(정부 웹사이트, 모바일 앱 또는 오프라인 통합 창구)을 통해 언제 어디

로 단축했으며, 기술형 중소기업의 경우 500만 위안 이하 자본금으로 설립할 때는 '초단기 승인' 제도를 운영한다. 특히 동후첨단산업개발구를 비롯한 21개 산업단지에서는 한 주소지에 최대 50개 기업이 클러스터로 등록할 수 있어 창업 초기 비용을 크게 절감할 수 있다.

창사시는 부동산 소유를 통한 호적 취득 시 '1가구 1주택' 원칙을 적용하며, 특히 자유무역구에 진출하는 박사·석사 인재에 대해서는 연령 제한을 완전히 철폐했다. 기업 설립 절차에서는 주소 요건을 강화해 주거용 주소 사용을 금지하는 대신, 은행 계좌 개설 등 부수적인 절차는 간소화했다.

두 도시 모두 세제 지원에도 적극적인데, 우한은 신규 소프트웨어 기업에 최대 5년간 법인세 감면 혜택을 주는 반면, 창사는 해외 시장 진출 기업에 최대 100만 위안의 전시회 지원금을 지급하는 등 산업 특성에 맞는 차별화된 지원을 하고 있다. 특히 창사시는 2025년 7월을 기점으로 '신청 없이 즉시 혜택' 시스템을 도입할 예정이다. 이 제도가 시행되면 기업들이 복잡한 절차 없이 자동으로 지원금이나 세제 혜택을 받을 수 있어 행정 편의성이 크게 개선될 전망이다.

이러한 정책들은 지역 간 경쟁을 넘어 상호 보완적인 관계로 발전하고 있다. 우한이 첨단기술 기업과 고급 인재 유치에 집중한다면, 창사는 무역과 해외 진출 지원에 중점을 두고 있어 장강중류 지역 전체의 경쟁력을 높이는 시너지 효과를 창출하고 있다. 두 도시 모두 인재와 기업 유치를 위한 정책 경쟁이 점차 고도화되는 추세이며, 이는 중국 내륙 지역의 발전 모델을 보여주는 대표적인 사례라고 할 수 있다.

서나 다양한 행정 서비스를 처리할 수 있으며, "한 번의 접속으로 모든 업무 해결"이라는 목표를 실현하고 있다.

3 장강중류 경제 발전 현황

(1) 경제 클러스터

[그림 V-6] 우한 광곡(光谷) 과학기술단지

(출처: 바이두)

우한의 '광곡(光谷)' 첨단기술 산업벨트는 반도체, 생물의약, 레이저 기술 분야를 중심으로 급성장하고 있다. 2024년 기준 이 지역에는 총 15만 2,000여 개의 기업이 입주해 전년 대비 2.9만여 개 증가했으며, 동후첨단산업개발구의 GDP는 약 3,200억 위안으로 우한 전체의 경제 성장에 약 50% 정도 기여하고 있다. 중국반도체산업협회에 따르면 우한의 반도체 산업은 2,400억 위안의 매출을 기록하며, 지역 경제의 핵심 동력으로 자리매김했다.

이러한 산업 클러스터의 성과는 2023년 장강중류 지역 첨단기술 산업 매출이 5조 위안을 돌파하며 전년 대비 12% 증가한 데서 잘 드러난다. 또한 R&D 투자 비중이 GDP의 3.2%로 전국 평균(2.5%)을 크게 웃도는 등, 이 지역이 중국의 혁신 중심지로 부상하고 있음을 보여준다.

특히 우한 광곡의 반도체, 창사의 AI, 난창의 항공우주 산업은 서로 연계되어 시너지를 창출하며, 장강중류를 중국 내륙 최대의 첨단 제조업 허브로 만들고 있다. 정부의 지속적인 R&D 지원과 인재 유치 정책이 이러한 성장을 뒷받침하고 있어, 향후 더 큰 발전이 기대되는 지역이다.

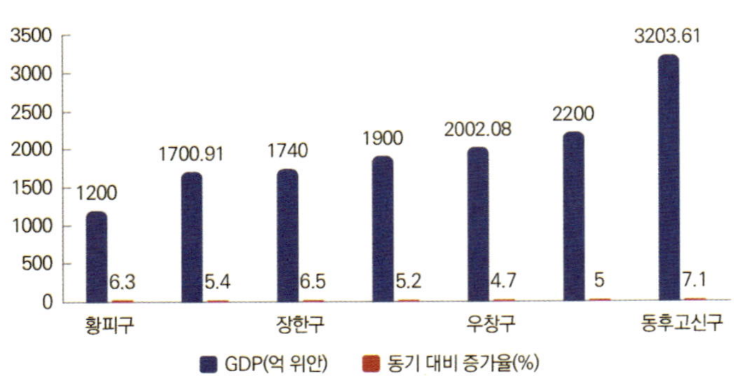

[그림 V-7] 2024년 우한시 주요 지역별 GDP 현황[81)]

(2) 내수 소비 활성화

중국 정부의 쌍순환 전략에 발맞춰 장강중류는 내수 시장 활성화를 위해 다양한 정책을 시행하며 두드러진 성과를 거두고 있다. 중국 정부는 2025년 중점 과제로 '소비와 투자의 효과적 결합'을 명시하며, 구매 교체

81) 각 구의 공개 통계 자료를 근거로 작성.

지원 자금을 1,500억 위안에서 3,000억 위안으로 대폭 확대해 가전·가구 등 대형 소비 업그레이드 분야를 적극 지원하고 있다. 현재 정책은 주로 구매 교체 프로그램과 고용 창출 및 소득 증대 방안 등 종합적 조치를 통해 농촌 지역의 소비 잠재력을 극대화하는 데 주력하고 있다.

이 같은 정부의 정책 지원에 힘입어 장강중류의 소비 동향 또한 지속적으로 상승세를 보이고 있으며, 지역 경제의 내수 기반이 더욱 공고해지고 있다. 국가 차원에서는 '내수, 특히 소비 분야의 단점 보완'을 주요 정책 방향으로 설정해 양중(两重)[82]정책과 양신(两新)[83]건설을 추진하며 경제적 시너지를 창출하고 있다. 특히 우한시는 장강중류 지역의 핵심 도시로서 대규모 상업 시설 확충을 통해 '전국적 통합 데이터 시장 육성' 정책에 부응하고 있으며, 전자상거래 플랫폼 발전 측면에서도 '크로스보더 전자상거래'를 핵심으로 하는 내외무 일체화 정책과 조화를 이루고 있다.

특히 신에너지차 분야에서 두드러진 성장을 보여 장강중류의 자동차 산업 중심지인 후난성의 2024년 신에너지차 생산 증가율은 전국 상위권을

82) '양중(两重)' 정책은 국가 중대 전략 실시와 중점 분야 안전 역량 건설을 중심으로 수립된 발전 정책 체계이다. 이 정책은 초장기 특별국채 발행을 통해 자금을 조달하며, 국가 의지를 반영하는 전략적 프로젝트를 중점적으로 지원한다. 2024년 《정부 업무 보고》 에서는 이러한 국채를 연속 발행해 '양중' 건설을 지원할 것을 명확히 했으며, 해당 연도 1조 위안 발행을 계획했고, 전 3/4분기 동안 누적 7520억 위안이 발행되었다. 2025년 1월 기준, 7000억 위안 국채 자금은 1465개 중대 프로젝트에 전액 투입되었으며, 양쯔강 연변 고속철도, 동북 지역 고표준 농토 건설, '쌍일류' 대학 인프라 업그레이드 등 중점 분야를 포괄한다.

83) '양신(两新)'은 신규 대규모 설비 갱신과 소비품 구매 교체를 추진하는 것을 의미한다. 2024년 2월, 시진핑 총서기는 신규 대규모 설비 갱신과 소비품 구매 교체를 장려·유도할 것을 제창했으며, 3월에는 국무원이 《대규모 설비 갱신 및 소비품 구매 교체 추진 행동 계획》 을 발표했다. 7월에는 국가발전개혁위원회와 재정부가 공동으로 《대규모 설비 갱신 및 소비품 구매 교체 지원 강화에 관한 여러 조치》 를 발행했다. 2025년 1월 3일, 국무원 신문판공실에서 '중국 경제 고품질 발전 성과'관련 일련의 기자회견을 개최했으며, 국가발전개혁위원회 관계 책임자는 2025년에 '양신' 정책 시행 범위를 확대·강화할 것임을 표명했다. 같은 해 1월 8일, 국가발전개혁위원회 소식에 따르면 2025년 초장기 특별국채 중 '양신' 지원을 위한 자금 규모는 2024년 대비 대폭 증가할 예정이며, '양신' 분야 중점 국가표준 이행 상황을 중앙 품질 감독 평가에 반영하는 방안을 연구 중이다.

기록했다. 이러한 성과는 정부의 적극적인 정책 지원과 더불어, 장강중류 지역이 전통적인 제조업 중심에서 내수 소비 중심의 경제 구조로 전환하고 있음을 보여주는 중요한 지표이다. 특히 우한과 창사를 중심으로 한 도시 소비 인프라 확충과 농촌 지역 소비 활성화 정책의 시너지 효과가 지역 내수 시장 성장을 이끌고 있다. 신에너지차 판매 증가는 지역 내 녹색 산업에 대한 소비자 신뢰가 높아지고 있음을 반영하며, 향후 내수 시장의 지속적인 성장이 기대되는 대목이다.

〈표 V-2〉 장강중류 신에너지차 지역별 생산량

지표	안후이성(安徽省)	후베이성(湖北省)	후난성(湖南省)	장시성(江西省)
2024년 신에너지차 생산량	168.4만 대	50.7만 대	77.1만 대	40만 대
동기 대비 증가율	94.5%	33%	38.3%	90.8%

(3) 교통 인프라

장강중류는 교통 인프라 확충을 통해 물류 효율성을 극대화하고 있으며, 주요 프로젝트들이 본격적인 성과를 내기 시작했다. 우선 철도 분야에서는 우한-광저우 고속철도가 3시간 10분 주파로 운영되며, 우한은 장강연안 고속철도와 베이징-주하이 고속철도 서부 노선 건설을 통해 허브 지위를 강화하고 있으며, 허페이는 허신(合新) 고속철도와 허치(合池) 성간 철도 프로젝트 등을 통해 8개 방향의 방사형 철도망을 완성하고 있다.

[그림 V-8] 우한 양뤄항(阳逻港)

(출처: 바이두)

우한 양뤄항(阳逻港)은 내륙 최대 컨테이너 허브로 성장해 상하이항과의 직결 운송 시스템을 운영 중이다. 양뤄항은 2022년 처음으로 컨테이너 처리량 200만 TEU를 돌파하며 장강 중·상류 지역 항구 중 최초로 이 기록을 달성했고 이후 2023년에는 230만 TEU를 처리하며 후베이성 전체 수출입 화물의 80%를 담당하는 등 꾸준한 성장세를 이어가고 있다. 특히 연평균 10% 이상의 성장률을 유지하며 2024년에는 238.1만 TEU를 기록했다. 양뤄항은 철도와 수운을 연계한 다중운송 시스템을 구축하며 연간 75만 TEU 처리 능력을 확보했고 이 시스템은 철도 작업구역에서만 40만 TEU를 처리할 수 있어 물류 효율을 크게 높였다. 또한 일본, 한국, 러시아 등 5개국으로의 근해 직항 노선과 장강 본·지선 23개 노선을 운영하며 국제적인 물류 네트워크를 확장하고 있다. 최근에는 자동화 크레인과 무인 트럭, 5G 기술을 도입해 하역 효율을 2배 이상 향상시켰다.

(4) 경제 발전 계획

1) '14.5' 실시 방안

장강중류는 중국 정부의 '14.5' 계획[84]에 따라 경제 성장과 도시 발전을 가속화하고 있다. 2023년 후베이성, 후난성, 장시성의 도시화율은 각 65.47%, 61.16%, 61.51%를 기록했으며 2025년 장강중류 전체 도시화율 목표치인 67% 달성을 위한 기반을 다져가고 있다. 특히 우한을 중심으로 추진 중인 '제조업IoT화' 프로젝트는 전통 제조업의 디지털 전환을 주도하고 있다. TCL 에어컨 우한공장은 5G와 IoT, 인공지능 기술을 융합해 8개의 완전 자동화된 생산라인을 구축했다. 이곳에서는 에어컨 한 대를 생산하는 데 걸리는 시간이 불과 8초에 불과하며, 전체 장비 자동화율이 81%에 달한다. 란투자동차(岚图汽车) 공장에서는 5G 기반의 유연 생산 시스템을 도입해 5가지 서로 다른 차종을 동일한 라인에서 생산할 수 있게 되었다. 이 시스템은 AGV 로봇이 필요한 부품을 정확한 위치로 운반해 주어 생산 효율을 40%나 끌어올렸다. 또한 자동화된 고층 창고 시스템을 도입한 기업들은 물류 처리 속도를 30% 이상 개선하는 성과를 거두었다.

84) 《중화인민공화국 국민경제와 사회발전 제14차 5개년 계획과 2035년 원경목표 강요》 (약칭 '14·5' 계획)에서 '14·5' 시기(2021-2025년) 경제사회발전 주요 목표는 다음과 같다: 경제 발전에서 새로운 성과를 거둔다; 개혁 개방에서 새로운 걸음을 내딛는다; 사회문명 정도에서 새로운 제고를 이룩한다; 생태문명 건설에서 새로운 진전을 실현한다; 민생복지에서 새로운 수준에 도달한다; 국가치리 효능에서 새로운 향상을 이룬다. 강요는 '사회주의 현대화 국가 전면 건설의 새로운 장을 열다', '혁신 주도 발전을 견지하고 발전 신우세를 전면적으로 조형하다', '현대 산업체계를 가속 발전시키고 실물경제 기반을 공고히 강화하다', '강대한 국내시장을 형성하고 새로운 발전 구도를 구축하다', '디지털화 발전을 가속하고 디지털 중국을 건설하다' 등 총 19편으로 구성된다. 2021년 3월 11일, 제13기 전국인대 4차 회의에서 국민경제와 사회발전 제14차 5개년 규획과 2035년 원경목표 강요에 관한 결의를 표결 통과시켰다.

[그림 V-9] 우한스마트팩토리 전시회

(출처: EXPOMOMENT)

2025년 10월에 개최된 우한스마트팩토리 전시회에서 머신 비전 기술이 적용된 AI 품질 검사 시스템이 선보인 이 시스템은 제품의 미세한 결함까지 실시간으로 식별해 불량률을 25%나 줄일 수 있다. 디지털 트윈 기술[85]을 활용한 가상 모델링 시스템도 주목받고 있는데, 이 기술을 도입한 우한코스코셔핑포츠부두유한공사(武汉中远海运港口码头有限公司)[86]는 현장 인력 필요를 70%나 줄이는 효과를 거두었다. 또한, 우한시 인민정부는 기업들의 디지털 전환을 지원하기 위해 연간 100억 원 규모의 컴퓨팅 파워 구매 지원금을 마련했으며, 산업용 AI 모델 개발 비용의 30%를 최대 5억 원까지 보조해 주고 있다. 이러한 지원 정책에 힘입어 현지 기업들은 에너지 사용 효율을 30%까지 높이고, 유지보수 비용을 20% 절감하는 등 실질적인 성과들을 내고 있다.

85) 디지털 트윈 기술은 물리적 모델, 센서, 운영 기록 등 다양한 데이터를 활용하여 다학제적·다물리량·다규모·다확률 시뮬레이션 과정을 통합함으로써, 가상공간에서 실물 장비의 전 생애주기를 재현하는 기술이다. 이는 현실을 초월한 개념으로서, 하나 이상의 핵심 장비 시스템이 상호 의존적으로 작동하는 디지털 매핑 시스템으로 이해될 수 있다.

86) 우한코스코셔핑포츠유한공사는 세계적인 항만 물류 서비스 기업으로 중국 연안 5대 항만 군 및 장강 중하류 유역, 유럽, 지중해, 중동, 동남아시아, 남미, 아프리카 등 전 세계에 항만 네트워크를 구축하고 있다.

[그림 V-10] 우한코스코셔핑부두유한공사 터미널

(출처: 湖北日报)

2) 내수 진작 투자 프로젝트

중국 정부는 장강중류의 내수 진작과 경제 활성화를 위해 대규모 인프라 및 산업 투자 프로젝트를 가속화하고 있다. 교통 인프라 분야에서는 양쯔강 수운 시스템 개선이 한창이다. 특히 2024년 9월 시작된 징강(荆江) 항로 정비 2단계 공사(총 2조 650억 원 규모)가 눈에 띄는데, 이 사업이 2025년 말 완료되면 5천 톤급 대형 선박이 연중 무휴로 우한에서 충칭까지 운항할 수 있게 되어, 장강중류 지역의 물류 효율이 크게 개선될 전망이다.

[그림 V-11] 징강(荆江)

(출처: 바이두)

도로망 확충 사업도 활발하다. 138억 위안 규모의 옌지장강 대교(燕矶长江大桥)가 2026년 완공되면 어저우(鄂州) 화후 공항과 황강(黄冈)시 간 이동 시간이 기존보다 크게 단축될 예정이다. 또한 우한과 이창(宜昌)을 잇는 고속철도가 2025년 말 개통하면 두 도시 간 이동 시간이 1시간으로 줄어들어 지역 간 교류가 더욱 활발해질 것으로 기대된다. 산업 발전 측면에서는 첨단 제조업 육성에 집중하고 있다. 우한, 창사, 난창을 중심으로 한 '장강중류 첨단 제조업 벨트' 조성 프로젝트가 대표적이다. 특히 이빈(宜宾)시에서는 70억 위안을 투입해 대규모 에너지 저장 산업단지를 건설 중이며, 이미 8개의 관련 기업이 30억 위안 규모의 투자 협약을 체결했다. 친환경 에너지 전환도 중요한 과제이다. 후베이성은 600억 위안 규모의 산업 펀드를 조성해 에너지 저장, 신에너지차, 드론 산업 등 미래 유망 산업을 적극 지원할 계획이다. 더 나아가 도시 재생 사업으로는 전국적으로 14만 ㎞에 달하는 도시 지하 관망을 개량하는 대형 프로젝트가 진행 중이며, 다칭(大庆)과 란저우(兰州) 등에서는 스마트 기술을 접목한 첨단 모니터링 시스템을 도입해 도시 기반시설의 안전성을 높이고 있다.

이러한 대규모 투자는 중국 정부의 8,000억 위안 특별 국채 발행으로 조달되며, 2025년 상반기 기준 이미 인프라 투자가 전년 대비 5.6% 증가하며 경제 회복을 주도하고 있다. 전문가들은 이번 투자 프로젝트들이 장강중류 지역을 중국 경제의 새로운 성장 거점으로 육성하는 동시에, 내수시장 활성화를 통한 경제의 선순환 구조를 만들 것이라고 평가하고 있다.

4 장강중류 지역 산업 현황

(1) 광학 산업

우한 광곡 과학기술단지의 광학 산업은 중국을 대표하는 첨단기술 클러스터로, 레이저 기술부터 광통신까지 다양한 분야에서 글로벌 경쟁력을 갖추고 있다. 2024년 우한 광곡의 광학 산업 규모는 7,566억 위안에 달하며, 이는 2020년보다 64.5% 성장한 수치이다. 그중, 광섬유 케이블 시장이 전체의 50% 이상을 차지한다.

[그림 V-12] 화공레이저(华工激光) 기업

(출처: 바이두)

우한 동후첨단산업개발구에 위치한 화공레이저(华工激光)는 글로벌 최고의 레이저 장비 및 스마트 제조 솔루션 공급업체로 성장하고 있으며 중국 레이저 산업화 응용의 선구자로 레이저 스마트 장비, 자동화 생산라인, 스마트 공장 구축 분야에서 활동하고 있다. 화공레이저는 국내 최초로 3D

5축 레이저 절단기를 개발하고 2024년 초고속 레이저 기술을 칩 패키징에 적용하는 기술을 선보이는 등 장강중류 지역을 포함한 화중(华中) 지역 레이저 산업에 크게 기여했다. 화중 지역 레이저 산업 생산액은 235억~250억 위안을 기록했으며 광섬유 레이저 국산화율은 86.2%에 다다랐다. 화공레이저는 창장직업학원과 협력해 현장 엔지니어를 양성하고 화중과학기술대학교 기술 기반으로 60여 개의 기술을 국내 최초로 개발했다. 우한을 포함한 중국 장강중류 지역에서는 2024년에만 22,276건의 광학 관련 특허가 중국 전체에서 출원되었다.

향후 AR/VR 기기와 자율주행차의 수요 증가로 광학 센서 시장이 확대될 것으로 예상되며, 2025년까지 연평균 12% 성장이 전망된다. 우한 광곡은 단순한 산업 단지를 넘어 중국 광학 기술의 심장부로서, 혁신적인 기술 개발과 글로벌 시장 공략을 통해 지속적인 성장을 이어갈 것으로 보인다.

(2) 반도체 산업

[그림 V-13] YMTC양즈메모리(长江存储)기업

(출처: 바이두)

우한 동후첨단산업개발구에 위치한 YMTC는 2016년 7월 칭화유니그룹 주도로 설립된 낸드 플래시 메모리 전문 기업으로, 국가IC산업펀드(약 20조 원 규모)와 우한시 정부의 지원을 받고 있다. 2024년 기준 총 투자액은 1,500억 위안에 달하며 우한시에 3개의 대규모 생산라인을 운영하고 있다. 주요 성과로는 2020년 세계 최초 128단 3D NAND 개발을 시작으로, 2024년 232단 3D NAND 기술을 발표하며 글로벌 경쟁력을 확보했다. YMTC는 반도체 제조 공정 기술을 개발하는 데 주력하여, XStack 4.0기술을 개발하고 있다. XStack 4.0기술은 YMTC가 3D NAND 플래시 메모리의 저밀도 저장 영역을 개선하는 데 도움이 될 것이다. 현재 NAND 플래시 메모리 글로벌 시장점유율은 꾸준히 증가하여 6~7% 수준으로 파악된다.

[그림 V-14] XMC기업

(출처: 바이두)

XMC는 2006년 설립된 중국의 대표적인 12인치 웨이퍼 전문 파운드리 기업이다. 본사는 우한 동호첨단산업개발구에 위치하고 있으며, YMTC의 자회사로(68.19% 지분 보유) 3D 집적 기술과 특수 메모리 분야에서 두각을 나타내고 있다. NOR Flash 제품 제조업체로 기술 노드는 65nm에서 50nm까지 다양하며, 자체 개발한 50nm 기술 플랫폼은 업계 최고의 저장 밀도를 가지고 있다. 주로 소비자 전자제품, 컴퓨터, 산업 제어 등 분야에 사용된다. 2024년에는 고대역폭 메모리(HBM) 개발 프로젝트를 시작으로 3D 패키징 기술 연구에 착수했으며, RF-SOI 및 CIS 이미지 센서 분야에서도 기술적 우위를 확보하고 있다. 주요 고객사로는 보쉬, 콘티넨탈 등 글로벌 자동차 전자 기업을 비롯해 다양한 산업용 및 소비전자 업체들이 포함되어 있다. 최근 2025년 7월에는 반도체 기판 구조를 개선한 신형 메모리 관련 특허를 출원하는 등 기술 혁신을 지속하고 있다. 특히 3기 프로젝트가 완료되면 월 생산량이 30만 장 규모로 확대되어 3D NAND와 고급 패키징 시장에서의 입지를 더욱 공고히 할 전망이다.

1,717건에 달하는 방대한 특허 포트폴리오를 바탕으로 공정·장비·설계 전주기를 아우르는 기술력을 보유한 XMC는 중국 내 12인치 특수 공정 파운드리 분야를 선도하며 중고급 반도체의 국산화에 기여하고 있다. 2024년 STAR 시장[87] 상장을 통해 480억 위안의 자금을 조달해 생산라인 확장과 연구 개발을 가속화할 계획이다.

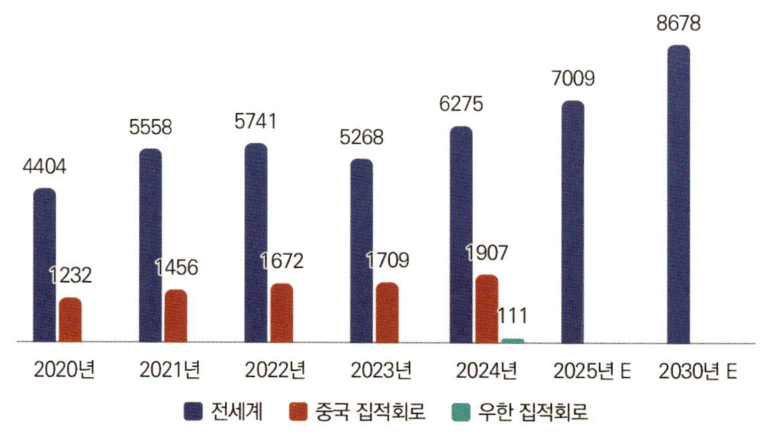

[그림 V-15] 반도체 산업 규모(단위: 억 달러)

(출처: 세계반도체무역통계기구(WSTS), 중국반도체산업협회(中国半导体行业协会))

(3) 자동차 산업

우한시는 중국 자동차 산업의 핵심 허브로, 중국 3대 자동차 그룹 중 하나인 둥펑(东风)자동차의 본거지이다. 2024년 기준 약 188만 대의 생산

87) 과학기술혁신판(STAR Market)은 2018년 11월 5일 제1회 중국 국제수입박람회(CIIE) 개막식에서 시진핑 주석이 설립을 발표한 새로운 주식시장으로, 기존 주판(主板)과 독립적으로 운영되며 이 시장에서 등록제를 시범적으로 시행하고 있다.

능력을 보유하고 있으며, 주요 생산 차종으로는 전국 생산량의 10.8%를 차지하는 트럭·버스 등 상용차와 혼다·닛산과의 합작 승용차가 주력이다. 이 지역에는 500여 개의 자동차 부품사가 집적되어 완성차와 부품 산업 생태계가 잘 구축되어 있다. 2025년 둥펑자동차는 전체 판매량을 300만 대 수준으로 회복시키고(320만 대 도전 목표), 그중 신에너지 차량 판매량을 고품질 성장으로 100만 대를 돌파하며, 해외 수출량을 50만 대로 끌어올리는 데 주력할 계획이다.

[그림 V-16] BYD기업

(출처: 바이두)

우한의 전기차 산업도 빠르게 성장하고 있다. 2024년 후베이성의 전기차 생산량은 50만 대를 넘었으며, BYD 우한 공장은 연간 60만 대 규모의 전기차 생산 체계 구축을 완료하였다. BYD의 2025년 1~5월 누적 판매량은 약 162.9만 대로 국내 브랜드 1위를 달성했고 유럽에서는 원(元)플러스가 전기 SUV 부문 3개월 연속 판매 1위를 차지했다. 2024년 BYD는 중국 내 전기차 시장 34.6%의 높은 점유율을 보이고 있으며 동시에 글로벌 시장의 21.1%를 차지해 업계 1위를 달성했다. BYD는 음극 금속 증착 기술로 3,000회 충방해도 용량이 92%가 유지되는 아연 이온 배터리 특허를 출시하고 "천신의 눈(天神之眼)" 자율주행 시스템을 도입하는 등 여러 핵심 기술의 혁신은 선보이며 전 세계 88개국에 진출했다.

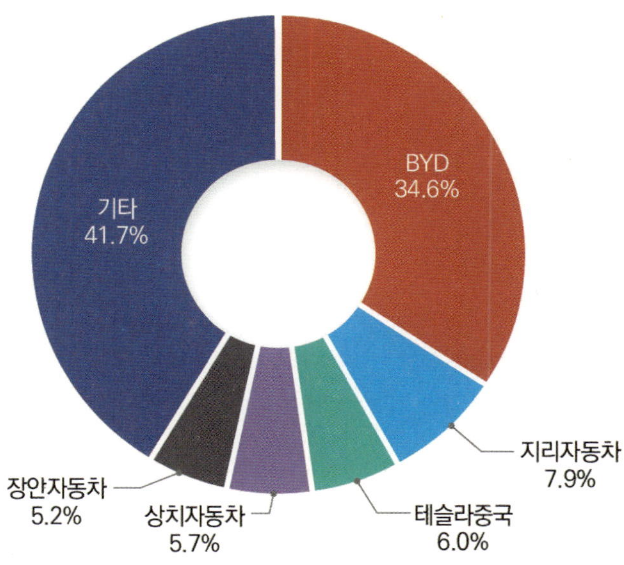

[그림 V-17] 2024년 중국 신에너지 자동차 기업별 점유율

〈표 V-3〉 2025년 상반기 중국 신에너지 자동차 판매량

2025년 상반기 중국 신에너지 자동차 판매량				
순위	기업	판매량(대)	동기 대비 증가율	연간 판매 목표
1	BYD	2145954	33%	550만
2	지리(吉利)자동차	725151	126%	150만
3	링파오(零跑)자동차	221664	155.7%	50만
4	홍멍(鸿蒙)자동차	204172	5%	100만
5	리상(理想)자동차	203938	7.9%	64만
6	샤오펑(小鹏)자동차	197189	279%	38만
7	창청(长城)자동차	160414	21%	-
8	광치아이안(广汽埃安)	152264	-14%	-
9	샤오미(小米)	150000+	477%	35만
10	션란(深蓝)자동차	143236	71%	50만
11	웨라이(蔚来)자동차	114150	31%	44.4만
12	지커(极氪)자동차	90740	3%	32만
13	아웨타(阿维塔)자동차	59084	104%	22만
14	란투(岚图)자동차	48115	58%	20만

우한 경제개발구에는 160㎢ 규모의 자율주행 시험구역이 마련되어 있으며, 5G-V2X(차량통신) 인프라가 전 구간에 설치되어 있다. 운영 규모 측면에서는 상시 운행 중인 자율주행 차량이 200대를 넘어섰으며, 누적 주문 건수 250만 건과 이용자 수 330만 명을 돌파하는 등의 성과를 보였다. 특히 중부 지역 최초로 전 차종(버스, 택시, 물류차 등)에 걸쳐 전 구역에서 완전 무인 상용화를 달성한 점이 주목받고 있다. 둥펑, 바이두, 포니ai(小马智行) 등 글로벌 자율주행 기업들을 유치해 기술 개발부터 실제 적용에 이르는 산업 생태계를 구축함으로써 미래 모빌리티 산업의 중심지로 자리매김했다.

[그림 V-18] 우한 경제기술개발구

(출처: 바이두)

(4) 주요 미래 산업

1) 항공우주 산업

[그림 V-19] 난창항공성(南昌航空城)

(출처: 바이두)

난창시[88]는 2025년까지 항공 산업 매출 1,500억 위안 달성을 목표로 하고 있으며, 이 중 항공 제조 부문이 600억 위안을 차지해 전성 1위 및 중부 지역 선두를 달성할 계획이다. 이를 위해 매출 300억 위안 이상의 대표 기업 1개(예: 홍두항공(洪都航空)[89]), 50억 위안 이상 제조 기업 3개 이상, 10억 위안 이상 기업 10개 이상을 육성할 예정이다.

핵심 산업 배치 측면에서는 난창 항공도시(야오후 단지)[90]를 중심으로 발전을 추진하고 있다. 이 지역은 중국 최대 규모의 항공 산업 집적지로, 미국 시애틀, 프랑스 툴루즈와 비교될 정도로 중요한 허브로 자리매김하고 있다. 주요 프로젝트로는 중국 상페이(商飞)[91]의 장시 생산 시험 비행 센터, 필라투스 완성 인도 센터, 장시 상용 항공 엔진 프로젝트 등이 진행 중이다. 또한 중국항공공업그룹(中国航空工业集团), 중국항발그룹(中国航空发动机集团), 중국상페이(中国商飞) 등 3대 국영 기업이 모두 입주한 유일한 지역으로 산업 경쟁력 강화에 힘쓰고 있다.

---

88) 난창시(南昌市)는 장시성(江西省) 관할 지급시이자 성도이며, 장시성 중부 북쪽에 자리 잡고 간장(赣江), 푸허(抚河) 하류와 포양호(鄱阳湖) 서남안에 접해 있다.

89) 홍두항공은 홍두항공공업집단유한책임공사(이하 홍두항공사)를 핵심 기업으로 구성된 대형 기업 집단이다. 그 전신은 난창비행제조공사로, 과거 국영 홍두기계창으로 불렸으며 1951년에 설립되었고 국가 "1차 5개년 계획"의 156개 중점 프로젝트 중 하나였다. 중국의 훈련기, 공격기, 농림용 항공기, 해방 제품, 프로젝틸 직기, 오토바이 및 엔진 생산 기지이며, 항공 제품과 기전 제품의 연구, 생산, 경영을 통합한 하이테크 기업 집단이다.

90) 난창항공도시(南昌航空城)는 난창시 5대 도시 그룹 중 하나인 야오후 그룹(瑶湖组团)의 일부로, 해당 도시의 신형 산업화와 신형 도시화를 이끄는 두 가지 주요 전장(主战场)으로 자리매김했다. 항공 산업을 중심으로 관련 산업을 기반으로 하며, 항공 산업 제품의 연구 개발 및 제조, 항공 운영 및 서비스, 항공 박람을 결합한 현대적 신형 위성 도시이다.

91) 상페이(江西) 항공기 제조 유한공사(商飞(江西)飞机制造有限公司)는 2019년 12월 중국상하이항공기제조공사(中国商飞公司)와 장시성 정부가 공동 출자해 설립하였다. 해당 기업은 장시성 난창 첨단산업개발구에 위치해 있으며, 주로 ARJ21 신형 지선 항공기의 내장 설치, 도장 및 시험 비행 인도 지원 업무를 담당하고 있다. 또한 파생형 항공기 개조 설계, 개조 시행, 시험 검증 및 항공 안전 인증 취득 분야로 사업을 확장하였다.

[그림 V-20] 중국상페이 여객기

(출처: 바이두)

특히 중국 상페이의 C919 여객기는 이 지역의 핵심 프로젝트 중 하나로, 중국이 자체 개발한 최초의 단통로 중형 여객기이다. C919은 158-192석 규모의 좌석을 갖추고 있으며, 4,075-5,555㎞의 항속거리를 자랑한다. 2022년 9월 형식승인을 획득한 후 2023년 5월부터 중국동방항공(中国东方航空)을 통해 정규 상업운항을 시작했으며, 2025년 5월 기준 누적 안전비행 시간 28,000시간을 돌파하는 등 성공적인 운용 실적을 보이고 있다. C919은 항공도시 내 상페이(장시) 생산시험비행센터에서 내장 설치 및 도장 공정을 거치며, 이는 난창이 중국 민간항공산업의 핵심 거점으로 성장하고 있음을 보여준다. 또한 C919의 성공적인 상용화는 중국이 세계 민간항공기 시장에서 보잉, 에어버스와 경쟁할 수 있는 기반을 마련했다는 점에서 전략적 의미가 크다.

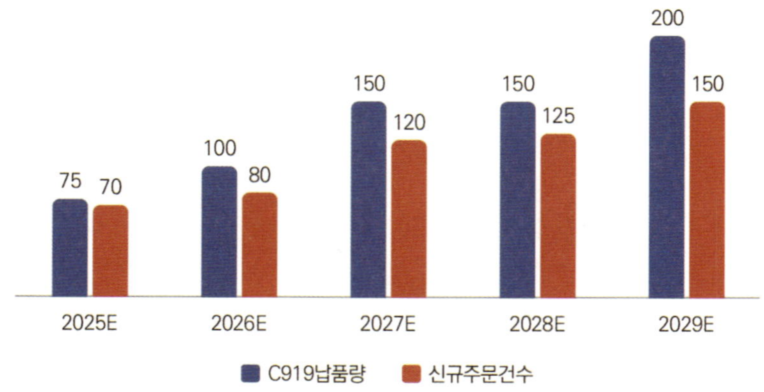

[그림 V-21] 2025-2029년 예상 C919 납품량, 신규주문건수

(출처: 보잉2024CMO예측, 중국상페이(中国商飞), 화안펀드(华安基金))

또한 공항 신도시에서는 항공 정비, 물류, 교육, 크로스보더 전자상거래 등 다양한 분야를 육성하고 있다. 순펑(顺丰)[92], 차이니아오(菜鸟)네트워크[93] 등 유망 기업을 유치하며, 항공 원스톱 정비 기지 및 공항 경제 시범 구역을 조성해 종합적인 항공 산업 생태계를 구축하고 있다.

92) 순펑(顺丰/SF Express)은 중국의 대표적 종합 물류 서비스 기업으로 본사는 선전(深圳)에 위치해 있다. 다년간의 발전을 통해 통합 물류 솔루션 제공 능력을 구축했으며, 단순 택배 서비스에서 한 걸음 나아가 공급망 관리(생산·공급·판매·배송) 전 과정과 빅데이터 기반의 창고 관리, 수요 예측, 금융 서비스 등을 아우르는 맞춤형 서비스를 제공하고 있다.

93) 차이니아오(菜鸟)은 차이니아오스마트물류홀딩스(菜鸟智能物流控股有限公司)의 등록 브랜드로, 2013년 설립되었다. 차이니아오는 장기적 가치 창출을 추구하며, 산업화·글로벌화·디지털화에 집중해 물류 산업의 운영·시나리오·인프라와 인터넷 기술을 융합하는 혁신을 주도하고 있다. 또한 디지털 혁신, 시장 확대, 포용적 서비스, 개방형 협업을 핵심 가치로 삼고 있다. 현재 소비자·기업·물류 파트너를 위한 4대 서비스 영역(국제물류, 국내물류, 기술기타, ESG)을 구축했다.

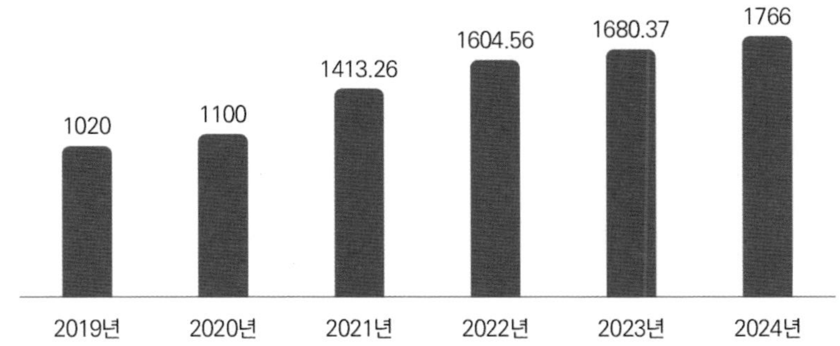

[그림 V-22] 장시성(江西省) 항공산업 규모(단위: 억 위안)

2) 바이오산업

후베이성은 중부 지역 의료 산업의 선두주자로 자리매김하고 있다. 특히 우한시의 생명건강 산업은 2024년 기준 5,546억 위안의 규모에 달하며, 15.3%라는 놀라운 성장률을 기록해 중부 지역 1위를 차지했다. 성 전체로 보면 대건강산업[94] 규모가 8,500억 위안을 돌파하며 GDP의 12.8%를 차지하고 있는데, 이 중 바이오 의약품 제조업 매출이 1,235억 위안으로 전국 8위를 기록하고 있다. 이창시와 황강시에서는 각각 화학의약품과 전통의약품 특화 클러스터가 조성되며 지역별 특색을 살린 발전 모델을 보여주고 있다.

인접한 후난성과 장시성(江西省)도 협력 발전을 통해 경쟁력을 키워나가고 있다. 후난성 웨양시(岳阳市)의 바이오 의약 산업은 지난해 18.7%

94) 대건강산업은 막대한 시장 잠재력을 지닌 신흥 산업으로, 의료 제품, 건강용품, 영양식품, 의료기기, 건강관리 기구, 레저 스포츠, 헬스케어 관리, 건강 컨설팅 등 인간 건강과 직결된 다양한 생산 및 서비스 분야를 포괄한다.

성장하며 장강 경제벨트의 연계 효과를 제대로 활용하고 있음을 입증했다. 장시성 난창시(南昌市)는 '국가 지역 의료 센터' 건설 프로젝트를 통해 산업 수준을 한 단계 끌어올리고 있다. 특히 이들 세 성은 공동으로 장강 중류 도시군 과학기술 서비스 연맹을 설립해 1.2억 위안 이상의 기술 거래를 성사시키는 등 실질적인 협력 성과를 내고 있다.

[그림 V-23] 우한광곡생물청(武汉光谷生物城)

(출처: 바이두)

우한광곡생물청(武汉光谷生物城)[95]는 전국 바이오 의약 산업단지 순위 6위에 오르며 지역의 핵심 성장 동력으로 자리 잡았다. 롄잉의료(联影医

95) 우한광곡생물청(武汉光谷生物城)은 우한동호국가자주혁신시범구(武汉东湖国家自主创新示范区) 내에 위치한 중국 광곡(光谷)의 핵심 산업 클러스터이다. 중국 정부가 '천억 위안 규모 산업 육성' 전략하에 조성한 두 번째 국가급 전략산업단지로, 바이오 의약 분야의 연구 개발·생산·융합 생태계 구축을 목표로 한다.

疗)[96], 야오밍캉더(药明康德) 등 유명 기업들이 이곳에 집중되어 있으며, 특히 양성자 치료와 뇌-기계 인터페이스 분야에서는 세계적인 기술력을 자랑한다. 후베이성은 최근 장강의료산업투자회사를 설립해 바이오 의약품 개발과 전통의약품 현대화 사업에 본격적으로 투자하기 시작했다.

이 지역의 가장 큰 특징은 성을 넘어선 활발한 산업 협력이다. 의료 장비 제조와 바이오 의약 분야에서 효율적인 분업 체계가 구축되고 있는데, 장시성 핑샹시(萍乡市)에 위치한 창사페이디과학기술혁신센터(长沙飞地科创中心)[97]에는 이미 15개 기업이 입주해 협력 사례를 만들고 있다. 장강 하류에 위치한 타이저우시(泰州市)의 중국의약성(中国医药城)[98]도 '4+2' 산업 체계를 통해 중류 지역과의 협력 모델을 제시하고 있다.

정부의 정책 지원도 한층 강화되고 있다. 후베이성은 2027년까지 바이오 의약 산업 매출을 2,500억 위안까지 끌어올리고, 매출 500억 위안 이상의 대표 기업 1개를 육성한다는 목표를 세웠다. 특히 유전자 치료와 고급 의료기기 분야에 집중할 계획이라고 밝혔다. 우한, 창사, 난창을 연결

96) 우한리엔잉의료기술유한공사(武汉联影医疗科技有限公司)는 2013년 1월 18일 설립된 상하이리엔잉의료기술(上海联影医疗科技股份有限公司)의 자회사로, 본사는 우한 동호첨단산업개발구(武汉东湖新技术开发区)에 위치하고 있다. 리엔잉그룹의 핵심 기업으로서, 고성능 의료장비 및 의료 IT 솔루션의 연구 개발·생산·판매에 특화되어 있으며, 주요 사업 분야는 의료 영상 장비, 방사선 치료 장비, 생명과학 장비 등을 포괄한다.

97) 창사페이디과학기술혁신센터(长沙飞地科创中心)는 장시성 최초의 정부 주도형 초성경(跨省) 과학기술 플랫폼으로, 핑샹시(萍乡市) 과학기술혁신공공서비스센터(科技创新公共服务中心)가 운영을 담당하고 있다. 이 센터는 후난성 샹장신구(湖南湘江新区) 베이두(北斗) 산업단지 내에 위치하며, '창사에서 연구 개발(R&D), 핑샹에서 사업화'라는 협업 모델을 통해 장시-후난 접경 지역 협력의 핵심 거점으로 자리매김했다.

98) 타이저우중국의약단지(泰州中国医药城)은 양쯔강 삼각주의 주요 도시인 타이저우(泰州)에 위치해 있으며, 총 계획 면적은 30㎢이다. 이 단지는 연구개발구·제조산업구·전시거래구·의료복지구·교육학습구·종합지원구 등 기능별 구역으로 구성되어 있다. 중국 최초의 국가급 의약산업 첨단개발구로, 과학기술부·국가위생계생위원회·국가식품약품감독관리총국·국가중의약관리국과 장쑤성 정부가 공동으로 건설했다.

하는 장강중류 도시군 프로젝트는 전자 건강카드 상호 호환 시스템 구축 등 구체적인 협력 방안을 통해 지역 의료 서비스 수준을 높여나가고 있다.

3) 인공지능 산업

장강중류 지역의 인공지능 산업이 우한을 중심으로 급성장하며 중부 지역의 새로운 성장 동력으로 떠오르고 있다. 후베이성은 이미 중부 지역 AI 산업의 리더로 자리매김했다. 작년 기준 AI 핵심 산업 규모가 700억 위안을 돌파하며 30%가 넘는 고성장을 기록하고 있다. 이곳에서 개발한 서버와 300층 이상 적층 가능한 NAND 플래시 메모리는 국내 시장에서 선두 위치를 차지하고 있다. 최근에는 이창시 이링구(夷陵区)에서 국내 최초로 지하 광산용 무인 운반차 시험 운행에 성공하는 등 현장 적용 사례도 늘어나고 있다.

장시성과 후난성도 각자의 특색을 살린 발전 전략을 펼치고 있다. 장시성 주장시(九江市)는 '컴퓨팅파워 + 로봇'에 집중한 생태계를 구축 중인데, 중국전신(中国电信)[99]의 지능형 컴퓨팅 센터가 딥시크 AI의 대형 언어 모델 학습을 지원하고 있다. 후난성 창사시는 '중국성곡(中国声谷)[100]' 프로젝트를 통해 음성인식 기술을 의료와 교육 분야에 접목시키며 실생활 적용을 확대해 나가고 있다.

99) 중국전신유한공사(中国电信集团有限公司), 약칭 '중국전신(中国电信)' 또는 '중국전신공사(中国电信公司)'로 불리며, 1995년 4월 27일 설립된 국유 초대형 통신 기간 기업이다. 상하이세계박람회(上海世博会)의 글로벌 파트너이며, 다년간 '포춘' 세계 500대 기업에 선정되었고, 주요 사업 영역은 유선전화·이동통신·위성통신·인터넷 접속 및 응용 서비스를 포함한 종합 정보 서비스이다.

100) '중국성곡(中国声谷)'은 공신화부(工信部)와 안후이성(安徽省)정부가 공동으로 추진하는 부성(部省) 핵심 협력 프로젝트이다. 2012년 공신화부와 안후이성 정부는 《안후이성음성산업발전협력각서》(共同推进安徽省语音产业发展合作备忘录)를 체결하였으며, 2018년 5월에는 《공신화부-안후이성 인민정부안휘지능음성산업발전추가협력협의》(工业和信息化部 安徽省人民政府进一步共同推进安徽智能语音产业发展合作协议)를 서명하였다. 이 협의에서는 약 5년 동안의 기간 내에 "중국성곡"을 전국 지능 음성 분야의 산업 발전 중심지로 육성한다는 목표를 제시하였다.

[그림 V-24] 이카통이 개발한 7나노미터 차량용 반도체칩

(출처: 바이두)

기술 개발 측면에서는 특히 반도체와 의료 AI 분야에서 두드러진 성과가 나타나고 있다. 후베이성 기업 이카통(亿咖通)[101]이 개발한 7나노미터 차량용 반도체 '롱잉 1호'가 본격 양산에 들어간 것은 대표적인 사례이다. 의료 분야에서는 우한란딩(兰丁)AI의 자궁경부암 검사 플랫폼이 하루 5만 건의 처리 능력을 자랑하며 전국적으로 확산되고 있다.

이러한 성장 뒤에는 탄탄한 인프라와 정부의 적극적인 지원이 자리 잡고 있다. 우한에 구축된 인공지능컴퓨터센터(人工智能计算中心)와 슈퍼컴퓨터센터(武汉超算中心)는 중국 최고 수준의 연산 능력을 갖추고 있다. 3

101) 이카통 테크놀로지(亿咖通科技)는 자동차 지능화 기술 기업으로, 중국의 저명한 자동차 기업가 리슈푸(李书福) 씨와 선쯔위(沈子瑜) 씨가 2016년 공동 설립하였다. 항저우(杭州), 베이징(北京), 상하이(上海), 우한(武汉), 다롄(大连) 및 스웨덴 예테보리(哥德堡)에 지사와 R&D 센터를 두고 있다. 이카통은 업계를 선도하는 스마트 커넥티드 카 생태계 오픈 플랫폼 구축에 주력하며, 완성차 업체에 혁신적인 기술을 제공하여 더 스마트하고 안전한 모빌리티 경험을 창출하고 있다.

개 성이 공동으로 추진하는 장강중류 과학기술 벨트 프로젝트는 지역 간 협력을 강화하는 한편, 최대 5,000만 위안에 이르는 창사시의 보조금 정책처럼 지방 정부의 적극적인 투자 유치 노력도 눈에 띈다.

[그림 V-25] 한인공지능컴퓨터센터(武汉人工智能计算中心)

(출처: 바이두)

[그림 V-26] 우한슈퍼컴퓨팅센터(武汉超算中心)

(출처: 바이두)

하지만 핵심 부품의 국산화율이 60%에 미치지 못하는 등 기술 자립도가 낮은 것이 가장 큰 걸림돌이다. 게다가 AI 기술을 도입한 중소기업 중 약 40%가 실패한다는 통계도 나와 있어 체계적인 지원 시스템 마련이 시급한 상황이다.

전문가들은 이 지역이 앞으로 'AI + 제조업' 융합을 심화시키고, 아세안(ASEAN) 시장 진출을 위한 교두보로 난닝(南宁) AI 혁신센터를 활용할 것이라 전망한다. 더 나아가 양자 컴퓨팅 같은 차세대 기술 연구에도 박차를 가할 것으로 보이는데, 기술 자립도 제고와 중소기업 지원 강화만 해결된다면 장강중류 지역은 중국 AI 산업의 새로운 중심지로 급부상할 전망이다.

5 장강중류 지역 자원과 생태적 특징

(1) 수자원과 대규모 담수 자원

장강중류 지역은 풍부한 강수량을 자랑하며, 매년 약 1조㎥의 물을 바다로 흘려보내고 있다. 이는 전국 하천 유량의 36%에 달하는 양으로, 황하(黄河) 유량의 무려 20배에 이른다. 이처럼 풍부한 수자원을 바탕으로 이 지역은 중국의 '물의 탑(水塔)'으로 불리며, 전국 인구의 40%가 사용하는 생활용수를 공급하는 등 국가적 차원에서 중요한 역할을 수행하고 있다. 특히 남수북조(南水北调) 프로젝트[102]의 핵심인 단장커우(丹江口) 댐에서는 매년 95억㎥의 물을 화베이(华北) 평원으로 공급해 북부 지역의 물 부족 문제를 해결하고 있다.

102) '남수북조'(南水北调) 프로젝트는 중국의 남부 물자원을 북부로 공급하는 대형 프로젝트로, 동·중·서 3개 노선으로 구성되어 있다. 동선은 장쑤성 양저우에서, 중선은 단장커우 댐에서 시작되며, 허난·허베이·베이징·톈진 등에 물을 공급한다. 1952년 마오저둥 주석이 처음 구상했고, 1958년 단장커우 댐 건설이 결정되었다. 총 계획 인구 4.38억 명, 연간 448억 톤 규모이며, 동·중선 1단계(2,899㎞)는 이미 완공되어 2025년 7월 기준 누적 800억 톤을 공급했고, 1.85억 명이 혜택을 받았다. 서선은 아직 계획 단계에 있다. 이 프로젝트는 북부 지역의 물 부족 해결과 지하수 보존에 기여하고 있다.

[그림 V-27] 단장커우(丹江口) 댐

(출처: 바이두 바이커)

이 지역의 수자원은 동정호(洞庭湖), 포양호(鄱阳湖), 장한(江汉) 호수군과 같은 대형 호수들과 복잡하게 얽힌 하계망에 고루 분포되어 있다. 동정호는 네 개의 주요 강을 품에 안으며 연간 1,500억㎥의 물을 장강으로 흘려보내고, 포양호는 계절에 따라 면적이 크게 변하는 특유의 생태계를 유지하고 있다. 또한 후베이성에만 1㎢ 이상의 호수가 231개나 분포해 있어, 이들 호수군은 마치 거대한 자연 저수지처럼 기능한다. 하지만 이 같은 풍부한 수자원에도 불구하고 여러 도전 과제에 직면해 있다. 최근 50년간 호수 면적이 30%나 줄어들어 생태계가 위협받고 있으며, 특히 장강돌고래와 같은 멸종 위기종의 서식지가 급격히 줄어들고 있다. 또한 홍수기에는 연간 유량의 60~80%가 집중되어 극심한 홍수와 가뭄이 반복되고, 공업 발전으로 인한 수질 오염도 심각한 문제로 대두되고 있다. 이에 따라 중국 정부는 23개 성을 가로지르는 하천의 물 분배를 완료하고 288개 지점에서 유량을 상시 모니터링하며, 농업용수 효율을 높이기 위해 첨단 관개 기술을 도입하는 등 다양한 노력을 기울이고 있다.

특히 221.5억 톤의 방수 용량을 가진 싼샤댐(三峡大坝)[103]은 장강중류의 홍수 방어 기준을 10년 주기에서 100년 주기 수준으로 크게 향상시켰다. 지금까지 66차례에 걸쳐 홍수를 효과적으로 조절하며 하류 지역의 피해를 최소화해 왔는데, 특히 2020년 대홍수 때는 최대 유량을 36.7%나 감소시키는 등 눈에 띄는 성과를 거두었다. 또한, 총 2,250만 kW의 설비 용량을 자랑하는 싼샤댐(三峡大坝)은 연간 1,000억 kWh 이상의 전력을 생산하고 있다. 이는 중국 전체 수력 발전량의 약 10%에 해당하는 규모로, 화력 발전으로 치면 연간 약 1억 톤의 석탄 사용을 줄이는 효과가 있다.

103) 싼샤댐(三峡大坝)은 후베이성(湖北省) 이창시(宜昌市) 이링구(夷陵区) 산도우핑진(三斗坪镇)의 싼샤댐(三峡大坝) 관광지 내에 위치해 있으며, 창강(长江) 본류의 시링샤(西陵峡) 구간과 싼샤 수력발전소 동쪽 끝에 자리 잡고 있다. 이 댐은 약 100만 ㎢의 유역 면적을 통제하며, 1994년에 건설을 시작해 홍수 조절, 발전, 항운, 수자원 활용 등 다목적 기능을 갖춘 세계 최대 규모의 수리 시설 중 하나이다.

[그림 V-28] 싼샤댐(三峡大坝)

(출처: 바이두)

장강중류는 전국 토지의 3%에 불과한 면적에 중국 수자원의 35%를 보유한 '천연 스펀지'와 같은 지역이다. 하지만 기후 변화와 개발 압력으로 인해 그 균형이 위협받고 있어, 보다 체계적인 관리와 보전 노력이 필요한 시점이다.

(2) 중국 생태계 보호

[그림 V-29] 포양호(鄱阳湖)

(출처: 바이두)

장강중류는 중국 생물다양성 보전의 핵심 거점으로서 포양호를 중심으로 한 풍부한 생태계를 자랑한다. 포양호는 2024년 기준 약 13.2억㎥의 방대한 저장량을 자랑하며, 양쯔강 지류와 연결된 1,000여 개의 소형 호수들과 함께 독특한 수생태계를 형성하고 있다. 포양호에는 매년 60만~80만 마리의 철새가 월동하며, 전 세계 흰두루미의 98%가 이곳을 찾는다. 또한, 흰두루미, 동양황새, 검은황새 등 13종의 국가 1급 보호동물을 포함한 총 310종의 조류가 서식하고 있다.

[그림 V-30] 포양호에서 월동을 준비하는 철새 무리

(출처: 바이두)

포양호는 습지 복원과 철새 보호를 핵심으로, 과학기술과 생태 보상 정책을 통해 인간과 자연의 조화로운 공존을 실현했다. 장시성 용슈현(永修县)은 '산림 책임자 + 철새 및 습지 보호' 3단계 그리드 관리 시스템을 구축했다. 현·향·촌 335명의 산림 책임자는 매년 200회 이상 순찰하며, 5G, 드론, 영상 모니터링 등을 활용한 '천공지일체화(天空地一体化)[104)]' 감시 네트워크를 운영 중이다. 2014년 이후 총 34.04헥타르의 습지를 복원했고, 습지 관련 불법 활동 사건 4건을 적발했다.

---

104) 천공지일체화(天空地一体化) 네트워크는 위성 인터넷을 핵심으로 하는 새로운 인프라로 2020년 중국 국가 차원의 신형 인프라 건설 프로젝트에 포함된 이후, 빠르게 발전하고 있다. 중국은 중국위성네트워크그룹(中国卫星网络集团) 설립을 비롯해 홍안(鸿雁)星座(324기 위성)과 홍운(虹云) 프로젝트(156기 위성) 같은 저궤도 위성 계획을 추진하며 글로벌 커버리지 구축을 가속화하고 있다. 이 네트워크는 6세대 통신(6G)의 핵심 목표로 지정되었으며, 무선 광통신 기술을 활용해 전송 용량과 전자기 간섭 저항력을 향상시켰다.

생태 복원 프로젝트로는 총 109개 생태 복원 사업을 완료했으며, 총 투자액은 3357만 위안에 달한다. 슈허(修河) 강둑에서는 5.3만 ㎡ 습지 복원 공사를 진행해 60만 그루 이상의 수생 식물과 1,000여 그루의 교목을 심었고, 200헥타르의 새로운 습지를 조성했다. 또한 건기에는 '접시형 호수(碟形湖)' 수위 지능 제어와 철새를 위한 '비상 먹이터' 조성으로 3.7만 마리의 철새가 안전하게 월동할 수 있도록 지원했다. 2024년 11월 모니터링 결과, 우청진(吴城镇)에는 60종 이상의 철새 16만 마리가 찾아왔으며, 이는 2018년 대비 약 3배 증가한 수치이다. 특히 두루미(白鹤) 개체수는 2010년 1,800마리에서 2025년 5,000마리 이상으로 늘어 '두루미 천국(白鹤天堂)'으로 불린다.

또한, 2,717가구의 어민이 생업을 전환했으며, 12명의 전문 철새 보호팀을 구성해 정부 주도와 사회 참여가 결합된 보호 체계를 구축했다. 슈허 간류 융슈 구간의 수질은 Ⅱ급 이상을 유지하고 있으며, 포양호 우청 단면의 수질은 Ⅲ급으로, 습지 기능이 점차 회복되고 있다.

(3) 아열대 계절풍 기후

장강중류는 아열대 계절풍 기후의 특징을 보이며, 연평균 강수량이 1,300~1,600㎜에 달해 전국 평균(600㎜)의 2배 이상을 기록한다. 특히 여름 장마철에는 연강수량의 50%가 집중적으로 내리는 것이 특징이다. 최근 기후변화의 영향으로 2024년 기록적인 폭우가 발생하며 포양호의 수위가 사상 최고치인 19.03m까지 상승하기도 했다.

이에 따라 지역에서는 가뭄과 홍수에 대비한 종합적인 수자원 관리 시스템을 구축 중이다. 2023년에는 스마트 관개 시설을 12만ha 확충해 전년 대비 25% 증가시켰으며, 재생 에너지 비중도 28.5%로 전국 평균(23.4%)을 상회하는 성과를 거두었다.

생태적 적응 차원에서는 동정호 일대 200㎢ 규모의 습지 복원 사업을 진행해 홍수 조절 능력을 강화했고, 연꽃과 메밀 등 내수성 농작물 재배를 확대하며 기후변화에 대응하고 있다. 이러한 종합적인 접근은 장강중류가 기후 위기에도 불구하고 생태계의 균형을 유지할 수 있는 토대를 마련하고 있다.

6 장강중류 산학연 성공 사례

(1) 우한동호첨단산업개발구 설립

1) 학술 인프라/정책 혁신/기술 집결

우한동호첨단산업개발구는 중국 주요 혁신 허브 중 하나로, 우수한 학술 인프라를 갖추고 있다. 우한대학과 화중과기대를 포함한 42개의 대학 및 연구소가 밀집해 있으며, 이들 기관에서는 매년 10만 명 이상의 STEM(과학·기술·공학·수학) 인재를 배출하고 있다. 이는 중국 내에서 대학/기업들의 R&D 밀집도가 1위에 달하고 기술이전 성공률 또한 78% 수준에 육박한다.

〈표 V-4〉 글로벌 R&D 인재 생태계

구분	내용
대학·연구소	- 42개 기관 집적(우한대·화중과기대 등 중국 985/211 프로젝트 소속 8개 대학) - 12개 국가급 연구실(광통신·생물안전 등 분야)
인재 양성	- 연간 10만+ STEM 졸업생 배출(전체 우한시의 63%) - 25개 해외 전문가 워크스테이션 운영(노벨상 수상자 9명)
혁신 플랫폼	- 광자자오(光谷) 실험실: 첨단 소재·양자통신 연구 - 화중과기대-화웨이 공동 AI 연구소: 산학협력 모델

(출처: 우한동호첨단산업개발구 공식 사이트)

정책적 측면에서는 2020년 제정된 '광곡(光谷) 특별법'이 대표적이다. 이 법률은 첨단기업에 10%의 특별 법인세율을 적용해 일반 기업(25%) 대비 15%포인트의 세금 감면 혜택을 제공하고 있다. 또한 R&D 보조금으로 매출액의 8%를 지원하는 제도를 운영해 2023년 총 320억 위안의 연구 개발 자금이 투입되었다.

〈표 V-5〉 2020년 중국 광곡 특별법 내용, 2020

분야	지원 내용
조세	- 첨단기업 법인세 10%(일반 기업 25% → 15%p 감면) - R&D 비용 매출액 8% 한도 세액 공제
자금	- '광구 창업 펀드' 조성(정부 출자 50억 위안, 민간 유치 200억 위안) - 해외 특허 출원 시 건당 50만 위안 보조
인허가	- 기업 설립 1일 완료 제도 - 기술 수출입 허가증 온라인 자동 발급

(출처: 우한동호첨단산업개발구 공식 사이트)

2020년에 중국광곡 특별법 도입으로 불과 몇 년 사이에 1,200개 이상의 기술 혁신기업을 육성하였으며 스타트업의 창업 생존율은 82%로 전국 평균(45%)에 비해 1.8배 높은 수치를 기록했다.

기술 분야에서는 반도체, 광통신, 레이저 3대 주력 산업에 전국 R&D 투자의 18%가 집중되고 있다. 이러한 전략적 투자는 해당 분야에서의 기술 선도를 가능하게 하며, 장강중류를 중국 첨단기술 산업의 중심지로 자리매김하게 하고 있다. 특히 광통신 분야에서는 세계 최고 수준의 기술력을 보유한 기업들이 집적되어 있어 글로벌 경쟁력을 확보하고 있다.

〈표 V-6〉 장강증류 3대 주력산업 클러스터

산업	글로벌 점유율	주요 기업	기술
광통신	26%	화웨이·FiberHome·ZTE	초저지연 5G 백본 네트워크 구축
레이저	40%	HGtech·Raycus	고출력 파이버 레이저 원천기술 보유
반도체 설계	18%	YMTC·UniSiC	3D NAND·실리콘 카바이드 개발

(출처: 우한동호첨단산업개발구 공식 사이트)

2) 고첨단기술 산업의 대표 사례

우한동호첨단산업개발구의 첨단기술 산업은 반도체, 광통신, 레이저 분야에서 두드러진 성과를 보이고 있다.

반도체 산업의 경우 2024년 양자메모리 칩의 본격적인 양산에 돌입했으며, 이와 관련해 상하이 거래소에 5개 기업이 새롭게 상장되는 성과를 거두었다.

〈표 V-7〉 2024년 양자메모리 칩 양산 현황

항목	내용
기술 진전	- 128층 3D QLC NAND 플래시 메모리 본격 양산(기존 TLC 대비 저장밀도 45% 향상) - UniSiC(샹신반도체) 실리콘 카바이드(SiC)기판 연간 Capa 5만 장 확대
생산규모	- 양자메모리 칩 월 기준 생산량 20만 웨이퍼 도달(중국 내 전체 생산량의 32% 수준)

(출처: 우한동호첨단산업개발구 공식 사이트)

광통신 분야에서는 페이창광전(烽火通信)이 5G 광섬유 기술을 바탕으로 글로벌 시장에서 높은 시장 점유율을 유지하며 세계적인 경쟁력을 입증했다. 2023년 기준으로 페이창광전의 글로벌 광통신 장비 시장 점유율은 약 30%로 유지되었으나, 2024년에는 5G 및 데이터 센터용 고속 광모듈 수요 증가로 인해 점유율이 32-33%로 상승하였다. 특히 아시아·유럽 시장에서의 매출이 두드러지게 증가했으며, 북미 시장에서도 400G/800G 제품 라인업 확대로 시장 진출을 가속화하였다.

〈표 V-8〉 2024년 기준 경쟁사 비교

지표	페이창광전	화웨이	노키아
400G 가격 경쟁력 (단위: 포트)	$15,000	$18,000	$22,000
에너지 효율	3.2W/Gbps	3.5W/Gbps	4.0W/Gbps
SDN 통합도	★★★★☆	★★★★★	★★★☆

레이저 기술 분야에서는 하무레이저(华工激光)가 초정밀 절단기술을 개발해 전기차 배터리 생산라인에 공급하며 산업 현장에서의 적용 가능성을 입증했다. 특히 2024년에는 기존 절단 기술의 정밀도를 한층 높여 배터리 셀(cell) 절단 시 오차를 1μm 이내로 줄이는 기술을 상용화하였으며 이는 배터리 에너지 밀도를 5% 이상 향상시키고, 충방전 효율을 개선하는 데 기여했으며, 테슬라, 비올라(比亞迪) 등 글로벌 전기차 메이커의 생산라인에 공급량을 2023년 대비 40% 증가시켰다.

이처럼 장강중류 지역은 첨단기술 분야에서의 지속적인 혁신을 통해 중국 산업 발전을 주도하고 있다.

3) 초고속 광통신 기술

장강중류 지역은 기술 혁신 분야에서 세계적인 성과를 지속적으로 이뤄내고 있다. 특히 초고속 광통신 기술 분야에서는 2023년 세계 최초로 1.2Tbps(초당 1,200GB) 전송 기술을 개발해 세계 최고 수준을 달성한 바 있으며, 2024년에는 이를 기반으로 실제 네트워크 환경에서의 안정성 검증을 완료하고 상용화 준비를 본격화했다. 또한 국가과기부 지정 6G 시험장을 운영하며, 2024년에는 다중 빔 통신 및 위성-지상 통합 네트워크 기술 테스트를 통해 차세대 통신 기술 개발을 선도하고 있다.

〈표 V-9〉 2024년 기준 1.2Tbps 광통신 기술의 상용화 돌파

단계	내용	의의
실증 완료	- 우한~광저우 간 1,500㎞ 상용망 테스트	- 오류율 10^{-16}·지연 0.05ms 달성
상용화 설계	- 2025년 상용 서비스 목표	- 기존 400G 대비 3배 용량, 에너지 효율 40%↑
응용 분야	- AI 훈련 데이터센터 간 연동 - A우주 관제센터 실시간 통신	

특허 분야에서도 두각을 더욱 드러내고 있다. 2023년 PCT 국제특허 출원 건수는 5,200건에 달해 전국 3위를 기록했으며, 2024년 상반기까지의 누적 출원 건수는 3,100건으로 전년 동기 대비 15% 증가하는 등 성장세를 이어가고 있다. 특히 광학 분야에서는 중국 내 전체 특허의 42%를 점유하는 압도적인 비중을 보이며, 레이저 통신 및 광소자 기술 분야에서의 특허 출원이 급증하는 특징을 보이고 있다.

이러한 기술적 성과는 장강중류 지역이 중국의 첨단기술 혁신 중심지로서의 입지를 더욱 공고히 하는 데 크게 기여하고 있다. 최근에는 지역 내 첨단기술 기업 100여 개와 함께 '장강중류 광통신·6G 협력 연합'을 결성하여, 기술 개발과 산업화를 연계한 생태계 구축에 박차를 가하고 있다.

〈표 V-10〉 장강중류 광통신·6G 협력 연합 내용

구성	주요 기관	역할
주도 기업	페이창광전, 우한신세기반도체, 차이나위성통신	상용화·투자
연구기관	화중과기대, 우한대, 광자국가연구센터	기술개발·인재양성
지자체	후베이성 과기청, 우산시 정부	인프라 지원·규제 완화

(2) 생태와 경제의 통합 사례

1) 녹색 산업과 경제 성장

장강중류 지역은 녹색 산업과 경제 성장의 시너지 효과를 극대화하며, 지속 가능한 발전 모델을 구축하는 데 한층 박차를 가하고 있다. 난창의 태양광 산업단지는 2023년 18GW의 생산량을 기록하며 전국 태양광 생산량의 12%를 차지했고, 2024년에는 고효율 수광 패널 생산 라인을 추가로 도입하여 연간 생산 능력을 22GW로 확대, 전국 점유율을 14%로 높이는 성과를 거두었다. 또한 2024년 상반기에는 태양광과 에너지 저장 시스템(ESS) 연계 기술을 상용화함으로써, 신재생 에너지의 안정적 공급 체계를 더욱 강화했다.

〈표 V-11〉 난창 태양광 클러스터 성과

지표	2023년	2024년	의의
연간 생산량	18GW	22GW	전국 점유율 12% → 14%
고효율 패널 비중	35%	50%	수광 효율 24% → 26% 향상
ESS 연계 상용화	시험 운영	전량 적용	야간 전력 공급 안정화

창사의 풍력발전기 부품 산업도 급성장을 이어가고 있다. 2023년 연간 매출 600억 위안을 기록하며 전년 대비 25%의 성장률을 보였고, 2024년 상반기 매출은 380억 위안으로 전년 동기 대비 30% 증가하는 등 성장세를 가속화했다. 특히 해상 풍력 발전용 고내구성 부품 개발에 성공하여, 유럽 및 동남아 지역 시장으로의 수출을 본격화함으로써 수익 구조를 다변화하고 있다.

물류 분야의 저탄소 전환 또한 한층 심화되고 있다. 우한 양뤄항은 2023년 전기크레인 도입을 통해 연간 3만 톤의 CO_2배출을 감축한 데 이어, 2024년에는 전기 트럭 50대를 추가 투입하여 화물 운송 과정에서의 탄소 배출을 추가로 1.2만 톤 감축하는 성과를 거두었다. 또한 장강 수운 분야에서는 2025년까지 화물량의 40%를 친환경 선박으로 전환하는 목표를 앞당겨, 2024년 상반기 기준으로 이미 25%를 달성하며 진행 속도를 높이고 있다. 이를 위해 수중 충전 인프라 구축과 친환경 선박 유지보수 센터를 설립하는 등 전반적인 인프라 개선을 추진하고 있다.

〈표 V-12〉 우한 양뤄항(阳逻港) 탄소 감축 로드맵

조치	감축량(연간)	총 누적 효과
전기 크레인 20대(2023년)	3만 톤	4.2만 톤
전기 트럭 50대(2024년)	1.2만 톤	
친환경 선박 전환(25%)	2.8만 톤	8만 톤(2025년 목표)

이러한 노력들은 장강중류 지역이 전통적인 산업 중심의 성장에서 벗어나, 환경 보호와 경제 발전이 상호 보완하는 새로운 패러다임을 구축하고 있음을 명확히 보여준다. 2024년 상반기 장강중류 지역의 녹색 산업 관련 GDP 비중은 18%에 달하며, 전년 동기 대비 2.3% 포인트 상승하는 등, 지속 가능한 성장 모델이 경제 전반에 긍정적인 영향을 미치고 있음을 입증하고 있다.

2) 생태 복원과 경제 가치

장강중류 지역은 생태 복원과 경제적 가치 창출이 유기적으로 결합된 독창적인 모델을 구축하며, 지속 가능한 발전의 새로운 지평을 열고 있다.

포양호 습지에서는 생태관광의 활성화가 한층 심화되고 있다. 2023년 총 120억 위안의 수익을 창출하며 800만 명의 관광객을 맞이했고, 2024년 상반기에는 관광객 수가 480만 명으로 전년 동기 대비 20% 증가함에 따라 수익도 75억 위안을 기록하는 성과를 거두었다. 특히 연꽃과 메밀 재배 면적을 2024년 기준 5만 헥타르로 기존보다 2배 확대한 데 이어, 유기농 재배 인증을 전면 확보하고 '포양호 생태식품' 브랜드를 국내외로 홍보함으로써 프리미엄 농산물로의 부가가치를 극대화했다. 2024년 상반

기 해당 농산물의 판매액은 18억 위안으로, 전년 동기 대비 35% 급증하는 등 생태와 농업의 융합 효과를 두드러지게 보이고 있다.

〈표 V-13〉 포양호: 생태관광 + 프리미엄 농산물의 선순환 구조 성과

지표	2023년	2024년 상반기	증가율
관광객 수	800만 명	480만 명	+20%
농산물 판매액	13억 위안	18억 위안	+35%
유기농 인증 품목	12종	28종	133%↑

둥팅호에서는 첨단기술을 활용한 어업 혁신이 새로운 장을 열고 있다. 스마트 양식 시스템(수질 실시간 모니터링 및 자동 급이 장치)을 도입하여 2023년 어획량을 30% 증가시킨 데 이어, 2024년에는 AI 기반 생물 다양성 관리 시스템을 추가로 적용함으로써 어획량을 더욱 15% 상승시켰다. 이는 수질 악화를 방지하고 생태계 균형을 유지하며 이루어진 지속 가능한 성과로, 둥팅호의 수질은 2024년 기준으로 Ⅰ급(최상급)으로 개선되는 등 환경과 생산성이 동시에 향상되는 모습을 보였다.

[그림 V-31] 생태 라벨(Eco-label)

(출처: 바이두 바이커)

또한 '생태 라벨'을 부착한 수산물은 유럽 시장에서의 인지도를 높여 2023년 8억 달러의 수출 실적을 기록했고, 2024년 상반기에는 독일·프랑스 등 주요 시장으로의 수출이 25% 증가하여 5.2억 달러를 기록했다. 최근에는 유럽의 유기농 인증기관으로부터 추가적인 친환경 인증을 획득함으로써, 국제적인 친환경 수산물의 성공 사례로서의 입지를 더욱 공고히 하고 있다.

〈표 V-14〉 포양호/둥팅호 기술 융합 생태계 구축

호수	주요 수출품	전략 시장	프리미엄 요인
포양호	메밀차·연꽃 씨앗	동남아·북유럽	항산화 성분 검증
둥팅호	잉어·대하	EU·일본	중금속 0 검출 인증

이러한 사례들은 생태계 보전이 단순한 환경 보호를 넘어 지역 경제에 실질적인 동력을 제공할 수 있음을 분명히 입증하고 있다. 장강중류 지역

은 생태와 경제의 선순환 구조를 통해, '보호하면서 발전하고 발전하면서 보호하는' 지속 가능한 발전 모델을 구체적으로 보여주고 있으며, 이는 다른 지역에도 유용한 참고 사례로 활용되고 있다.

3) 정책 지원 메커니즘

장강중류 지역은 혁신적인 정책 지원 메커니즘을 통해 지속 가능한 발전을 한층 가속화하고 있다. 후베이성 탄소시장은 2023년 2억 위안 규모의 탄소권 거래를 기록하며, 우한 광곡 소재 첨단기업들이 적극 참여한 데 이어, 2024년 상반기에는 거래 규모가 1.5억 위안으로 전년 동기 대비 30% 증가하는 성과를 보였다. 특히 2024년부터는 중소기업을 위한 탄소권 거래 지원 프로그램(수수료 감면 및 거래 플랫폼 무료 제공)을 도입함으로써 참여 기업 수를 200여 개에서 350여 개로 확대, 탄소 저감 노력을 보다 널리 확산시키고 있다.

녹색 금융 분야에서는 지원 폭을 더욱 넓히고 있다. 생태 프로젝트 전용 대출 금리는 일반 대출보다 1.5%포인트 낮은 연 3.5%의 특혜를 유지하면서, 2024년에는 대출 한도를 기존 100억 위안에서 150억 위안으로 확대하여 중소기업 및 농어업 생태 프로젝트까지 지원 범위를 확장했다. 더불어 2024년 3월에는 '장강 녹색 채권' 50억 위안을 발행한 데 이어, 7월에는 추가로 30억 위안을 발행하여 총 80억 위안 규모의 자금을 확보했으며, 이는 습지 복원(포양호·둥팅호 등) 및 태양광·풍력 발전 등 청정에너지 프로젝트에 투입되고 있다. 해당 채권은 투자자들의 높은 관심을 받아 1.2배의 과잉 청약을 기록하며, 녹색 투자에 대한 시장의 신뢰를 강화했다.

〈표 V-15〉 후베이성 2024년 금융 지원 체계

도구	규모	조건
생태 프로젝트 대출	150억 위안	연리 3.5%(시중 대비 1.5%p↓)
장강 녹색 채권	80억 위안	3년 만기, 수익률 4.2%
민간 자본 유치	65억 위안	정부-미간 협력(PPP) 방식

이러한 정책들은 기업들의 환경 친화적 활동을 적극 유도하는 동시에, 녹색 산업 성장을 위한 재정적 기반을 더욱 공고히 하고 있다. 특히 탄소권 거래와 녹색 채권 발행을 통해 민간 자본을 생태 보전 사업에 효과적으로 유치하고 있는데, 2024년 상반기 녹색 프로젝트에 투입된 민간 자본은 총 65억 위안으로, 전년 동기 대비 45% 증가하는 등 민간 참여 활성화가 두드러지고 있다. 장강중류 지역은 이러한 금융 혁신을 통해 환경과 경제가 조화롭게 발전하는 모델을 구체적으로 제시하며, 중국의 녹색 성장을 선도하는 리더십을 더욱 강화하고 있다.

(3) 진산(金山) 그룹

1) 디지털 오피스와 AI 융합

[그림 V-32] 진산그룹 본사

(출처: 바이두)

진산그룹은 우한을 기술 혁신의 핵심 거점으로 삼아 다양한 분야에서 두각을 나타내고 있다. 우한 R&D 센터를 기반으로 구축된 WPS AI 기술은 문서 자동 생성, 데이터 분석 등 스마트 오피스 생태계를 완성하며 전 세계 월간 활성 사용자 6억 명, 해외 사용자 2억 명이라는 인상적인 성과를 기록하고 있다. 특히 2025년 출시된 정무 대형 모델은 하드웨어 비용을 90%나 절감하면서도 정부 업무 효율을 크게 향상시켰다. 이와 함께 자연어 처리(NPL), 스마트 차트 생성 등 AI 관련 특허만 1,000건 이상 보유하며 기술력을 입증하고 있다.

[그림 V-33] WPS

(출처: 바이두)

2) 클라우드 컴퓨팅 및 산업 솔루션

클라우드 분야에서는 40억 위안을 투입한 광곡 클라우드 프로젝트가 지속적으로 주목을 받고 있다. 이 프로젝트는 '1개의 클라우드, 1개의 데이터 레이크, 4개의 플랫폼'이라는 혁신적인 아키텍처를 바탕으로 후베이성 의료 빅데이터센터를 구축했으며, 2023년 기준 61개의 다양한 의료건강 애플리케이션을 통합한 데 이어, 2024년에는 추가로 15개의 고급 진단 지원 애플리케이션(AI 기반 질병 예측·의료영상 분석 등)을 포함시켜 총 76개로 확장함으로써 서비스 범위를 넓혔다.

특히 최신 9세대 클라우드 서버 X9 모델은 컨테이너 기술을 활용해 초기 컴퓨팅 비용을 40% 절감한 성과를 기록했고, 2024년에는 에너지 효율 최적화 기술을 추가 적용함으로써 운영 중인 전력 소비를 25% 더 줄이는 성과를 거두었다. 이를 통해 광곡 클라우드 프로젝트는 2024년 상반기까지 후베이성 내 300여 개의 의료기관과 연계하여, 환자 데이터 공유 속도를 50% 단축하고 진단 정확도를 18% 향상시키는 등 실제 의료 현장에 긍정적인 영향을 미치고 있다.

〈표 V-16〉 X9 클라우드 서버 기존 대비 성능 비교

지표	기존 서버 (8세대)	X9 서버 (9세대)	개선 효과
컨테이너 밀도	50개/노드	120개/노드	리소스 활용률 ↑240%
응답 속도	150ms	35ms	진료 대기 시간 70% ↓
에너지 효율	0.8KW/가상머신	0.4KW/가상머신	전력 비용 40% ↓

또한 2024년에는 데이터 보안 강화를 위해 블록체인 기술을 도입하여 의료 정보의 기밀성과 무결성을 더욱 강화함으로써, 사용자 신뢰도를 높이고 국내외 의료 클라우드 프로젝트의 표준 모델로서의 지위를 다지고 있다.

3) AI 알고리즘 및 멀티모달 모델

AI 기술 개발에도 박차를 가하고 있는 진산그룹은 화중과기대와 공동 개발한 'MonkeyOCR'로 국제적인 주목을 받았다. 이 모델은 WPS 공문 요약, 법률 계약 검토 등에 적용되어 91%의 높은 정확도를 보여주고 있다. 2025년부터는 매년 20억~30억 위안을 AI 서버 구축에 투자할 계획이며, 이미 칭하이 AI센터에 256대의 서버를 설치해 총 4,000P 이상의 컴퓨팅 파워를 확보했다.

4) 산학연 협력 생태계

이러한 기술 혁신의 배경에는 우한대, 화중과기대 등 현지 명문대와의 긴밀한 협력이 자리 잡고 있다. '미래 인재 양성 프로그램'을 통해 AI와 게임 개발 분야의 우수한 인재를 양성하고 있으며, 샤오미 생태계와의 협력을 통해 자율주행과 IoT 기술까지 아우르는 종합 기술 그룹으로 성장하고 있다. 프로그래머 문화를 핵심 가치로 삼은 진산그룹은 우한의 우수한 인재 풀과 정부 지원을 바탕으로 국산 기술의 자립화와 혁신을 지속적으로 추진해 나가고 있다.

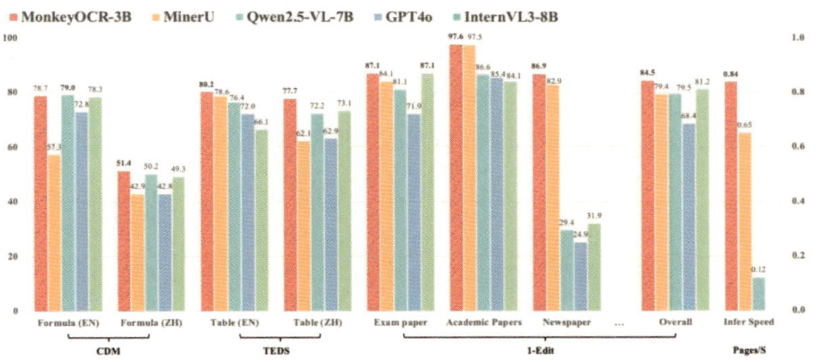

[그림 V-34] MonkeyOCR 성능 분석

(출처: OmniDocBench)

7 장강중류 지역 고등교육기관의 혁신 창업 환경

(1) 우한대학교

[그림 V-35] 우한대학교

(출처: 바이두)

우한대학교는 중국 과학기술 혁신의 핵심 거점으로 자리매김한 명문대학으로, 2024년에도 세계적 연구 역량을 입증하며 성장을 이어가고 있다. 2024년 QS 세계 대학 순위에서 자연과학 분야 82위(전년 대비 5위 상승), 공학기술 분야 89위(전년 대비 5위 상승)를 기록하며 글로벌 인정을 더욱 강화했고, 특히 광학 및 측량학 분야는 ARWU(아카데믹 랭킹) 2024년 세계 1위를 유지하며 해당 분야의 리더십을 확고히 하고 있다.

중국의 베이더우 항법시스템 개발을 주도해 왔으며, 그래핀 등 신소재 분야에서는 2023년 150건 이상의 특허를 출원한 데 이어, 2024년 상반기에만 85건의 특허를 추가 출원하는 등 기술 혁신 속도를 높이고 있다. 현장 적용 측면에서는 광곡의 32개 첨단기업과 공동연구실을 운영하며, 2023년 기술이전 수익 5.8억 위안(전국 대학 3위)을 기록한 뒤, 2024년 상반기에는 3.5억 위안의 기술이전 수익을 달성하여 전년 동기 대비 20% 증가하는 성과를 보였다.

동시에 실용적인 기술 개발과 산학협력에 더욱 힘을 쏟고 있으며 2024년에는 글로벌 전자기업인 샤오미(小米)와의 협력을 심화시켜 '로봇 공학 전공'을 신설했다. 이 전공은 산업용 로봇 제어·서비스 로봇 인공지능·스마트 홈 로봇 융합 기술을 중심으로 교육과정을 구성하며, 샤오미의 로봇 연구센터와 함께 '실무 기반 프로젝트 과정'을 도입해 학생들이 직접 샤오미의 로봇 시리즈(예: 스마트 청소 로봇, 산업용 조립 로봇) 개발에 참여할 수 있도록 지원하고 있다.

또한 두 기관은 '로봇 핵심 부품 개발 연구소'를 공동 설립하여, 저전력 모터 및 AI 기반 환경 인식 알고리즘 등의 원천 기술 개발을 추진하고 있으며, 현재 3개의 특허 출원을 완료한 상태이다.

이 외에도 샤오미와의 협력은 스마트 모빌리티 분야로 확장되었는데, 'AI 기반 스마트 헬멧' 개발 프로젝트가 진행 중이다. 이 프로젝트는 자동차와 보행자 간의 실시간 상호작용 기술을 통해 교통안전을 강화하는 것을 목표로, 시제품 테스트를 마치고 2025년 상반기 상용화를 준비하고 있다.

창업 생태계 구축에도 적극 나서는 가운데, 세계적인 드론 기업 DJI의 초기 기술을 지원한 성과에 이어, 연간 2억 위안 규모의 창업펀드를 운영하여 지금까지 120여 개의 스타트업을 배출했으며, 2024년 상반기에는 15개의 신생 스타트업에 투자함으로써 창업 생태계를 더욱 활성화했다.

대학 내에는 국가광전자실험실과 슈퍼컴퓨터 '뤄자(珞珈)' 등 최첨단 연구시설을 보유하고 있어, MIT·ETH 취리히 등 세계 명문대와의 공동연구를 활발히 진행하고 있으며, '스마트 제조' 융합학과를 통해 삼성전자 등 글로벌 기업과의 협력을 심화시키고 있다. 영어 강의 비율을 40%로 유지함과 동시에 2024년에는 국제 학생 전용 '글로벌 혁신 연구실'을 신설하여, 국제적인 교육 및 연구 환경을 한층 강화하고 있다. 이를 통해 우한대학교는 중국뿐만 아니라 세계적인 과학기술 혁신 중심으로서의 지위를 더욱 공고히 하고 있다.

〈표 V-17〉 글로벌 협력 네트워크 강화 전략

분야	세부 사항	특징
학과 혁신	- '스마트 제조 융합학과' 신설 - AI+로봇공학_디지털트윈기술 통합 - 실습 중심 커리큘럼 (삼성전자 등과 산학 프로젝트)	4차 산업혁명 핵심 분실무형 인재 양성
글로벌 협력	- 삼성전자와 공동 R&D·인턴십 프로그램 - 지멘스·GE 등과 스마트 팩토리 구축 사례 연구	글로벌 기업의 현장 기술이전
교육 국제화	- 전공 강의 영어 비중 40% (중국 대학 평균 15% 수준) - 우럽 엔지니어링 인증 (EUR-ACE) 도입 검토 - 해외 교수진 비중 25% (2025년 목표)	해외 유학생 유치 촉진

(2) 화중과학기술대학교

[그림 V-36] 화중과학기술대학교

(출처: 바이두)

화중과학기술대학교(华中科技大学)의 대표적인 연구 시설인 펄스 강자장 장치는 94.88테슬라(T)의 피크 자장 강도를 구현해 세계 2위를 기록했으며, 평탄 자장 강도 등 4개 핵심 지표에서 세계 최고 성능을 자랑한다. 이 장치는 전 세계 141개 기관이 활용해 2,000여 건의 첨단 실험을 수행하는 등 연구 기반으로서의 역할을 톡톡히 하고 있다. 현재 110테슬라(T)급으로 업그레이드하는 프로젝트가 진행 중이며, 특히 의료 분야에서는 자성 캡슐 로봇의 소형화 및 약물 전달 기술에서 획기적인 성과를 거두었다.

〈표 V-18〉 화중과학기술대학교 기술적 위상

지표	성능	세계 순위
피크 자장 강도	94.88T(테슬라)	2위(미국 로스앨러모스 97.4T)
평탄 자장 강도	0.001% 오차율	1위(장시간 안정적 실험 가능)
기타 3개 지표	파형 정밀도·에너지 효율·신호 대비도	전 분야 1위

(출처: 화중과학기술대학교)

〈표 V-19〉 화중과학기술대학교 의료 분야 혁신 성과

기존 기술	PHMFF 기반 기술
외부 자장 발생기 30T 한계	94.88T 고강도 적용
캡슐 크기 15㎜↑	5㎜ 초소형화 (위·소장 진출 가능)
단일 약물 전달	다중 표적 전달 (AI 제어 군집 주입)

(출처: 화중과학기술대학교)

의료-공학 융합 분야에서는 세계 최초로 체내 흡수 가능한 세리신 기반 슈퍼커패시터를 개발해 심장 박동기 배터리 수명 문제를 해결했으며, 신형 세리신 심장 판막을 개발해 내구성을 크게 향상시켰다.

2024년 후베이성 과학기술상에서 화중과기대는 총 50개 부문(특등상 1건, 1등상 24건 포함)에서 수상하며 성내 1위를 차지했다. 특히 리페이겐 원사는 과학기술 공헌상을 수상하는 영예를 안았다. 기술 개발 측면에서는 취룽하이 교수팀이 다중 고조파 자장 제어 모터 기술을 개발해 고장비 분야에서 외국 기술의 독점을 깨고 아프리카 탕크릴리 철광산 등에 적용했으며, 후자빙 교수팀은 신에너지 발전기 전자기-전자 다중 스케일 자동 동기화 이론을 창제해 관련 국제표준 5항목을 주도로 제정했다.

광학 분야에서는 루페이샹 팀이 비-다이폴 아토초 광전자 간섭 측정에 성공했고, 천웨이 팀은 26.54%의 효율을 가진 역형 페로브스카이트 태양 전지를 개발해 세계 기록을 갈아치웠다.

산학협력 측면에서는 2023년 한 해 동안 200여 개 과학기술 기업에 400건의 기술 수요를 매칭했으며, 중해이유푸와는 '석유 시추 장비 합동 연구실'을 설립했다. 한양구에서는 AI 의료 대형 모델을 포함한 13개 과학기술 프로젝트를 계약했는데, 이 중 70%가 대학의 연구 성과를 전환한 사례였다. 특히 리하오 팀이 개발한 구조 토폴로지 최적화 설계 기술은 특허 패키지 형태로 500만 위안에 기술이전 되는 성과를 거두었다.

대학은 5개의 국가중점실험실(석탄 연소·저탄소 활용, 소재 성형·금형 기술 등)과 교육부 지정 12개 핵심실험실(생물의학 광자학, 장기 이식 등)을 운영하며 연구 인프라를 확충하고 있다.

최근에는 장신량 팀이 훈련-계산 통합 광학 추론 칩을 개발해 217TOPS의 연산력과 30ps의 지연 시간을 구현, 다중 모드 AI 대형 모델 연산을 지원하고 있다. 왕상홍 팀은 고신뢰성 스위치드 릴럭턴스 모터 기술을 개발해 항공우주 및 국방 장비 분야에 적용했다. 현재는 고고도 환경 시뮬레이션 실험실 건설(2025년 6월 착공 예정)과 9.4테슬라(T) MRI 기술 개발 등 주요 프로젝트를 추진 중에 있다.

(3) 베이징대학교 우한인공지능 연구원

[그림 V-37] 베이징대학 우한인공지능연구원

(출처: 바이두)

베이징대학교 우한인공지능연구원(북무원)은 2022년 베이징대학교, 우한시 정부, 우한동호첨단산업개발구가 공동으로 설립한 혁신형 연구기관이다. 이 기관은 독립 사업법인으로 운영되며 기업식 관리와 시장 중심의 운영 방식을 채택하고 있어 특별한 행정 등급이나 사업 단위 편제가 없는 것이 특징이다. 연구원은 국내 최정상이자 세계적 수준의 인공지능 연구기관으로 성장하는 것을 목표로 하고 있으며, 특히 세계 최초의 대형 사회 시뮬레이터 개발과 중국식 현대화에 부합하는 지능형 사회 거버넌스 모델 연구에 주력하고 있다.

주요 연구 분야로는 인공지능 핵심 기술 개발, 지능형 사회 거버넌스, 산업 생태계 조성 등이 있다. 구체적으로 범용 인공지능 기반 기술, 컴퓨터 비전, 대형 언어 모델, 구현형 인공지능 등 첨단 분야 연구를 통해 국가적 차원의 기술적 난제를 해결하고자 한다. 또한 홀로그램 사회 모델링과 스마트 시티 구축, 디지털 트윈 기술 등을 활용해 학제 간 사회 시뮬레이션 플랫폼을 개발 중에 있다. 산학연 협력 체계를 통해 첨단기술 기업을 육성하고 기술 성과를 실용화하는 '천-지-인' 통합 생태계 구축에도 힘쓰고 있다.

연구원의 리더십은 주송춘 교수가 수석 과학자로, 우시홍 교수가 원장으로 각각 임명되어 있다. 두 사람 모두 베이징대학교 인공지능 학문 발전을 선도해 온 권위자들이다. 연구원은 현재 전 세계적으로 우수한 인재를 모집하고 있으며, 특히 컴퓨터 과학, 수학, 시스템 과학 등 다양한 분야의 학제 간 전문가를 적극 영입하고 있다. 또한 베이징대학교와 협력해 해외 유학파를 포함한 젊은 연구자들을 유치하기 위한 청년 학술 포럼도 정기적으로 개최하고 있다.

최근 연구원은 2024년 4월 지우저우통 의약 그룹과 인공지능 합동 연구실을 설립해 기업 디지털 전환과 지능형 공급망 관리 등 실용적인 분야에 대한 연구를 본격화했다. 2025년 6월에는 후베이성 왕중린 성장이 연구원을 직접 방문해 인공지능 혁신 기지 조성의 중요성을 강조하기도 했다. 연구원은 우한 광곡 인공지능 산업단지의 첫 번째 입주 기관으로 선정되어 국제적인 협력과 교류를 지속적으로 확대해 나가고 있다. 이러한 노력들은 중국 인공지능 생태계의 발전과 더불어 글로벌 수준의 연구 성과 창출을 위한 토대를 마련하고 있다.

VI

자유무역시험구 정책 제안

1 설립 배경

중국의 자유무역시험구 自贸区(Free Trade Zone, FTZ)는 '개혁 개방 2.0'[105]의 핵심 도구로, 12년간의 진화를 거쳐 2025년 현재 22개 구역이 전략적으로 운영되며, 각 지역은 마치 퍼즐 조각처럼 서로 다른 기능을 담당한다.

[그림 Ⅵ-1] 중국 22개 자유무역구 현황

105) 개혁 개방 2.0(改革开放2.0): 2018년 12월 시진핑 주석이 개혁 개방 40주년 연설에서 공식 제시한 신시대 개혁 전략으로, 기존 1단계(1978-2018)와 달리 디지털 경제·녹색 발전·쌍순환(双循环) 구조를 핵심 축으로 삼고 있다.

FTZ 1세대(2013~2015)의 시작은 중국(상하이) 자유무역시험구(中国(上海)自由贸易试验区)로, 총 면적은 120.72㎢이다. 초기에는 28.78㎢의 작은 시험장이었지만, 금융과 무역, 물류 서비스 혁신을 이뤄내며 2015년 3개 지역(톈진, 광둥, 푸젠)으로 확대되었다. 특히 광둥은 ASEAN과의 교량 역할을, 푸젠은 대만 기업 유치 특화구로 도약했다. 2017년 충칭, 허난 등 내륙 진출은 '일대일로' 전략과 연계되어 중국판 내륙 개방 모델을 완성시켰다.

2세대(2015~2017)와 3세대(2017~2019)를 거쳐 4세대(2020~현재)에서는 하이난(海南)이 종합 자유무역항으로 지정되었다. 하이난 자유무역항의 규모는 35,400㎢에 달하며, 디지털 및 하이테크 기술 산업, 현대 서비스업, 관광업을 주요 산업군으로 조성하면서 '미니 홍콩'으로 불리고 있다. 2024년에는 면세 쇼핑 한도를 10만 위안 확대하였으며, 이는 관광객에게 큰 매력으로 다가가고 있다.

이처럼 중국의 FTZ들은 경제를 넘어 국가 전략의 실행 도구로 진화하고 있으며, 22개 구역이 만들어내는 시너지는 중국이 꿈꾸는 '쌍순환 경제 모델(双循环经济模型)'의 실험장이자, 한국 기업들에게는 새로운 협력 기회의 창이 될 것으로 보인다.

2 주요 지역

[그림 Ⅵ-2] 중국(상하이) 자유무역시험구 린강신구

(출처: 시각중국, 视觉中国)

중국(상하이) FTZ 린강신구(临港新片区)[106]에서는 현재 외국계 은행의 디지털 위안화 결제 시범이 한창으로, 위안화 고정 가상화폐 시스템 테스트를 통해 중국판 스테이블코인 체제를 구축 중에 있다.

중국(상하이) 자유무역시험구 린강신구는 상하이 다치강(大治河) 남쪽과 진후이강(金汇港) 동쪽에 위치하며, 소양산도(小洋山岛)와 푸동 국제공항 남쪽 지역을 포함한다. 총 면적은 873㎢에 달한다. 이 구역은 2018년

106) 린강신구(临港新区): 2019년 8월 20일 중국 국무원 승인으로 설립된 상하이 자유무역시험구(FTZ)의 핵심 구역으로, '더 깊은 수준, 더 넓은 분야, 더 강한 힘의 전방위 고수준 개방'을 목표로 삼고 있다. 주요 기능으로 ▲글로벌 혁신 협력 기지(해외인재 유치) ▲온·오프쇼어 사업 허브 ▲중국 기업 해외 진출 교두보 역할을 수행하고 있다.

제1회 중국 국제 수입 박람회 기간 중 중앙정부가 상하이에 부여한 세 가지 중대 과제 중 하나로 설립되었다. 과제 내용은 상하이 자유무역시험구 린강신구 증설, 상하이 증권거래소 과학기술 혁신판 설립 및 등록제 시범 운영, 장강삼각주 일체화 발전 전략 추진이었다.

린강신구는 핵심 기능 구역과 전략 협력 구역으로 구성되어 있다. 핵심 기능 구역은 린강신구 관리위원회의 경제 관할 범위로, 면적은 386㎢이며 이 중 선행 개시 구역(先行启动区)[107]이 포함되어 있다. 전략 협력 구역은 주로 펑셴(奉贤), 푸동(浦东), 민항(闵行) 지역으로, 면적은 약 456㎢이다. '전체 계획, 단계적 시행(整体规划, 分步实施)' 원칙에 따라 난후이신청(南汇新城), 린강 장비 산업구, 소양산도, 둥공항 남측 등 119.5㎢ 구역을 우선 개방했다.

2020년 10월 기준으로 린강신구의 조성 완료 면적은 63㎢이며, 인구는 약 83만 명, GDP는 1천억 위안에 달한다. 2035년이 되면 조성 완료 면적이 292㎢에 이를 전망이다. 자유무역시험구 린강신구는 출범 후 20개월 만에 임무의 약 90%를 완수했다. 2024년 4월 7일에는 중국(상하이) 자유무역시험구 린강신구 데이터 교류 서비스 센터가 정식 가동을 시작했다.

107) 선행 개시 구역(先行启动区): 지역 발전 계획에서 우선적으로 선정하여 건설을 시작하는 핵심 구역으로, 점(點)에서 면(面)으로 전환하는 전략을 채택한다. 이는 혁신 정책을 시험 추진하고 자원을 집적 유치함으로써 연속적인 개발 양상과 집적 발전 효과를 조기 형성하여, 궁극적으로 전체 지역의 건설과 발전을 촉진하는 것을 목표로 한다. 이 개념은 일반적으로 국제 협력, 과학기술 혁신, 공간 계획 등의 분야와 연관되어 제도형 개방(制度型开放)과 지역 발전의 핵심 동력으로 작용한다.

3 핵심 정책

[그림 Ⅵ-3] 하이난 하이커우(海口) 완뤼위안(万绿园) 빈하이다다오(滨海大道) 일대 모습

(출처: 시각중국, 视觉中国)

2020년 6월 1일, 중국 정부는 정식으로 《하이난 자유무역항 건설 종합 방안》(海南自由贸易港建设总体方案)을 발표했다. 《하이난 자유무역항 건설 종합 방안》의 목적은 금세기 중반까지 중국 남부에 위치한 섬인 하이난성을 전 세계적으로 영향력 있는 고수준 자유무역항으로 만드는 것이다. 《하이난 자유무역항 건설 종합 방안》이 공식 발표된 이후, 중앙정부기관의 강력한 지원과 각 성(省) 정부의 끊임없는 노력에 힘입어, 하이난 자유무역항 건설 정책이 잇따라 발표되었으며, 이에 경쟁력 있는 정책 및 제도 체계가 구축되기 시작하였다.

(1) 세제 정책

① 재정부·세무총국 발표 "하이난 자유무역항 고급 및 부족 인재 개인소득세 정책": 하이난 자유무역항 근무 고급·부족 인재 개인소득세 실질 세부담 15% 초과분 면제.

② 중국 재정부·세무총국(2020.6.23) 《하이난 자유무역항 기업소득세 우대 정책》: 하이난 등록·실질 운영 장려 산업 기업 법인세 15% 인하.

③ 재정부·교통운수부·세무총국 발표 《하이난 자유무역항 국제 운송 선박 부가가치세 정책》: 2020.12.2 세무총국 《국제 운수선박 증치세 환급 관리 방법》 발표, 선박세금 환급 비안(备案·서류 등록), 처리 및 후속 관리 명시.

④ 중국 재정부·해관총서·세무총국(2020.11.11) 《하이난 자유무역항 원부자재 '무관세' 정책》: 전도 관세 면제 전, 하이난 등록 독립법인 기업 생산 자용, '양두재외' 가공/서비스 무역 수입 원부자재(야자·석탄·자일렌 등 169항목) 수입관세, 부가세, 소비세 면제.

⑤ 중국 재정부·해관총서·세무총국(2021.3.4) 《하이난 자유무역항 자체 생산용 장비 '무관세' 정책》: 전도 관세 면제 전, 하이난 등록 독립법인 기업 수입 자체 생산용 장비 관세, 부가세, 소비세 면제.

⑥ 재정부·해관총서·세무총국(2020.12.25) 《하이난 자유무역항 교통수단 및 여객선 무관세 정책》: 전도 관세 면제 전, 하이난 등록 독립법인(항공사는 하이난 주 운영기지) 교통운수, 관광업 기업 수입 교통수단, 여객선(선박·항공기·차량 등) 수입관세, 부가세, 소비세 면제.

⑦ 재정부·해관총서·국가세무총국(2023.8) 《하이난 자유무역항 교통수단 및 여객선 무관세 정책 조정》: 수입 세미트레일러용 고속도로 트랙

터, 램프버스, 전지형 차량, 9인승 이하 하이브리드 승용차 등 22개 품목 무관세 수입 목록 추가.

(2) 무역 정책

① 상무부 등 20개 부처는 2025년《하이난 자유무역항 무역 자유화, 편리화 조치》를 발표해, 상품 및 서비스 무역의 개방을 확대하는 28개 정책을 제시. 양푸 보세항구(洋浦保税港区)에서는 원유, 석유 제품 수출입 시 자격·수량 제한 없이 운영되며, 수입 설탕은 관세 할당에서 제외. 또한 해외 기관은 '중국' 등의 명칭 없이 경제기술 전시회를 독자적으로 개최 가능.

② 2021년 발표된《하이난 자유무역항 국경 간 서비스무역 네거티브 리스트》는 11개 분야 70개 항목에 대해 외국 서비스 제공자의 제한 조건을 명시. 리스트에 포함되지 않은 분야는 외국인도 내국민과 동일한 조건으로 시장 진입이 가능해졌으며, 이에 따라 서비스무역 개방 수준이 크게 확대.

(3) 투자 정책

① 2020년 12월, 국가발전개혁위원회와 상무부는《하이난 자유무역항 외상투자진입 특별관리조치》(네거티브 리스트)(2020년판)을 발표하고, 2021년 2월부터 시행. 총 27개 항목으로 구성된 이번 리스트는 부가가치 통신, 교육, 비즈니스 서비스, 제조업, 채광업 등 핵심 분야의 외국인 투자 진입 제한을 완화하며 전국 최고 수준의 개방 정책으로 평가.

② 2021년 4월, 국가발전개혁위원회와 상무부는《하이난 자유무역항 건설을 지원하고 시장 진입을 완화하기 위한 특별 조치에 관한 의견》을 발표. 전국판 시장 진입 네거티브 리스트(2020년판)를 기반으로 하이난에

만 적용되는 진입 완화 조치를 제시했으며, 그 결과 조건부 진입 허용 대상이 조건 없이 허용되거나 금지 대상이 조건부로 허용되는 등 개방 수준 상승. 주요 내용으로는 인터넷 처방약 판매, 국제 학교 설립, 상업 항공우주 및 종자 산업, 신재생 에너지 차량 충전 인프라 구축 지원 등 5개 분야 22개 조치가 포함.

③ 2022년 10월, 국가발전개혁위원회와 상무부는 《외국인 투자 장려 산업 목록(2022년판)》을 발표. 총 1474개 항목으로 구성되며, 2020년판 대비 239개 항목이 신설되고 167개가 수정. 주요 개정 내용은 선진 제조업 및 서비스업 투자 장려, 중서부·동북 지역의 투자 유도, 그리고 하이난 및 서부 지역 외자기업에 대한 소득세 15% 추가 감면 등이 포함.

(4) 금융 정책

① 2021년 3월 30일, 중국인민은행 등 관련 부처는 《하이난 전면 심화 개혁·개방을 지원하는 금융정책에 관한 의견》을 발표. 이 문건은 위안화의 태환 수준을 높이고, 크로스보더 무역·투자의 자유화와 편리화를 촉진하는 등 6개 분야 33개 금융정책 조치를 포함. 주요 내용으로는 하이난 자유무역항에서 근무하는 경외 인원의 증권 등 국내 투자 허용, 조건을 충족하는 비거주자의 실수요 기반 부동산 구매 허용 등이 기재.

② 2020년 11월 26일, 국가 외환관리국 하이난성 지국은 《하이난 자유무역항 내 기업의 해외 상장 등록 시범 관리 방법》을 발표. 이에 따라 일정 요건을 갖춘 하이난 자유무역항 내 기업은 해외 상장 관련 등록, 변경, 말소 등의 업무를 중앙이 아닌 하이난성 지국에서 직접 처리할 수 있게 되었으며, 행정 절차가 간소화.

(5) 산업 정책

① 2021년 1월 27일, 국가발전개혁위원회, 재정부, 국가세무국은《하이난 자유무역항 장려 산업 목록(2020년판)》을 발표. 이 목록은 기존 국가 산업 장려 목록과 하이난 자유무역항의 신규 장려 산업으로 구성되어 있으며, 총 14개 주요 산업과 143개 하위 산업이 포함. 주요 산업으로는 제조업, 정보 기술 서비스업, 금융업, 과학 연구, 운송, 농업, 도소매업 등이 있으며, 자유무역항 건설 수요에 따라 목록은 유동적으로 조정.

② 2020년 10월 24일, 하이난성 정부는《하이난성 고신기술산업 관련 기업 발전 정책(시행판)》 발표. 같은 해 8월에는 과학기술부가 하이테크 기업의 하이난 이전을 장려하는 포상 규정을 제정. 이에 따라 유효기간 내 하이난으로 이전한 기업은 고정자산 투자액의 5% 또는 연구 개발 투자액의 10% 범위 내에서 최대 500만 위안까지 인센티브 수여 가능.

③ 하이난성은 2021년부터 의료 산업의 혁신 발전을 위한 정책을 다각도로 추진. 2021년 1월, 과학기술부 등 부처는 국가 신약 개발 성과 이전 및 전환 지원 정책을 발표하여 공공 플랫폼 구축, 임상시험, 의료보험 지원, 줄기세포 연구, 한약 개발 등 9개 분야에서 의료 산업을 적극 지원. 이어 3월 26일에는 의료 교육의 질 향상과 인재 양성을 위한《의료교육 혁신발전 가속화 실시방안》을 발표. 2022년 9월 29일에는《디지털 의료 산업 발전 조치》를 통해 디지털 요법 임상 연구, 제품 승인, 다양한 지불 방식 탐색 등 새로운 의료 산업 모델을 구체화.

④ 2020년 5월 9일, 하이난성 공신청은《블록체인 산업 발전 가속화를 위한 정책 조치》를 발표. 주요 내용에는 블록체인 공동 혁신 플랫폼 구축, 산업 기금 조성, 인프라 확대, 관광 소비 포인트 활성화, 전자정부 시스템

적용, 핵심 기술 연구, 응용 시범사업, 세계 블록체인 콘퍼런스 유치, 금융 샌드박스 제도 탐색, 산업 클러스터 조성 등이 포함.

4 기대 효과

〈표 Ⅵ-1〉 FTZ 설립 전과 후

분야	FTZ 설립 전	FTZ 설립 후
무역액	저조	성장 속도 가속화
산업구조	전통산업 위주	첨단기술 산업, 현대 서비스업 비율 증가
혁신 능력	약함	대폭 향상
취업 기회	제한적	고용 질량 향상

신화통신사(新华通讯社)에 따르면, 2024년 8월 20일 린강신구에서는 총 투자액 약 340억 위안에 달하는 44개 프로젝트가 집중 착공됐다. 그중 총 투자액 36억 3500만 위안의 진강·즈웨완(金港·智悦湾) 프로젝트가 큰 주목을 받았다. 선닝(沈能) 진차오(金橋)그룹 회장은 "진강·즈웨완 프로젝트는 오는 2026년 2분기 완공을 목표로 하며 주로 자동차 전장 산업 발전에 방점을 둔다"고 밝혔다. 이어 해당 프로젝트가 자동차 전장 산업 클러스터 추진을 가속화하고 린강신구가 전체 사슬·시나리오·요소를 갖춘 스마트 자동차 생태 도시를 조성하는 데 힘을 실어줄 것이라고 전했다.

설립 5년 만에 린강신구의 스마트 신에너지차 산업 규모는 빠르게 확대됐다. 연간 산업 생산액이 3200억 위안을 돌파하며 린강신구의 우위 산업 중 하나로 자리 잡았다. 견고한 산업 기반은 린강신구의 제도 혁신과 높은 수준의 대외 개방 추진을 보장하는 중요한 요소로 꼽힌다. 린강신구 설립 이후 집적회로(IC), 인공지능(AI), 바이오 의약, 민간 항공의 4가지 주요 산업의 총 생산액은 연평균 34.1% 증가했다. 프론티어 산업의 중점 프로젝트는 누적 570개 이상 계약이 체결됐고 관련 투자액은 6200억 위안을 넘어섰다.

[그림 VI-4] 린강신구 신에너지차 산업기지

(출처: 바이두)

설립 이후 총 9만 7천여 명의 인재를 유치한 린강신구는 인재 유치를 위해 다양한 서비스 조치를 내놓고 있다. 그중 우수 인재를 위해 주택 구매 보조금을 지원하는 '인재 둥지 프로젝트'는 적격 인재에게 최대 500만 위안(9억 3천만 원)의 주택 구입 보조금을 제공하고 있다. 최근 린강신구는 후커우(户口·호적) 전환 조건을 완화하고 근무 연한에 대한 정착 요구 조건도 축소했다. 또한 주요 채용 기업의 인재 정착 지원 범위를 확대해 기업에 더 많은 자주권을 부여했다. 천진산(陈金山) 린강신구 관리위원회 주임은 "향후 3년간 최소 15만 개 이상의 일자리를 제공할 것"이라고 소개했다. 주로 ▷디지털 경제 산업 ▷고급 서비스업 ▷선진 제조업 등 분야에서 일자리를 제공할 것이라며 '젊은 도시, 젊은이의 도시'를 구축하는 데 주력할 것이라고 덧붙였다.

고층 빌딩이 밀집해 있는 린강신구 디수이후(滴水湖) 금융만에는 많은 금융기관이 입주해 있다. 지난 5년간 린강신구는 금융 분야에서 많은 개혁 개방 조치를 시행했다. 구체적인 사례로 외국인직접투자(FDI) 위안화 자본금 전용 예치 계좌를 선제적으로 폐지하고 고급 버전의 위안화·외화 일체화 자금 풀을 구축했으며 최초의 국제 원유 크로스보더 디지털 위안화 결제를 실현했다. 제도 혁신에 힘입어 누적 98개의 금융기관이 린강신구에 정착했다. 또한 국제 재보험 등록거래센터를 조성해 15개의 재보험 운영 센터 및 3개의 보험중개사를 입주시켰다.

타오창성(陶昌盛) 상하이시위원회 금융판공실 부주임은 린강신구가 '1천억 위안급'의 산업 펀드 클러스터를 구축하여 3500억 위안의 사회 자본을 유치했다고 설명했다. 이와 더불어 "커촹(科创, 과학혁신) 금융 파트너 계획"을 시행해 200억 위안 규모의 린강 커촹 모펀드를 설립했다고 덧붙였다.

부록 1

글로벌혁신센터(KIC중국)에서 운영하는 중국 5대 도시군 위주의 프로그램 한눈에 보기

글로벌혁신센터(KIC중국)은 2016년 6월 북경에 설립된 한국과학기술정보통신부 산하의 비영리 기관으로 중국 시장에서 한국의 기술 창업과 혁신기업이 더욱 발전하고 성장할 수 있도록 전(全) 주기 지원 과정을 통해 지원하고 있다.

창업대회, 혁신기업 포럼, 전문가 포럼, 인큐베이션&엑셀레이션 프로그램, 창업 심화 교육을 위한 K-Maker Day, 혁신기업 투자 유치를 위한 K-Demo Day 등과 같은 프로젝트를 산업별, 지역별로 꾸준히 진행하고 있다. 중국 진출 기업들의 투자금 확보 추진, 중국 사업 진출 및 현지화 가능성을 제고시켜 모든 기업가와 기술 창업가들이 중국 시장에서의 정확한 로드맵을 가질 수 있도록 지원하기 위함이다.

아래는 5대 도시군별로 진행한 행사 사진이다.

중관촌 포럼

중관촌(中关村) 포럼은 중국 과학기술부, 중국과학원, 중국과학기술협회, 베이징시 인민정부가 2007년부터 매년 베이징에서 개최하는 중국 대표 국제 과학기술 포럼이다. '혁신과 발전'을 주제로 중국 국가 혁신 전략을 수립하고 과학기술 혁신·협력을 촉진하는 데 중점을 두고 있다.

한중과기협력 포럼은 주최 기관과 협력해 산업 및 주제를 선정하고, 한중 공동 연구 성과를 공유하며 한국 혁신 기술을 확산한다.

글로벌혁신센터(KIC중국)는 2022년부터 중관촌 포럼의 주관 기관으로 참여해 한중 협력 포럼을 개최하고 있다. 최근 주제는 2022년 메타버스, 2023년 신에너지, 2024년 바이오 건강, 2025년 로봇 등이다.

KIC중국 창업대회(3월)

KIC중국 창업대회는 글로벌혁신센터(KIC중국)의 대표 브랜드 프로그램으로, 성장 잠재력이 높고 중국 진출을 희망하는 한국 내 및 중국 현지의 한국 기술형 혁신 창업가와 예비 창업자를 대상으로 매년 3월 말 중국 베이징에서 개최되고 있다. 본 대회는 12대 국가전략기술을 보유한 우수 기업을 선제적으로 발굴·지원하고, 과학기술 분야의 창업 붐을 조성하며 고용 창출에 기여하는 한편, 혁신 창업 기업가를 발굴·지원하는 것을 주요 목표로 삼고 있다. 특히 예비 창업자 및 스타트업의 기업가 정신을 배양하고 창업 생태계를 활성화하기 위해 평가를 통해 우수한 사업 아이템을 선별하여 집중 육성하고 있다.

한국 혁신기업 K-Demo Day(1분기)

K-Demo Day는 KIC중국의 대표적인 투자 유치 행사로, 한국 혁신기업과 중국 투자기관·기업·산업단지 간 교류·협력의 장을 마련하고자 분기마다 산업별로 전문화하여 개최되고 있다.

본 프로그램은 베이징대학교 창업캠프와 공동 주최하여 2025년 KIC 중국 창업대회 결선 진출 10개 팀에게 현장 IR을 통한 베이징대학교 관련 투자기관과의 매칭 기회를 제공하며 이를 통해 중국 진출 가능성이 높은 기업을 선제적으로 발굴하고 한중 기술·자원의 실질적 발전을 도모한다.

또한 중국 5대 도시군 중 '징진지 도시군'을 중심으로 한국 기업 투자 유치를 활성화하여 중국 내 우수 성공 사례를 도출하고, 한국 과학기술형 기업의 중국 진출 및 투자 유치 확대를 목표로 한다.

글로벌디지털경제대회-한중디지털의료혁신포럼(7월)

글로벌디지털경제대회(Global Digital Economy Conference, GDEC)는 2021년 첫 대회를 시작으로 매년 7월 초 베이징에서 정기 개최되는 중국 내 유력한 디지털 경제 교류 플랫폼이다. 중국 국무원의 승인을 받아 공업정보화부, 상무부, 국가인터넷정보사무실, 중국과학기술협회, 베이징시 인민정부 등이 공동 주최하는 국가급 국제대회로 평가받으며, 2021년부터 4회에 걸쳐 디지털 경제의 새로운 논리, 기준, 기술, 산업 및 시스템을 둘러싼 협력과 교류를 위한 국가 간·분야 간·업계 간 글로벌 플랫폼으로 자리매김하였다.

2025년 제5회 글로벌디지털경제대회 대회 기간에 글로벌혁신센터(KIC중국)는 베이징차오양국과학기술혁신서비스유한공사와 공동으로 한국 혁신기업 로드쇼 'K-Demo Day'를 개최하였으며 한국 혁신기업과 중국 투자기관, 기업 및 산업단지 간의 교류 및 협력의 장을 마련하였다.

2025全球数字经济大会
Global Digital Economy Conference 2025
2025全球数字经济大会 中韩数字医疗创新合作论坛
2025글로벌디지털경제대회 한중디지털의료혁신협력포럼
2025全球数字经济大会
Global Digital Economy Conference 2025

阿里巴巴
阿里巴巴欢迎您

중국 중관촌 기관 및 기업 대표단 한국 산업 시찰(8월)

중관촌은 중국 베이징을 대표하는 '중국형 글로벌 실리콘밸리'로 불리며, 중국 유관 부서 및 우수 인재들과 탄탄한 협력 관계를 구축하고 있다.

글로벌혁신센터(KIC중국)는 중관촌포럼-한중과학기술혁신협력포럼을 주최하는 등 중국 기관 및 로봇 기업들과 지속적인 교류와 과학기술 협력을 공동으로 추진하고 있다.

글로벌혁신센터(KIC중국)는 한중 간 산업 및 과학기술 협력을 한층 강화하기 위해 중관촌 산학연 대표단을 구성하여 매년 1회 한국 산업 시찰을 진행하고 있으며 한중 기술혁신 유관기관 및 기업 간 교류를 촉진하여 양국 간 산업 기술 협력을 목적으로 운영하고 있다.

장강삼각주(长三角) 지역

푸장혁신포럼-국제기술이전엑스포(9월)

푸장혁신포럼은 중국과학기술부와 상하이시인민정부가 공동 주최하는 과학기술 분야 국가급 포럼으로, 2008년 시작해 매년 상하이에서 개최되며 17년간 혁신 발전을 거듭해 현재는 막대한 영향력을 지닌 국제 혁신포럼으로 성장하였다. 국제기술이전엑스포(InnoMatch Expo)는 푸장혁신포럼의 핵심 행사로, 중국 최초의 과학기술 기업 엑스포이며 글로벌 과학혁신기업을 상하이로 유치해 기술이전 및 협력의 새로운 기회를 제공하고 있다. 글로벌혁신센터(KIC중국)는 푸장혁신포럼 개최 후 역사상 첫 한국기관으로 한중 기술교류 관련 분과포럼을 공동 주최·주관하고 있으며, 국가기술이전동부센터와 협력해 우수 한국 첨단기술 혁신기업을 선발하여 중국 시장 진출을 돕고, 한국 혁신기업과 중국 투자기관 및 산업계 간 협력을 적극 추진하고 있다.

한국 혁신기업 로드쇼 K-Demo Day 한국 혁신기업 항저우행(9월)

K-Demo Day는 글로벌혁신센터(KIC중국)의 대표적인 투자 유치 행사로, 한국 혁신기업과 중국 투자기관·기업·산업단지 간 교류·협력의 장을 마련하고자 분기마다 산업별로 전문화하여 개최되고 있다.

푸장혁신포럼 기간에 글로벌혁신센터(KIC중국)는 절강성산학연협력추진회 산업기술특별위원회와 공동으로 한국 혁신기업 로드쇼 K-Demo Day 한국 혁신기업 항저우행 행사를 개최하였으며 한중 양국의 정부 관계자와 과학기술 기업들을 초청하여 한중 기술이전 사업화를 추진하고 한중 혁신기술 협력의 새로운 기회를 모색하였다.

浦江创新论坛·全球技术转移大会
2025 韩国创新企业路演K-Demo Day暨韩国创新企业杭州行
한국혁신기업로드쇼 K-Demo Day 및 한국혁신기업항저우행

BrainCo

빅웨이브(BiiG WAVE) 글로벌(중국) 복단대학장강연구원 한국기업교류회

인천창조경제혁신센터는 인천 지역의 스타트업 및 기술 기반 기업을 발굴·육성하고 투자 연계를 지원하는 혁신 창업 허브로서, 중국 진출을 희망하는 유망 창업 기업을 대상으로 빅웨이브 글로벌(중국) IR 프로그램을 운영하고 있다.

글로벌혁신센터(KIC중국)와 인천창조경제혁신센터는 2022년 체결한 MOU를 바탕으로 창업 기업의 성장 단계별 맞춤형 지원을 통해 투자 생태계 확장과 중국 시장 진출 기반 강화를 위해 상호 협력하고 있다.

글로벌혁신센터(KIC중국)는 빅웨이브 글로벌(중국) IR 프로그램의 공동 주최 기관으로 참가 한국 기업과 중국 산학연 간 교류 및 협력 네트워크 구축을 지원하며, 투자 유치와 현지 시장 진출을 지원하고 있다.

이를 통해 글로벌 진출 잠재력과 역량을 보유한 한국 스타트업이 중국 현지 파트너 및 투자사를 발굴하고 안정적인 현지화를 지원받을 수 있도록 돕고 또한 복단대학교의 혁신 플랫폼을 활용하여 한중 양국 간 과학기술 분야 공동 발전을 추진하고 성공적 협력 사례를 도출하는 것을 목표로 한다.

热烈欢迎韩国企业代表一行
한국혁신기술기업과 복단대학장강연구원 기술 교류회
韩国创新技术企业与复旦大学张江研究院技术交流会

热烈欢迎韩国企业代表一行

재중한인과학기술자협회 학술대회(2회/년)

재중한인과학기술자협회는 중국 내의 한인 과학기술자를 대표하는 네트워크로 구성되어 주로 한중 과학기술 학술교류의 솔루션을 마련하는 협회다.

재중한인과학기술자협회 학술대회는 매년 2차례 개최되며, 재중국 한인 과학기술자들의 학술 교류와 협력 촉진을 위한 행사로, 한중 과학기술 학술교류 강화 및 재중 한인 과학자 간 네트워크 구축을 목표로 하고 있다.

KIC중국은 매년 학술대회를 공동 주최하는 기관으로 재중과협과 힘을 합쳐 중국 내 지역별 전문가 협업, 중국 5대 도시군과의 협력을 강화하고 있다

2024 한-아시아 학술대회 Asia-Korea Conference (AKC)

한국혁신기업 K-Demo Day

한-아시아 학술대회는 한국, 중국, 싱가포르, 호주, 뉴질랜드, 일본 등 아시아태평양 지역 내의 주요 연구 기관에서 국제 전문가들이 한자리에 모이는 대표적인 연례 학술대회이며, 아시아 국가들과 한국 간의 과학기술 협력을 증진하는 것을 목표로 한다. 2024 AKC는 11월14~17일 중국 상하이에서 개최하였다. "국경을 넘어 함께 만들어가는 혁신 미래"의 주제로 전문특강, 포럼, 학술강연, 기업 로드쇼, 대학원생 세션 및 산업시찰 등 프로그램으로 개최했다.

행사기간 KIC중국은 재중한인과학기술자협회와 중국국가기술이전동부센터와 함께'2024 AKC-한국혁신기업 K-Demo Day' 를 공동 주최하여 8개 바이오 분야 기업 선정하여 한중 바이오 기술 현황 공유 및 교류의 장을 마련했다.

웨강아오(粤港澳) 대만구 지역

GSF(웨강아오 대만구과학포럼)(12월)

웨강아오 대만구 과학포럼(Great Bay Area Science Forum, 이하 GSF)은 '일대일로' 국제과학기구연맹(ANSO) 발족을 배경으로, 중국과학기술부와 광둥성 인민정부가 공동 주최하는 국가급 과학기술 포럼으로서 매년 광저우시에서 개최되고 있다. 이 포럼은 국제적인 과학기술 교류 촉진, 연구 성과 전시, 그리고 선도적인 과학혁신 주제 탐구를 주요 목표로 하며, 2021년 첫 개최 이후 꾸준히 발전하여 현재 웨강아오 대만구 지역에서 가장 권위적인 국제 과학 포럼으로 자리 잡았다.

글로벌혁신센터(KIC중국)은 GSF 포럼에 참여한 최초의 한국 기관으로서, 이번 참여를 통해 광동성이 보유한 최고 수준의 과학기술 플랫폼 및 수소산업단지와의 협력 관계를 구축하고 있다. 궁극적으로는 이러한 협력을 기반으로 한국의 수소 관련 기업들이 웨강아오 대만구 지역 시장에 진출하는 데 필요한 실질적인 네트워킹 지원을 제공하는 것을 목표로 하고 있다.

2024 大湾区科学论坛
GSF
GREATER BAY AREA SCIENCE FORUM 2024
中韩氢能源产业科技创新与转化合作论坛

'일대일로' 과학기술교류대회 한국 혁신기업 로드쇼

K-Demo Day 및 한국 혁신기업 청두행(2분기)

중국 과학기술부(과기부) 및 쓰촨성 인민정부가 공동 개최하는 중국 국가급 포럼인 '일대일로' 과학기술교류대회는 「과학기술의 혁신과 협력」을 주제로 2년 한 회 충칭시와 청두시에서 순차적으로 개최되며, 국제 기술이전 및 기업협력 촉진을 핵심 취지로 하고 있다.

대회 기간에 KIC중국은 중국 과기부 횃불센터 및 청두고신기술개발구(청두고신구)와의 공동 협력을 시작하며 관련 프로그램을 체계적으로 추진해 왔다. 본 프로그램은 한중 양국 과학기술 산업 분야에서의 기술이전 효율 향상과 산업 간 연계 심화를 통한 협력 네트워크 구축 및 견고화를 목표로 하고 있다.

골든판다 글로벌창업대회(11월)

골든판다 글로벌창업대회는 2019년 시작해 중국 쓰촨성 청두에서 개최되는 대표적인 글로벌 창업대회이다. △신에너지 △신소재 △첨단장비 제조 △전자정보 △첨단생물의약 등 분야에 집중하며, 전 세계 35개국 누적 1만여 개 프로젝트가 참가한 중국 중서부 최고 권위의 글로벌 창업 브랜드로 자리매김하였다.

2025년 대회는 한중일 디지털문화창업 전문대회를 최초로 개최해 3국의 우수 프로젝트를 발굴하였다. 한국·중국·포르투갈 주요 도시 예선과 온라인 선발을 거쳐 231개 프로젝트가 본선에 진출했으며, '창투마라톤' 형식으로 총 42개 팀에게 시상하였다.

글로벌혁신센터(KIC중국)는 한국 스타트업의 대회 참가와 중국 시장 진출을 지원하는 공동 주관 기관으로 활동하며, 참가 기업과 중국 산학연 기관 및 투자기관 간 네트워킹을 촉진하는 역할을 수행하고 있다.

第十四届中国创新创业大赛
金熊猫中日韩数字文创领域专业赛
总决赛
GOLDEN PANDA

2025 GOLDEN PANDA
第七届金熊猫全球创新创业大赛

장강중류(长江中游) 지역

둥후포럼(10월)

둥후포럼(东湖论坛)은 중국 후베이성 우한시에서 개최되는 국제협력과 지속 가능 발전을 핵심 가치로 하는 중요 국제 포럼다. 중국 후베이성 인민정부와 중국국제교류협회 등 관련 기관이 공동 주최하며, 처음에는 지역 간 교류 플랫폼으로 출발하였으나 점차 중국 중부 지역의 대외 개방과 국제 협력 강화를 위한 중심 플랫폼으로 발전해 왔다.

포럼의 주요 주제는 매년 국제 사회의 주요 현안과 중국 중부 지역의 발전 수요에 맞춰 설정되며, '경제 협력과 산업 연계', '과학기술 혁신과 기술이전', '문화 교류와 인재 양성', '환경 보호와 지속 가능한 발전' 등을 다루고 있다. 특히 중국의 '중부 지역 발전 촉진' 전략과 연계하여 중부 6개 성(후베이, 허난, 후베이, 산시, 안후이, 장시)과 세계 각국 간의 경제·기술·문화 교류를 촉진하는 역할을 수행하고 있다.

2024년 동후포럼에서는 글로벌혁신센터(KIC중국) 김종문 센터장은 "글로벌 관점에서 바라본 과학기술 혁신의 경로"를 주제로 토론을 진행하였으며, KIC중국의 참여는 한중을 포함한 글로벌 협력 네트워크 구축과 과학기술 분야의 협력 가능성 확대에 기여했다는 점에서 큰 의미가 있었다.

圆桌对话一：从国际视角看科技创新的路径
陈雪涛
杨国华
2024东湖论坛
2024DONGHU FORUM
光电子信息产业国际资本论坛暨科技创新资源对接活动

부록 2

중국공업정보화부 횃불센터 소개

1. 중국 첨단기술 산업화의 핵심 주역

중국공업정보화부 횃불센터는 해당 부처 산하 공공기관으로, 첨단기술산업개발구, 국가혁신시범구, 기술창업보육센터 등 관련 산업 및 기관을 종합 관리·지도하는 핵심 역할을 수행한다. 그 사명은 "고급기술 개발 및 산업화 실현"에 있으며, 중국 최고 수준의 첨단기술 및 산업화 촉진 기관으로 자리매김하고 있으며, 지난 36년간 중국 특색을 갖춘 첨단기술 산업화 경로를 개척하며 해당 분야의 지속적인 발전을 위한 견고한 기반을 마련해 왔다.

2. 연혁: 중국 첨단기술 산업과 함께 성장

횃불센터의 연혁은 중국 첨단기술 산업 발전과 깊이 연결되어 있다. 1988년 국무원이 '중국 횃불프로그램(CTP)' 시행을 승인한 뒤, 1989년 국가과학기술위원회 산하에 횃불센터가 설립되어 이 프로그램을 실행하는 역할을 맡았다. 1991년 덩샤오핑 동지가 "첨단기술을 개발하고 산업화를 실현한다"를 제창하며 센터의 방향성을 명확히 했고, 1998년에는

'과학기술부 횃불고기술산업발전센터'로 개명했다. 2006년에는 관련 세 가지 기관과 통합되어 새로운 횃불센터가 출범했으며, 2017년 이전 리커창 전 국무원 총리가 직접 시찰하기도 했다. 2023년에는 공업정보화부로 이관되며 현재의 이름을 갖추게 되었다.

3. 주요 기능: 전방위적인 산업 촉진 역할

횃불센터의 주요 기능은 여러 방면으로 확산되어 있다. '횃불단지'를 통한 과학·산업 단지 관리, '횃불인큐베이션시스템'을 통한 기술기반 기업 육성, '횃불과학기업' 평가·인증을 통한 중소기업 지원 등을 진행하며, '횃불싱크탱크'로서 정책 자문 서비스도 제공한다. 또한 '횃불데이터'를 활용한 혁신 성과 모니터링, 중관촌 포럼 등 '횃불이벤트' 개최, '횃불글로벌혁신네트워크' 구축을 통한 국제 협력 강화, '국가기술이전시스템' 관리 등을 통해, 첨단기술의 연구 개발부터 산업화, 국제화까지 이어지는 전체 생태계를 지원한다.

4. 핵심 사업 및 탁월한 성과

(1) 횃불 혁신 시스템: 산업 발전의 기반

횃불 혁신 시스템에서는 178개 국가고신구, 23개 국가혁신시범구, 193개 혁신형 산업클러스터 등을 보유하며, 46만 개 이상의 국가 하이테크기업과 56만 개 이상의 과학기술형 중소기업을 지원하고 있다. 국가 기술이전 시스템 또한 420개의 국가기술이전기구와 12개의 구역센터로 구성되어 기술 유통을 활성화하고 있으며, 중국 첨단기술 산업의 규모 확장과 질적 향상을 견인한다.

(2) 국가 고신구: 혁신·산업·인재의 집적지

국가 고신구는 횃불 프로그램의 핵심 부분으로, 1988년부터 네 단계에 걸쳐 발전해 왔다. 1988~2000년 '창업 발전' 단계에서 53개의 고신구로 본격 건설을 시작했고, 2001~2012년 '2차 창업' 단계에서는 "혁신 주도·내생적 성장"을 강조하며 115개로 확대되었다. 2013~2019년 '혁신 주도 및 전략적 강화' 단계에서는 시진핑 총서기의 지침에 따라 "혁신경제 생태계"로 전환하며 169개로 증가했고, 2020년부터 현재의 '고품질 발전' 단계에서는 178개의 고신구가 전국 성급 행정단위에 분포되어 있다.

샤먼 횃불 소프트웨어 산업기지 내 중국-BRICS 과학혁신 창업보육단지
中国一金砖国家新时代科创孵化园 (厦门软件园)

청두 고신구 내 한중 혁신 파크 (국가급 기술 창업 보육센터)
中韩创新创业园 (成都高新区) (国家级科技企业孵化器)

항저우 AI 산업 단지 (국가급 기술 창업 보육센터)
杭州人工智能产业园 国家级科技企业孵化器)

DJI-선도적인 드론 제조업체 (국가급 첨단기술 기업)
大疆创新-无人机制造领先企业 (国家高新技术企业)

이들 고신구는 혁신·산업·인재 고지로서의 역할을 충실히 수행하며, R&D 자금 내부 지출은 중국 기업 전체의 50%를 차지하고, 산업 부가가치는 전체의 20%를 기여하는 등 중국 경제 발전에 큰 영향력을 미친다. 분야별로는 시안고신구가 신에너지 자동차 분야에서 세계 최대 생산기지로 자리 잡고, 178개 고신구가 인공지능 분야의 핵심 기업 대부분을 보유하며, 항저우고신구 기업은 휴머노이드 로봇 가정 보급을 촉진하는 등 각 분야에서 선도적인 성과를 이끌어 내고 있다.

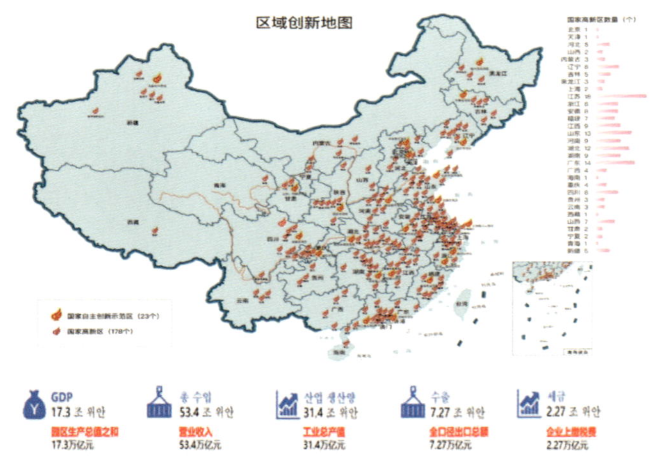

(3) 횃불 인큐베이션 시스템: 창업자의 성장 토양

횃불 인큐베이션 시스템은 1987년 후베이성 우한고신구에 중국 최초의 기술창업보육센터(TBI)가 설립된 뒤, 1988년 횃불프로그램에 포함되어 확산되었으며, 1990년대에는 루스탐 랄카카 등 국제전문가들의 검사를 통과하며 시스템이 정교화되었다. 2023년 기준으로 이 시스템은 7015개의 기술창업보육센터, 9551개의 메이커스페이스, 139개의 대학과학기술단지로 구성되어 중국 95%의 군 단위 경제를 포괄하는 네트워크를 형성하고 있으며, 주로 동부 지역에 집중 분포되어 있다.

이 시스템은 창업 보육, 인증 기준 수립, 세금 환급 촉진 등을 통해 기업을 지원하며, 과학기술혁신판 상장기업의 1/3이 이곳에서 성장했고, 47만 개의 지식재산권(발명특허 22만 4천 개)을 보유하는 등 뛰어난 성과를 기록하고 있다. 입주 기업의 R&D 강도는 8.7%에 달하며, 기술 혁신 활동을 적극적으로 이끌어 내고 있다.

부록 3

중국첨단기술산업개발구 소개

1. 설립 배경과 제도적 기반

중국첨단기술산업개발구(이하 고신구)는 1980년대 말, 국가 차원에서 과학기술 성과의 산업화를 촉진하기 위해 설립되었다. 1988년 과학기술부가 주관한 "횃불계획(火炬计划)" 승인 이후, 이듬해 공신부(工信部) 산하 횃불센터(火炬中心)가 설치되면서 고신구 제도가 본격화되었다. 이 제도는 첨단기술의 상업화를 장려하고, 과학기술·교육·산업의 연계를 통해 지역 혁신 거점을 구축하는 것을 목표로 한다.

현재(2025년 기준) 전국에는 총 178개의 국가급 고신구가 지정되어 있으며, 이는 중국 전역 GDP의 약 14% 이상을 창출하고 있다. 이러한 고신구들은 중국 혁신체계의 핵심 축으로 기능하며, "기술 혁신–산업화–글로벌화"를 연결하는 정책 실험장 역할을 수행하고 있다.

이좡, 장장, 선전 고신구

(출처: 光厂)

2. 국가급 고신구의 구조와 지역 분포

국가급 고신구는 각 지역의 산업 특성에 따라 차별화된 구조를 형성하고 있다. 북부의 베이징은 인공지능·반도체 중심의 과학연구 거점, 동부의 상하이는 바이오·집적회로(IC) 산업 중심지, 남부의 선전은 ICT·지능형 제조 산업의 허브로 발전하였다.

베이징의 중관촌 자율혁신시범구 외에도 이좡(亦庄) 경제기술개발구 등 다른 베이징 고신구의 등 다수의 개발구를 보유하고 있다. 이좡은 반도체 및 스마트 제조 기업을 중심으로 성장하며, 최근 3년간 첨단제조 생산액이 연평균 12% 증가하였다. 상하이의 장장(张江) 하이테크파크는 바이오·AI·집적회로 산업의 집적지로서, 2024년 기준 상하이 반도체 생산의 80%를 담당했다. 선전의 국가급 고신구(南山区)는 텐센트·DJI·ZTE 등 세계적 기업의 본거지로, 혁신기업 5,400여 개가 활동하고 있으며, 2024년 R&D 투자액은 2,200억 위안을 넘어섰다.

3. 정책 지원 체계와 제도적 특징

고신구는 중앙정부와 지방정부의 다층적 정책 지원 체계 속에서 운영된다. 국가급 첨단기술기업으로 인증받은 기업에는 법인세율 25% → 15% 인하, 연구개발비 세액 공제(75%~100%), 토지사용세·수입관세 감면, 혁신형 인재 유치보조금 및 창업 펀드 지원 등의 인센티브가 제공된다.

특히 2024년 이후 횃불센터는 "고신구 고품질 발전 행동방안(2024–2027)"을 발표하여, 산업금융 연계 강화·중시(中试) 플랫폼 확충·글로벌 협력 인프라 조성을 주요 과제로 제시하였다. 이러한 조치들은 각 지역의 산업화 단계별 지원을 통합하고, 혁신 생태계의 지속적 고도화를 목표로 한다.

4. 기술 혁신 및 R&D 성과

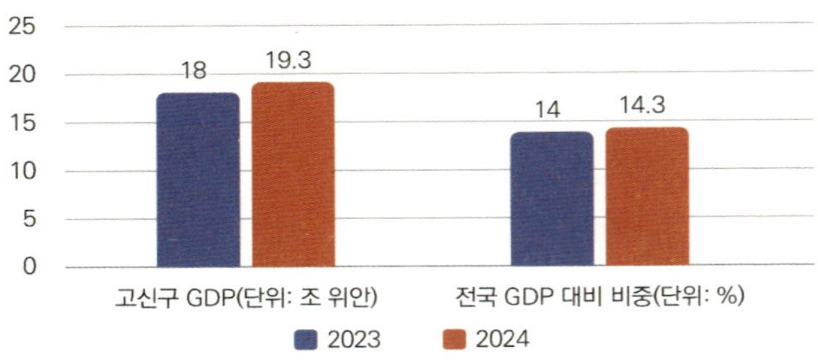

2023-2024년 국가급 고신구 GDP 및 전국 대비 비중 변화

(출처: 중화인민공화국중앙인민정부[108])

고신구는 중국 전체 과학기술 혁신의 핵심 허브로 자리매김했다. 국가중점실험실의 약 80%, 국가 제조업 혁신센터의 70%가 집중되어 있다. 전국 고신구 기업들의 연간 R&D 총 투자액은 1.1조 위안(2023년 기준)을 돌파하였고, 전체 특허 출원 건수는 약 160만 건, 그중 PCT 국제특허는 11%를 차지한다. 2024~2025년 Torch센터 통계에 따르면, 전국 고신구의 평균 R&D투자 강도(매출 대비 R&D 비율)는 6.4%, 첨단기술기업 수는 9만여 개로 집계되었다. 특히 지능형 로봇, 위성항법, 바이오 의약, 청정에너지 등 분야에서 세계적 수준의 원천 기술이 산업화 단계로 진입하였다. 또한 횃불센터는 2025년부터 "국가 고신구 혁신지수 평가시스템"을 시범 운영 중이며, 이를 통해 고신구별 혁신역량·산업기여도·국제협력도를 종합 평가하고 있다. 이러한 제도는 고신구 간의 경쟁력 향상과 정책 효율성 제고를 동시에 촉진한다.

108) 2024년 국가급 고신구의 지역총생산(GDP)은 약 19조 3천억 위안으로, 전년 대비 명목 기준 7.6% 증가한 것으로 나타났다. 이는 전국 GDP의 14.3%에 해당하는 비중으로, 전년 대비 약 14%에서 소폭 상승한 수치다.